"十四五"职业教育国家规划教材

税费计算与缴纳

主 编 蔡 昌

北京理工大学出版社
BEIJING INSTITUTE OF TECHNOLOGY PRESS

版权专有　侵权必究

图书在版编目（CIP）数据

税费计算与缴纳 / 蔡昌主编. -- 北京：北京理工大学出版社，2019.9（2023.12重印）

ISBN 978-7-5682-7050-2

Ⅰ. ①税… Ⅱ. ①蔡… Ⅲ. ①税费 – 计算 – 中等专业学校 – 教材②纳税 – 税收管理 – 中国 – 中等专业学校 – 教材 Ⅳ. ① F812.423

中国版本图书馆 CIP 数据核字（2019）第 090439 号

责任编辑：张荣君　　**文案编辑**：代义国
责任校对：周瑞红　　**责任印制**：边心超

出版发行 / 北京理工大学出版社有限责任公司
社　　址 / 北京市丰台区四合庄路 6 号
邮　　编 / 100070
电　　话 /（010）68914026（教材售后服务热线）
　　　　　　（010）68944437（课件资源服务热线）
网　　址 / http://www.bitpress.com.cn

版 印 次 / 2023 年 12 月第 1 版第 3 次印刷
印　　刷 / 定州市新华印刷有限公司
开　　本 / 787 mm × 1092 mm　1/16
印　　张 / 13
字　　数 / 315 千字
定　　价 / 38.00 元

图书出现印装质量问题，请拨打售后服务热线，负责调换

前言
PREFACE

　　税收是一个古老的财政范畴，它随着国家的出现而出现，随着社会进步和经济发展而不断地变化。当今我国进入中国特色社会主义新时代，供给侧结构性改革背景下的税制改革如火如荼：2008年两法合并，内外资企业首次适用同一部企业所得税法律；2012—2016年，"营改增"历经改革试点到全面推开；2018年《中华人民共和国个人所得税法》修订完成，减税降费成为我国税制改革的重头戏。2020、2021年相继公布土地增值税法、增值税法、消费税法等法律的征求意见稿已经公布，《中华人民共和国税收征管法》修订迫在眉睫、房产税立法稳步推进……这一切的变革，都需要我们更多地关注税法，正确理解税法，科学运用税法，服务于我国的社会主义市场经济实践。

　　本书按照党的二十大报告要求，培养学生爱岗敬业、诚实守信、廉洁自律、坚持准则，具有严谨细致、客观公正的职业精神和强化服务、参与管理的职业意识以及终身学习和可持续发展的能力。在编写过程中，参阅了国内外多部著作与教材的知识体系，同时吸收了近年来税制改革的最新成果，内容深入浅出，涵盖增值税、消费税、企业所得税、个人所得税、土地增值税等税。本书具有以下特色：

　　（1）系统地吸收了最新税制改革的内容。书中所涉及的税种的相关法规截至2022年3月，"营改增"、资源税、社保费、环境保护税等均写入教材，充分体现了时效性。

　　（2）注重理论联系实务。本书设计了典型例题和部分案例，突出应纳税额的计算和纳税申报，有利于提高税收实务操作能力。

　　（3）同步制作了与主教材配套的教学资源，主要包括教学课件、教学案例、习题与答案、税收法规等，欢迎任课老师选用。

　　本书适用于会计、税务、财政、资产评估、金融、国际贸易等财经专业学生使用，也可作为会计、税收领域科研工作者以及企事业单位会计工作者及高管的参考用书。

　　限于时间和编者水平，不足之处在所难免，欢迎读者批评指正，以便再版修改和完善。

作　者

目录 CONTENTS

第一章 税费缴纳基础 1
   第一节 税收的概念 3
   第二节 税法框架 4
   第三节 税收法律关系 6
   第四节 税法原则 7
   第五节 税法要素 9

第二章 增值税计算与缴纳 13
   第一节 增值税概述 15
   第二节 增值税的税率、征收率和抵扣率 18
   第三节 增值税应纳税额的计算 21
   第四节 增值税的纳税申报 28

第三章 消费税计算与缴纳 37
   第一节 消费税概述 39
   第二节 消费税的纳税义务人、税目和税率 39
   第三节 消费税的计算 43
   第四节 消费税的缴纳 51
   第五节 消费税的纳税申报 52

第四章 个人所得税计算与缴纳 62
   第一节 个人所得税概述 64
   第二节 个人所得税的纳税义务人 65
   第三节 个人所得税的征税范围 66
   第四节 个人所得税的税率 70
   第五节 个人所得税应纳税额的计算 72

第六节	个人所得税的扣除项目	92
第七节	个人所得税的税收优惠	96
第八节	个人所得税的纳税申报	97

第五章　企业所得税计算与缴纳 …… 104

第一节	企业所得税概述	106
第二节	企业所得税的纳税义务人、征税对象与税率	107
第三节	应纳税所得额的确定	109
第四节	应纳税额的计算	119
第五节	企业所得税的征收管理	121

第六章　其他税种计算与缴纳 …… 130

第一节	城市维护建设税	132
第二节	教育费附加	137
第三节	土地增值税	140
第四节	房产税	148
第五节	城镇土地使用税	154
第六节	契　税	157
第七节	车船税	164
第八节	印花税	166
第九节	环境保护税	176

第七章　社保费及非税收入 …… 180

第一节	社会保险概述	182
第二节	社会保险参保登记	183
第三节	社会保险缴费基数与各险种缴费费率	186
第四节	社会保险费的欠缴与补缴	190
第五节	政府非税收入概述	194
第六节	政府非税收入的征收与管理	196

参考文献 …… 199

第一章

税费缴纳基础

知识目标

1. 学习税法的基本理论、税法的立法和相关规范。
2. 理解税收的概念和特征。
3. 熟知我国现行税收法律制度的构成要素。

技能目标

1. 能按照不同标准区分不同类型的税收法律制度。
2. 能根据企业的类型和业务种类判断应纳的税种。
3. 能列举我国税收制度的构成要素。
4. 能明确纳税义务并具备依法纳税的意识。
5. 建立我国现行税法体系学习框架,为具体的税费计算与缴纳打下基础。

知识导图

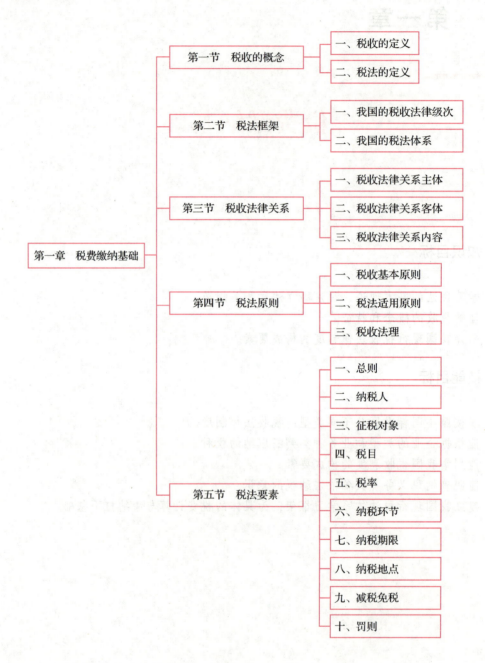

第一节　税收的概念

> **案例导入**
>
> 河南云天酒业有限公司于2016年1月1日成立，主要从事红酒、白酒的生产、批发和销售业务。A职业学校的学生李明为该公司的税务实习生。为胜任工作岗位，处理好日常税务事项（如税费的计提与缴纳等），合理为企业进行税收筹划，李明应该了解哪些税收的基本知识呢？

第一节　税收的概念

一、税收的定义

税收是政府为了满足社会公共需要，凭借其政治权力，强制、无偿地取得财政收入的一种形式。

美国经济学家詹姆斯·布坎南指出：税收是个人为支付由政府通过集体筹资所提供的商品与劳务的价格，应该说税收是公共产品的价格。只有我们作为纳税人支付了税收，政府才能提供公共产品。因此，税收本质上是政府与纳税人之间的一种利益交换。

二、税法的定义

税法即税收法律制度，是调整税收关系的法律规范的总称，是国家法律的重要组成成分。税法的定义有广义和狭义之分。广义上的税法是指国家制定的用以调节国家与纳税人之间在征纳税方面的权利及义务关系的法律规范的总称；狭义上的税法特指由全国人民代表大会及其常务委员会制定和颁布的税收法律。

> **知识链接**
>
> 税法的类型有很多种，按各税法的立法目的、征税对象、权益划分、适用范围、职能作用的不同，可有不同的分类。通常按照税法功能作用的不同，将税法分为税收实体法和税收程序法两大类。
>
> 1. 税收实体法
>
> 税收实体法主要是指按确定的税种立法，具体规定各税种的征收对象、征收范围、税目、税率、纳税地点等。其主要包括增值税、消费税、企业所得税、个人所得税、资源税、房产税、城镇土地使用税、印花税、车船税、土地增值税、城市维护建设税、车辆购置税、契税和耕地占用税等。
>
> 2. 税收程序法
>
> 税收程序法是指税务管理方面的法律，主要包括税收管理法、发票管理法、税务机关法、税务机关组织法、税务争议处理法等。

第二节 税法框架

税法框架由法律、法规和规章等组成,是一个统一的税收法律体系。

一、我国的税收法律级次

我国的税收法律级次如表 1-1 所示。

表 1-1 我国的税收法律级次

级 次	备 注
全国人大及其常委会制定的税收法律	如《中华人民共和国企业所得税法》、《中华人民共和国个人所得税法》(以下简称《个人所得税法》)、《中华人民共和国车船税法》(以下简称《车船税法》)《中华人民共和国环境保护税法》、《税收征收管理法》等
经全国人大或其常委会授权立法所制定的税收法规	如国务院经授权立法所制定的《中华人民共和国增值税暂行条例》《中华人民共和国消费税暂行条例》(以下简称《消费税暂行条例》)《中华人民共和国土地增值税暂行条例》等
国务院制定的税收行政法规	如国务院制定并颁布的《中华人民共和国税收征收管理法实施细则》《中华人民共和国企业所得税法实施条例》等
地方人大及其常委会制定的税收地方性法规	—
国务院税务主管部门制定的税收部门规章	如财政部颁发的《中华人民共和国增值税暂行条例实施细则》、国家税务总局颁发的《税务代理试行办法》等
地方政府制定的税收地方规章	如国务院发布实施的城市维护建设税、房产税等地方性税种暂行条例,以及省(区、市)人民政府根据条例制定的各种实施细则

二、我国的税法体系

我国自 1994 年进行市场化税制改革以来,基本形成以货劳税、所得税为主体的税法体系,共有 18 个税种,分别由税务机关和海关负责征收。

1) 由税务机关负责征收的税种:增值税、消费税、资源税、企业所得税、个人所得税、土地增值税、城镇土地使用税、房产税、城市维护建设税、车船税、车辆购置税、印花税、耕地占用税、环境保护税、契税、烟叶税,共 16 种税。

2) 由海关机关负责征收的税种:关税、船舶吨税,共 2 种税。

除税收实体法外,我国对税收征收管理适用的法律制度,是按照税收管理机关的不同而分别规定的:由税务机关负责 16 种税的征收管理,按照全国人大常委会发布实施的《税收征收管理法》执行;由海关机关负责 2 种税的征收管理,按照《中华人民共和国海关法》(以下简称《海关法》)及《中华人民共和国进出口关税条例》等有关规定执行。

我国已基本形成结构合理、颇具规模的税制体系,如图 1-1 所示。

第二节 税法框架

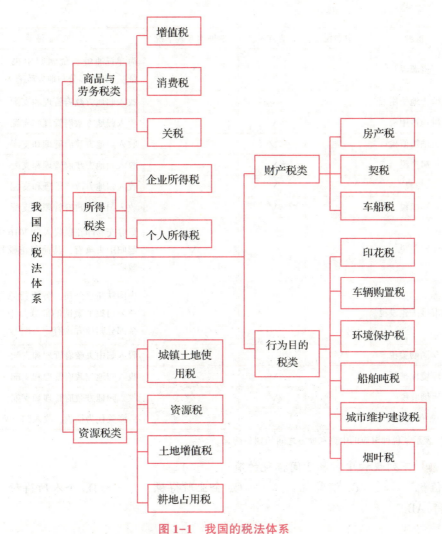

图1-1 我国的税法体系

各税种在中央和地方的划分情况如表1-2所示。

表1-2 各税种在中央和地方的划分情况

税类	税种	中央税	地方税	中央地方共享税	备注
货劳税	增值税			√	中央50%，地方50%[①]
	消费税	√			收入100%归中央政府管理和支配
	关税	√			由海关负责征管，收入归中央财政
所得税	企业所得税			√	中央60%，地方40%
	个人所得税			√	中央60%，地方40%

---

① "营改增"后，在政策过渡期间，增值税中央与地方分享比例由75∶25调整为50∶50。

续表

税类	税种	中央税	地方税	中央地方共享税	备注
资源税	资源税			√	海洋石油资源税划归中央（目前暂停征），其他部分归地方政府
	城镇土地使用税		√		收入归地方政府管理和支配
	耕地占用税		√		收入归地方政府管理和支配
	土地增值税		√		收入归地方政府管理和支配
财产税	房产税		√		收入归地方政府管理和支配
	契税		√		收入归地方政府管理和支配
	车船税		√		收入归地方政府管理和支配
行为税	印花税			√	证券交易印花税收入自2016年1月1日起归中央政府，其他印花税收入归地方政府。
	城市维护建设税			√	中国铁路总公司、各银行总行、各保险总公司集中缴纳的部分归中央政府，其余部分归地方政府
	车辆购置税	√			收入归中央政府管理和支配
	环境保护税		√		收入归地方政府管理和支配
	烟叶税		√		收入归地方政府管理和支配
	船舶吨税	√			由海关代为征收，收入归中央财政

注："√"表示某税种对应的中央和地方之间的划分情况。

【例1-1】下列税种中，属于间接税的有（　　）。
A. 增值税　　　B. 消费税　　　C. 企业所得税　　　D. 个人所得税
【答案】AB

第三节　税收法律关系

提到税收制度和税法的概念，还涉及一个概念——税收法律关系。税收法律关系是税法所确认和调整的国家与纳税人之间、国家与国家之间以及各级政府之间在税收分配过程中形成的权利和义务关系。国家与纳税人在纳税形式上表现为利益分配关系，但在法律明确双方的权利与义务后，这种关系实质上已上升为一种特定的法律关系。税收法律关系主要由以下三个方面构成。

一、税收法律关系主体

税收法律关系主体是指税收法律关系中享有权利和承担义务的当事人。在我国，税收法律关系的主体包括征纳双方，一方是代表国家行使征税职责的国家行政机关，包括国家各级税务机关、海关和财政机关；另一方是履行纳税义务的人，包括法人、自然人和其他组织等。

值得注意的是，在税收法律关系中，权利主体双方是行政管理者与被管理者的关系，所以双方的权利与义务具有不对等性。这是税收法律关系是区别于一般民事法律关系的一个重要特征。

二、税收法律关系客体

税收法律关系客体即税收法律关系主体的权利、义务所共同指向的对象，即征税对象。例如，所得税税收法律关系的客体是生产经营所得和其他所得，财产税法律关系的客体是财产，流转税法律关系的客体是销售货物或服务收入、劳务收入。

税收法律关系的客体也是国家利用税收杠杆调整和控制的目标。国家可根据客观经济形势发展的需要，通过扩大或缩小征税范围调整征税对象，以达到限制或鼓励国民经济中某些产业、行业发展的目的。

三、税收法律关系内容

税收法律关系的内容就是主体所享有的权利和所应承担的义务。这是税法的灵魂。

征税主体的权利主要表现在依法进行征税、税务检查及对违章者进行处罚；其义务主要是向纳税人宣传、咨询、辅导解读税法，及时把征收的税款解缴国库，依法受理纳税人对税收争议的诉讼等。

纳税主体的权利主要有多缴税款申请退还权、延期纳税权、依法申请减免税权、申请复议和提起诉讼权等。纳税主体的义务主要是按税法规定办理税务登记、进行纳税申报、接受税务检查、依法交纳税款等。

【例1-2】下列各项中，属于税收法律关系主体的有（　　）。
A. 国家各级税务机关　　　　　B. 海关
C. 民政机关　　　　　　　　　D. 履行纳税义务的人

【答案】ABD。在我国，税收法律关系的主体包括征纳双方，一方是代表国家行使征税职责的国家行政机关，包括国家各级税务机关、海关和财政机关；另一方是履行纳税义务的人，包括法人、自然人和其他组织等。

第四节　税法原则

一、税收基本原则

1. 税收法定原则

税收法定原则是税收领域最为重要的基本原则或称最高法律原则。税收法定原则可以概括为三个原则，即课税要素法定原则、课税要素明确原则和课税程序保障原则。

（1）课税要素法定原则

课税要素法定原则要求课税要素必须由法律直接规定；无法律规定的，政府无权向私人征税。课税要素法定原则与刑法上的罪刑法定原则的法理是一致的，凡涉及可能不利于国民或加重其负担的规范，均应以行政立法形式来确定，而不应由政府决定。

(2) 课税要素明确原则

课税要素明确原则是指在税法体系中，凡构成课税要素和税收征收程序的法律规定，必须尽量明确而不出现歧义、不出现矛盾，在基本内容上不出现漏空，以保证执法机关能够准确执行税法。

(3) 课税程序保障原则

课税程序保障原则是指一项法律制度能否得到良好的实行，不仅取决于其实体内容方面的完善设计，程序方面的保障也是必不可少，因此税收法定原则还要求要有良好的程序设计。

2. 税收公平原则

税收公平原则是指国家征税应使各个纳税人的税负与其负担能力相适应，并使纳税人之间的负担水平保持平衡。税收公平包括横向公平和纵向公平两个方面。

3. 税收效率原则

税收活动应有利于经济效率提高的原则。其具体内容包括：提高税务行政效率，使征税费用最少；对经济活动的干预最小，使税收的超额负担尽可能最小；要有利于资源的最佳配置，达到帕累托状态。

4. 实质课税原则

实质课税原则是指根据纳税人实际负担能力决定纳税人的税负，而不能仅考核其表面上是否符合课税要件。进行税收法律解释时，必须考虑国民思想、税法目的、经济意义，以及上述诸多因素的相互关系。这一主张被称为税法解释上的"经济观察法"。

二、税法适用原则

税法适用原则是指在税法的解释、税收的征纳等具体适用税法的过程中应遵循的准则。税法的适用原则主要有以下几项。

1. 法律优位原则

法律优位原则是指法律的效力高于行政立法的效力。其在税法中的作用主要体现在处理不同位阶税法的关系上，宪法的效力优于税收法律的效力，税收法律的效力优于行政法规的效力，税收行政法规的效力优于税收行政规章的效力。当效力低的税法与效力高的税法发生冲突时，位阶低的法应当服从位阶高的法。

2. 法律不溯及既往原则

法律不溯及既往原则在税法上往往表现为"实体从旧，程序从新"的原则。其含义包括两个方面：一是实体税法不具备溯及力，新税法与旧税法的界限仍是新税法的实施日期，在此之前发生的纳税义务，当时有效的旧税法仍具支配力；二是程序税法在特定条件下具备一定的溯及力，即对于新税法公布实施以前发生的税收债务在新税法公布实施以后进入税款征收程序的，原则上新税法具有约束力。此原则的适用仅限于税收涉及税收债务的发生与征收跨越程序性的新税法与旧税法交替时期的特殊情况，而不是说新的程序税法普遍具有溯及力。

3. 新法优于旧法原则

新法优于旧法原则也称后法优于先法原则，其含义为新法、旧法对同一事项有不同规定时，新法的效力优于旧法。

4. 特别法优于一般法原则

特别法优于一般法原则是指对同一事项两部法律分别有一般和特别规定时，特别规定的效力高于一般规定的效力。凡是特别法中作出规定的，即排斥一般法的适用。特别法优于一般法原则的功能主要在于处理税法稳定性与灵活性的关系，避免效力上的冲突。当对某些税收问题需要重新作出特殊规定，但又不便于普遍修订税法时，即可以通过特别法的形式予以规范。

5. "实体从旧，程序从新"原则

税收权利义务的产生、变更和灭失的税收实体法，如在应税行为或事实发生后有所变动，除非法律有特别规定，否则对该行为或事实应适用其发生当时的税法规定，即遵循法律不溯及既往的原则。而税务机关在适用征税程序或履行税收债务时，则不问税收债权债务发生的时期，征管程序上一律适用新法。

6. 程序法优于实体法原则

程序法优于实体法原则是指在诉讼发生时，税收程序法优于税收实体法，以保证国家课税权的实现。

三、税收法理

税收与税法密不可分。没有完善的税收法律制度，就不可能有完善的现代税收制度。对税收的规范，不仅要求制定并执行税法，还要求在制定税法时对征纳各方的权利义务进行准确定位，在税法执行时对征纳各方是否正确行使权利义务进行有效监督，在税收规范被征纳各方违反时进行妥善处置。

第五节　税法要素

税法要素是指各种单行税法具有的共同的基本要素的总称。首先，税法要素既包括实体性的，也包括程序性的；其次，税法要素是所有完善的单行税法都共同具备的，仅为某一税法所单独具有而非普遍性的内容，不构成税法要素。

税法要素包括总则、纳税人、征税对象、税目、税率、纳税环节、纳税期限、纳税地点、减税免税、罚则等。其中，纳税人、征税对象、税率是基本的税制要素，简称"税制三要素"。实际上，一个国家税收法律主要根据税收主权来制定，这涉及税收管辖权的问题。从某种意义上讲，税收管辖权是税收制度确定的前提条件。

一、总则

总则主要包括立法依据、立法目的、适用原则等。例如，《耕地占用税条例》规定，"为了合理利用土地资源，加强土地管理，保护农用耕地，特制定本条例。"此条突出了该条例制定的目的,即"立法目的"。

二、纳税人

纳税人又称纳税主体,是指税法上规定的直接负有纳税义务的单位和个人。任何税种,首先要确定纳税人,解决国家对谁征税的问题。不同税种的纳税人也不尽相同,同一纳税人可能要承担多个税种的纳税义务。纳税人可以分为法人和自然人两类。法人依法负有纳税义务,我国的法人主要是指企业法人。我国税法中的纳税自然人是指我国公民、居住在我国的外国人和无国籍人,以及属于自然人范围的企业,如个体企业、私营独资企业、农村经营承包户、个人合伙企业和其他不属于法人性质的企业等。

纳税人中还有代扣代缴义务人和代收代缴义务人两种特殊的纳税人。

三、征税对象

征税对象也称课税对象,是指税收法律关系中征纳双方权利义务所指向的物或行为,它规定了每种税的征税界限。征税对象是一种税区别于另一种税的主要标志。征税对象可以从质和量两个方面进行划分,其质的具体化是征税范围和税目,量的具体化是计税依据和计税单位。

1. 征税范围

征税范围又称课税范围,是指税法规定的征税对象的具体内容或范围,规定着征税的界限,凡是列入征税范围的都应征税。征税范围常通过税目加以体现,税目是征税对象的具体化。例如,《消费税暂行条例》对征税范围以列举税目方式做了具体规定。

2. 计税依据

计税依据是指计算应纳税额所根据的标准,是指根据税法规定所确定的用以计算应纳税额的依据,也是据以计算应纳税额的基数。

计税依据反映征税对象的量的规定,主要解决征税对象的税款计算问题,反映征税对象的应计税金额或者数量。征税对象的量主要有实物数量和价值两种形式。在从量计征的税种中,计税依据是征税对象的数量、容积、体积等。在从价计征的税种的计税依据是征税对象的价值。

【例1-5】在税法的构成要素中,区别一种税与另一种税的重要标志是( )。
A. 征税对象   B. 税目   C. 税率   D. 纳税环节

【答案】A。征税对象是指税收法律关系中征纳双方权利义务所指向的物或行为,是一种税区别于另一种税的主要标志。

四、税目

税目是在税法中对征税对象分类规定的具体的征税项目,反映具体的征税范围,是对课税对象质的界定。设置税目的目的首先是明确具体的征税范围,凡列入税目的即为应税项目,未列入税目的,则不属于应税项目。其次,划分税目也是贯彻国家税收调节政策的需要,国家可根据不同项目的利润水平以及国家经济政策等为依据制定高低不同的税率,以体现不同的税收政策。并非所有税种都需规定税目,有些税种不分课税对象的具体项目,一律按照课税对象的应税数额采用同一税率计征税款,因此一般无须设置税目,如企业所得税。有些税种具体课税对象比较复杂,需要规定税目,如消费税。

五、税率

税率是指应纳税额与征税对象数额(量)之间的法定比例,是计算应纳税额和税收负担的尺度,体现征税的程度,是税收制度的中心环节,是税制中最活跃、最有力的因素。税率直接关系着国家财政收入和纳税人的负担,也反映着国家经济政策的要求。在征税对象既定的前提下,税率形式的选择和税率档次的设计,决定着税收规模和纳税人的税负水平。税率一般分为比例税率、累进税率和定额税率。比例税率又可以分为单一比例、差别比例、幅度比例等多种形式。

【例1-6】在税法的构成要素中,衡量税负轻重与否的重要标志是( )。
A. 税目　　　　B. 征税对象　　　　C. 税率　　　　D. 纳税期限
【答案】C。税率是指应纳税额与征税对象数额(量)之间的法定比例,是计算应纳税额的尺度,也是衡量税负轻重与否的重要标志。

六、纳税环节

纳税环节是指税法规定的征税对象在从生产到消费的流转过程中应当缴纳税款的环节。商品从生产到消费要经过许多流转环节,如工业品一般要经过工业生产、商业批发、商业零售等环节。许多税种往往只选择其中的某个环节纳税。按照确定纳税环节的多少,可将税收课征制度划分为一次课征制和多次课征制两类。其中,一次课征制度是指一种税收在各流通环节只征收一次税。多次课征制是指一种税收在各流通环节选择两个或两个以上的环节征税。例如,增值税就是多环节纳税,只要在生产、批发、零售过程中产生增值额就要缴纳增值税。

七、纳税期限

纳税期限是指税法规定的纳税人申报缴纳税款的期限。纳税期限是衡量征纳双方是否按时行使征税权力和履行纳税义务的尺度,也是税收强制性、固定性在时间上的体现。

从我国现行各税来看,纳税期限分为三种:① 按期征收。一般根据纳税义务发生时间,按日纳税,如增值税、消费税。② 按年征收、分期预缴。企业所得税按年计征,分期预缴,年度结束后汇算清缴。③ 按次纳税。按照纳税行为发生的次数纳税,如车辆购置税、耕地占用税等。

与纳税期限相关的概念有缴库期限和纳税计算期。缴库期限也称入库期限,是指纳税人每期应纳税款缴入国库的间隔时间,它是纳税期限的一个延伸期限,也是税款计算期满后缴纳税款的法定期限。纳税计算期是指税法规定的纳税人计算应纳税额的间隔期,如增值税以一个月为计算期的,应该在期满后15日内将税款报缴入库。

八、纳税地点

纳税地点是指纳税人缴纳税款的具体地点。纳税地点一般为纳税人的住所地,也有规定在营业地、财产所在地或特定行为发生地的。纳税地点的确定既要方便纳税人履行纳税义务，也要便于税务机关进行管理。

九、减税免税

减税免税主要是国家对某些纳税人和征税对象给予鼓励和照顾的一种特殊规定。主要措施有以下三种。

1. 减税和免税

减税是对应纳税额少征一部分税税，免税是对应纳税额全部免征。

2. 起征点

起征点指税法规定对征税对象开始征税的起点数额。征税对象的数额"达到"起征点的就"全部数额征税"，"未达到"起征点的"不征税"。

3. 免征额

免征额指征税对象总额中免予征税的数额，只就减除后的"剩余部分"计征税款，是对所有纳税人的照顾。

此处应区分起征点和免征额，达不到起征点和免征额时都不缴税，但是一旦达到起征点时全额征税，超过免征额时只对超过部分征税。

十、罚则

罚则主要是针对违反国家税法规定的纳税人采取的处罚措施。比如税法规定，纳税人不进行纳税申报、不缴或者少缴应纳税款的，由税务机关追缴其应缴的税款，并加收滞纳金，处以不缴或少缴税款的 50% 以上 5 倍以下的罚款。

第二章

增值税计算与缴纳

知识目标

1. 了解增值税的基本原理。
2. 了解增值税的基本要素。
3. 学会增值税应纳税额的计算。
4. 了解增值税的出口货物退免税及进口货物征税政策。

技能目标

1. 掌握增值税的基本法律知识,熟悉增值税的概念、类型和作用。
2. 能准确计算增值税一般纳税人的进项税额、销项税额和当期应纳增值税税额及小规模纳税人的应纳增值税税额。
3. 了解增值税的退税政策,能够掌握"免、抵、退"的增值税计算方法。
4. 能够为企业进行增值税纳税申报。

第二章 增值税计算与缴纳

知识导图

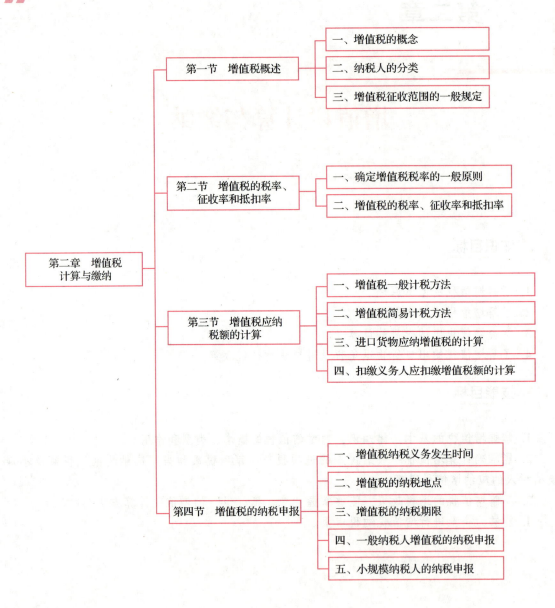

第一节 增值税概述

案例导入

老杨在北京东城区购买了一套房子打算作为儿子的婚房,但儿子毕业后去了深圳。之后老杨想将房子卖掉,于是跑到国税办税服务厅的窗口进行咨询。

老杨:"同志,我想了解一下二手房交易的税收问题。"

国税干部:"大爷,个人将购买2年以上(含2年)的住房对外销售的,免征增值税。"

老杨:"不足2年的房子呢?"

国税干部:"个人将购买不足2年的住房对外销售的,按照5%的征收率全额缴纳增值税。"

老杨:"原来的营业税好像也是5%,营改增后税率也差不多。"

国税干部:"大爷,其实营改增后税负还略有下降呢。"

老杨:"那是怎么回事?"

国税干部:"过去的营业税税率5%,房子卖100万元的话,100万元乘5%,要交5万元的营业税;现在房子依然卖100万元,是按100÷(1+5%)为计税价格,然后再乘5%,算下来只有47 600元左右,比'营改增'前少交税2 400元。相当于原来营业税税率是5%,'营改增'后的增值税税率是4.76%。"

老杨:"噢,那'营改增'后来办理交税手续,还能省几千块啊!这趟真没白来,谢谢你!"

增值税与营业税是我国两大主体税种。我国从1979年开始在部分城市试行生产型增值税。2008年国务院决定全面实施增值税改革,将生产型增值税转为消费型增值税。2011年年底国家决定在上海试点营业税改征增值税(以下简称"营改增")。2016年5月1日,我国"营改增"在全行业、全国范围内深入推广。

第一节 增值税概述

一、增值税的概念

增值税是以商品(含应税劳务)在流转过程中产生的增值额作为计税依据而征收的一种流转税。按我国增值税法的规定,增值税是对在我国境内销售货物或者提供加工、修理修配劳务以及进口货物的企业单位和个人,就其货物销售或提供劳务的增值额和货物进口金额为计税依据而课征的一种流转税。生产经营者销售货物时,向消费者或使用单位收取的销项税金与购进货物时支付的进项税金之差为增值税税金。从计税原理上说,增值税是对商品生产、流通、劳务服务中多个环节的新增价值或商品的附加值征收的一种流转税。实行价外税,也就是由消费者负担,有增值才征税,没增值不征税。

二、纳税人的分类

我国根据纳税人经营规模大小和会计核算是否健全，将增值税的纳税人划分为一般纳税人和小规模纳税人两类，并对不同类别的纳税人实行不同的管理办法。其中，企业的经营规模的大小一般以年应税销售额为依据。由于增值税属于价外税，这里的销售额是不含增值税的销售额，如果纳税人的销售额是含税销售额，需要转换成不含税销售额进行衡量。

年应税销售额是指纳税人在连续不超过 12 个月的经营期内累计应征增值税销售额，包括减免税销售额以及按规定允许从销售额中差额扣除的部分。经营期是指在纳税人存续期内的连续经营期间，含未取得销售收入的月份。

1. 一般纳税人

一般纳税人，一般是指经营规模达到规定标准、会计核算健全的纳税人。

> ☞ 知识链接
>
> 我国一般纳税人一般年销售额应该在 500 万元（不含）以上。
>
> 对于从事加油站及成品油销售纳税人，不论年销售额是否超过 80 万元，都按一般纳税人管理。
>
> 但对于年销售额达不到相应规模的企业，如果会计核算健全，能够准确提供税务资料的，可以向主管税务机关申请办理一般纳税人资格登记，成为一般纳税人。

2. 小规模纳税人

小规模纳税人，是指应税行为的年应征增值税销售额标准为 500 万元（含）以下的经营规模较小、会计核算不健全的纳税人。

> ☞ 知识链接
>
> 我国《增值税一般纳税人资格认定管理办法》规定，下列纳税人无须办理一般纳税人资格认定：
> 1) 个体工商户以外的其他个人。
> 2) 选择按照小规模纳税人纳税的非企业性单位，如行政单位、事业单位、军事单位、社会团体等。
> 3) 选择按照小规模纳税人纳税的不经常发生应税行为的企业。

纳税人年应税销售额超过财政部、国家税务总局规定的标准，且符合政策规定，选择按照小规模纳税人纳税的，应当向主管税务机关提交书面说明。但是个体工商户以外的其他个人应纳销售超过标准的，不需要提交证明。

三、增值税征收范围的一般规定

我国在实行"营改增"后，增值税的征收范围已经涵盖商品、服务、劳务的生产、销售、进口等多个环节，覆盖第一产业、第二产业和第三产业。增值税的征收范围如表 2-1 所示。

第一节 增值税概述

表 2-1 增值税的征收范围

征收范围	基本规定
销售或进口的货物	货物，是指有形动产，包括电力、热力、气体
提供的应税劳务	应税劳务，是指纳税人提供的加工、修理修配劳务。加工是指受托加工货物，即委托方提供原料及主要材料，受托方按照委托方的要求制造货物并收取加工费的业务
	修理修配，是指受托对损伤或丧失功能的货物进行修复，使其恢复原状和功能的业务。所称提供加工、修理修配劳务，是指有偿提供加工、修理修配劳务
销售服务	销售服务，是指提供交通运输服务、邮政服务、电信服务、建筑服务、金融服务、现代服务、生活服务
销售无形资产	销售无形资产，是指有偿转让无形资产，是转让无形资产所有权或者使用权的业务活动。无形资产包括技术、商标、著作权、商誉、自然资源使用权和其他权益性无形资产
销售不动产	销售不动产，是指转让不动产所有权的业务活动

应税服务的具体范围如表 2-2 所示。

表 2-2 应税服务的具体范围

行业	具体范围
交通运输业	陆路运输服务
	水路运输服务
	航空运输服务
	管道运输服务
邮政业	邮政普遍服务
	邮政特殊服务
	其他邮政服务
电信业	基础电信服务
	增值电信服务
建筑服务业	工程服务
	安装服务
	修缮服务
	装饰服务
	其他建筑服务
金融服务业	贷款服务
	直接收费金融服务
	保险服务
	金融商品转让

续表

行业		具体范围
现代服务业	研发和技术服务	包括研发服务、技术转让服务、技术咨询服务、合同能源管理服务、工程勘察勘探服务、专业技术服务
	文化创意服务	包括设计服务、知识产权服务、广告服务、会议展览服务
	信息技术服务	包括软件服务、电路设计及测试服务、信息系统服务、业务流程管理服务、信息系统增值服务
	物流辅助服务	包括航空服务、港口码头服务、货运客运场站服务、打捞救助服务、装卸搬运服务、仓储服务、收派服务
	租赁服务	包括融资租赁服务、经营性租赁服务 注：水路运输的光租业务、航空运输的干租业务属于经营性租赁
	鉴证咨询服务	包括认证服务、鉴证服务、咨询服务 注：翻译服务和市场调查服务按照咨询服务缴纳增值税
	广播影视服务	包括广播影视节目制作、发行和播映服务
	商务辅助服务	包括企业管理服务、经纪代理服务、人力资源服务、安全保护服务
生活服务业		文化体育服务
		教育医疗服务
		旅游娱乐服务
		餐饮住宿服务

第二节 增值税的税率、征收率和抵扣率

一、确定增值税税率的一般原则

从各国增值税的实践看，为保证税收中性和税收抵扣制度便利，增值税宜尽可能减少税率档次，不宜采用多档税率。税率档次过多，会产生诸多弊端。

二、增值税的税率、征收率和抵扣率

为简化税制，体现税负差异，我国在完成"营改增"后，决定进一步简并税率档次，自2019年4月1日起，我国增值税税率实行13%、9%、6%、0%四档税率。

1. 基本税率

纳税人销售或者进口货物、提供加工、修理修配劳务、提供有形动产租赁等应税项目，适用13%。这一税率就是通常所说的基本税率。

第二节 增值税的税率、征收率和抵扣率

2. 低税率

低税率主要有9%和6%两档。

1）9%的税率，主要适用于提供交通运输、邮政、基础电信、建筑、不动产租赁服务、销售不动产、销售土地使用权，销售粮食、食用植物油、销售自来水、暖气、冷气、热水、煤气、石油液化气、天然气、沼气、居民用煤炭制品、销售图书、报纸、杂志，销售饲料、化肥、农药、农机、农膜、农业产品，销售国务院规定的其他货物。

2）6%的税率，主要适用于部分现代服务业，包括增值电信服务、金融服务、生活服务、销售无形资产（转让土地使用权除外）等。

3. 零税率

零税率适用于出口货物和符合条件的服务、无形资产。

税率及其适用范围如表2-3所示。

表2-3 税率及其适用范围

税率	征收对象	主要行业	备注
13%	销售货物	工业、商业、电力、气体等	除9%、0%税率货物
	劳务	加工、修理修配	
	有形动产租赁服务	汽车租赁、机械设备租赁等	不含融资租赁
	进口货物		
9%	交通运输	物流、铁路、公路、航空等运输	不含物流辅助
	邮政	邮政公司	
	基础电信	移动、电信等	不含增值电信服务
	建筑	建筑、安装、装饰、绿化等	清包工等可简易
	不动产租赁	房屋出租、土地租赁等	除个人住房出租
	销售不动产	房地产开发等	
	转让土地使用权	土地转让	
	粮食等农产品	粮油公司	限农业初级产品
	食用植物油、食用盐	粮油公司	不含工业用
	自来水	自来水公司	可简易计税
	暖气、冷气等	煤气公司、液化气站等	
	图书、报纸、杂志等	书店、音像店等	
	饲料、化肥、农机等	农资生产销售公司等	不含农机配件
	国务院规定其他货物		
6%	销售服务	金融、现代服务、生活服务	除9%税率外
	销售无形资产	转让商标、商誉、特许权等	
0%	出口货物	外贸生产、销售	
	境外销售服务		
	境外销售无形资产		

4. 征收率

1）小规模纳税人适用的增值税率为3%和5%。

2）对于一般纳税人生产销售的特定货物，确定征收率，按照简易办法征收增值税，并视不同情况，采取不同的征收管理办法，征收率分别适用3%、3%减按2%、5%等。

☞ **知识链接**

不动产转让与经营租赁适用税率及征收率一览表如表2-4所示。

表2-4 不动产转让与经营租赁适用税率及征收率一览表

业务	类型		不动产性质			预征率	税率/征收率
不动产转让	非房地产开发企业	一般纳税人	2016年4月30日前			5%	10%（可选择5%征收率）
			2016年5月1日后				10%
		小规模纳税人	—				5%
	房地产开发企业	一般纳税人	房地产老项目			3%	10%（可选择5%征收率）
		小规模纳税人	房地产新项目				10%
			—				5%
	个体工商户及其他个人		购买的住房	购买不足2年		5%（仅个体工商户）	5%
				购买两年以上	北京、上海、广州、深圳	非普通住房	
						普通住房	免税
					其他地区		
			取得的不动产			5%（仅个体工商户）	5%
不动产经营租赁	一般纳税人		2016年4月30日前			3%/5%（简易计税方法下）	11%（可选择5%征收率）
			2016年5月1日后			3%	10%
	小规模纳税人（单位）		—			5%	5%
	个体工商户以及其他个人		非住房			5%（仅个体工商户）	
			住房			5%减按1.5%（仅个体工商户）	5%的征收率减按1.5%

注：不动产经营租赁中，除其他个人外，不动产所在地与机构所在地不在同一县（市、区）的，需向不动产所在地主管国税机关预缴税款。

房地产老项目是指：①《建筑工程施工许可证》注明的合同开工日期在2016年4月30日前的房地产项目；②《建筑工程施工许可证》未注明合同开工日期或者未取得《建筑工程施工许可证》但建筑工程承包合同注明的开工日期在2016年4月30日前的建筑工程项目。

5. 抵扣率

1）纳税人购进农产品取得一般纳税人开具的增值税专用发票或海关进口增值税专用缴款书的，以增值税专用发票或海关进口增值税专用缴款书上注明的增值税额为进项税额；从按照简易计税方法依照3%征收率计算缴纳增值税的小规模纳税人取得增值税专用发票的，以增值税专用发票上注明的金额和9%的扣除率计算进项税额；取得（开具）农产品销售发票或收购发票的，以农产品销售发票或收购发票上注明的农产品买价和9%的扣除率计算进项税额。

2）继续推进农产品增值税进项税额核定扣除试点，纳税人购进农产品进项税额已实行核定扣除的，其扣除率调整为9%[①]。

3）纳税人购进农产品既用于生产销售或委托受托加工13%税率货物又用于生产销售其他货物服务的，应当分别核算用于生产销售或委托受托加工13%税率货物和其他货物服务的农产品进项税额。未分别核算的，统一以增值税专用发票或海关进口增值税专用缴款书上注明的增值税额为进项税额，或以农产品收购发票或销售发票上注明的农产品买价和10%的扣除率计算进项税额。

第三节　增值税应纳税额的计算

一、增值税一般计税方法

1. 增值税一般计税方法的基本原理

增值税一般计税方法的基本原理是根据购进扣税法计算当期应纳增值税税额。在实际征收管理中，一般纳税人采用购进扣税法计算当期应纳增值税，即先按照当期销售额和适用税率计算销项税额，然后一般纳税人凭借增值税专用发票和其他合法扣税凭证注明的增值税税款作为进项税额进行抵扣。

一般计税办法的应纳增值税额，是指当期销项税额抵扣当期进项税额后的余额。应纳税额的计算公式为

$$当期应纳增值税 = 当期销项税额 - 当期进项税额$$

当期销项税额小于当期进项税额不足抵扣时，其不足部分可以结转下期继续抵扣。

2. 销项税额的计算

销项税额是指纳税人销售货物、提供加工修理修配劳务、销售服务、无形资产或者不动产，按照销售额和对应的增值税税率计算并收取的增值税税额。销项税额的计算体现了增值税的价外税特点。由于增值税是价外税，这里的销售额是不含增值税的销售额。如果销售额是含有增值税，则要把含有增值税的销售额转变成不含增值税的销售额。

---

① 《财政部 税务总局 关于简并增值税税率有关政策的通知》（财税〔2017〕37号）。

当期销项税额的计算公式为

$$当期销项税额 = 当期销售额（不含税）\times 税率$$

（1）销售额的一般规定

销售额是指纳税人销售货物或者应税劳务、应税服务向购买方收取的全部价款和价外费用，但是不包括收取的销项税额。确认销售额的前提是发生了应税行为，未发生应税行为而取得的收入不作为销售额，无须缴纳增值税。具体来说，应税销售额包括以下内容：

向购买方收取的价外费用，具体包括手续费、补贴、基金、集资费、返还利润、奖励费、违约金、延期付款利息、滞纳金、赔偿金、包装费、包装物租金、储备费、优质费、运输装卸费、代收款项、代垫款项及其他各种性质的价外收费。上述价外费用无论其会计制度如何核算，都应并入销售额计税。

如果一般纳税人销售货物或者提供应税劳务、服务，采用销售额和销项税额合并定价的，则计算销项税额时需要把含税的销售额转变成不含税的销售额，其计算公式为

$$不含增值税的销售额 = 含增值税销售额 \div (1+增值税税率)$$

（2）视同销售行为的销售额

视同销售行为是税法规定的特殊销售行为。由于视同销售行为一般不以资金形式反映出来，因而会出现视同销售而无销售额的情况。另外，有时纳税人销售货物或提供应税劳务的价格明显偏低且无正当理由。在上述情况下，主管税务机关有权按照下列顺序核定其计税销售额：

1）按纳税人最近时期同类货物、劳务、服务、无形资产或者不动产的平均销售价格确定。

2）按其他纳税人最近时期同类货物、劳务、服务、无形资产或者不动产的平均销售价格确定。

3）在采用以上两种方法均不能确定其销售额的情况下，可按组成计税价格确定销售额。其公式为

$$组成计税价格 = 成本 \times (1+成本利润率)$$

属于应征消费税的货物，其组成计税价格应加计消费税税额。其计算公式为

$$组成计税价格 = 成本 \times (1+成本利润率) + 消费税税额$$
$$= 成本 \times (1+成本利润率) \div (1-消费税税率)$$

上述公式中，"成本"分为两种情况：一种是属于销售自产货物的为实际生产成本；另一种是属于销售外购货物的为实际采购成本。

3. 进项税额的计算

（1）进项税额的含义

进项税额是纳税人购进货物、加工修理修配劳务、服务、无形资产或者不动产，支付或者负担的增值税税额。

（2）准予抵扣的进项税额

一般纳税人购进货物、加工修理修配劳务、服务、无形资产或者不动产所支付的进项税

额,准予从销项税额抵扣。可以抵扣的进项税额应该取得合法、有效的增值税扣税凭证。

准予抵扣一般有两种情形:

1) 以票抵扣。以票抵扣,是利用合法的增值税扣税凭证进行进项税额抵扣。增值税扣税凭证,是指增值税专用发票、海关进口增值税专用缴款书、农产品收购发票、农产品销售发票和完税凭证。注明旅客身份信息的铁路车票、航空运输电子客票行程单以及水路、公路等其他客票。

2) 计算抵扣。购进农产品,除取得增值税专用发票或者海关进口增值税专用缴款书外,按照农产品收购发票或者普通增值税发票上注明的农产品买价和扣除率计算的进项税额。

计算公式为

$$进项税额 = 买价 \times 扣除率$$

(3) 不准从销项税额中抵扣的进项税额

根据增值税制度的规定,下列进项税额不得抵扣。

1) 用于简易计税方法计税项目、免征增值税项目、集体福利或者个人消费的购进货物、加工修理修配劳务、服务、无形资产和不动产。其中涉及的固定资产、无形资产、不动产,仅指专用于上述项目的固定资产、无形资产(不包括其他权益性无形资产)、不动产。纳税人的交际应酬消费属于个人消费。

2) 非正常损失的购进货物,以及相关的加工修理修配劳务和交通运输服务。

3) 非正常损失的在产品、产成品所耗用的购进货物(不包括固定资产)、加工修理修配劳务和交通运输服务。

4) 非正常损失的不动产,以及该不动产所耗用的购进货物、设计服务和建筑服务。

5) 非正常损失的不动产在建工程所耗用的购进货物、设计服务和建筑服务。纳税人新建、改建、扩建、修缮、装饰不动产,均属于不动产在建工程。

6) 购进的贷款服务、餐饮服务、居民日常服务和娱乐服务。

7) 财政部和国家税务总局规定的其他情形。

第4)、5) 项所称货物,是指构成不动产实体的材料和设备,包括建筑装饰材料和给排水、采暖、卫生、通风、照明、通信、煤气、消防、中央空调、电梯、电气、智能化楼宇设备及配套设施。

第2)、3) 项、4) 项、5) 项所称非正常损失,是指因管理不善造成货物被盗、丢失、霉烂变质,以及因违反法律法规造成货物或者不动产被依法没收、销毁、拆除的情形。

4. 一般纳税人应纳增值税税额的计算

在确定销项税额、进项税额以及不得从销项税额中抵扣的进项税额之后,就可以按照以下公式计算应纳增值税税额:

$$当期应纳增值税 = 当期销项税额 - 当期进项税额$$

【例2-1】A运输公司为增值税一般纳税人,2019年9月取得收入100万元,支付B运输公司联合运输费15万元并取得增值税专用发票。试计算A运输公司需要缴纳的增值

第二章 增值税计算与缴纳

税额。

【解析】业务发生在2019年4月1日后，适用9%的增值税税率。A运输公司的销售额为100万元，增值税销项税额为100÷（1+9%）×9%≈8.26（万元），增值税进项税额为15×9%=1.35（万元）。

A运输公司3月应交增值税额为8.26-1.35=6.91（万元）。

【例2-2】HY建筑安装公司成立于2017年8月，具备建筑部核准的房屋建筑工程总承包二级资质。公司注册资金5 000万元。现有职工758人，其中工程技术及经济管理人员134人，高级工程师8人，一级项目经理4人，二级项目经理2人。该公司是集建筑主体、结构施工、装饰装修为一体的施工股份制企业。建筑业"营改增"后，HY公司被认定为增值税一般纳税人。

2017年10月1日，HY建筑公司承建了甲房地产开发公司的"X住宅小区项目"并签订了合同。合同约定工程总价款为5亿元，2017年底经测算，项目完工比约为30%，2017年年底HY公司从甲公司收到17 000万元账款（不含税），并开具增值税专用发票给对方。"X住宅小区项目"2017年发生项目成本14 000万元，其中人工费4 500万元、材料费8 000万元、设备使用费800万元、其他直接费用400万元、间接费300万元。

人工费4 500万元中，直接列支成本的工人工资为80万元，未能提供增值税专用发票不能抵扣；与具有分包资质的企业签订合同能提供增值税专用发票的劳务费的累计结算工程款为3 600万元；剩余的820万元是与个人签订劳务分包合同，不能提供增值税专用发票。

材料费8 000万元中，地材砂石料1 200万元都是与当地个人签订的合同，不能提供增值税专用发票；另外，五金材料、劳保用品、安全发货用品、周转材料等1 800万元从小规模纳税人处购得，只能提供普通发票；钢材等材料取得可抵扣的增值税发票金额为5 000万元。

设备使用费800万元中，分包出去的费用300万元不能提供增值税专用发票。剩余为全部外租机械500万元，可以提供增值税专用发票。

其他直接费用400万元中，只有施工电费120万元取得了增值税专用发票。

间接费300万元，包括职工工资、办公费、差旅费、五险一金等均取得的是普通发票。

要求：请计算HY建筑公司应缴纳的增值税税额。

【解析】按照建筑业增值税纳税义务发生时间的规定，HY公司应该就收到的17 000万元计算销项税额，即销项税额为17 000×9%=1 530（万元）。

借：银行存款　　　　　　　　　　　　　　　　　　185 300 000
　　贷：主营业务收入　　　　　　　　　　　　　　170 000 000
　　　　应交税费——应交增值税（销项税额）　　　 15 300 000

人工费用中，可以扣除的进项税额为3 600×9%=324（万元），由于其他的不能获得增值税专用发票，也就不能抵扣进项税额。

借：主营业务成本　　　　　　　　　　　　　　　　 45 000 000
　　应交税费——应交增值税（进项税额）　　　　　　3 240 000

贷：银行存款　　　　　　　　　　　　　　　　　　48 240 000

材料费用中，可以扣除的进项税额为5 000×13%＝650（万元），从个人和小规模纳税人处购得的材料没有可以抵扣的进项税额。

借：主营业务成本　　　　　　　　　　　　　　　800 000 000
　　应交税费——应交增值税（进行税额）　　　　　6 500 000
　　　贷：银行存款　　　　　　　　　　　　　　806 500 000

机械费用中，可以抵扣的进项税额为500×6%＝30（万元）。分包出去的费用300万元因不能提供增值税专用发票，也不可以抵扣进项。

借：主营业务成本　　　　　　　　　　　　　　　　8 000 000
　　应交税费——应交增值税（进项税额）　　　　　　 300 000
　　　贷：银行存款　　　　　　　　　　　　　　　 8 300 000

其他直接费用中，可以抵扣的进项税额为120×13%＝15.6（万元）。

借：主营业务成本　　　　　　　　　　　　　　　　4 000 000
　　应交税费——应交增值税（进项税额）　　　　　　 156 000
　　　贷：银行存款　　　　　　　　　　　　　　　 4 156 000

间接费用中没有可以抵扣的进项税额。

所以就"X住宅小区项目"，HY建筑公司2017年应该缴纳的增值税为1 530-324-650-30-15.6＝510.4（万元）。

【例2-3】阳光管理咨询集团是上海市一般纳税人，为东方机械股份公司提供咨询服务，收取含税收入636万元，税率6%，假设当期无可抵扣进项税额。

要求：请计算阳光管理咨询集团应纳增值税额。

【解析】应缴纳增值税额为：［636÷（1+6%）］×6%＝36（万元）。

【例2-4】某生产企业为增值税一般纳税人，适用增值税税率13%。2019年5月，销售甲产品给某大商场，开具增值税专用发票，取得不含税销售额80万元。当月购进货物取得增值税专用发票，注明支付的货款60万元，进项税额7.8万元，货物验收入库；另外，支付购货的运输费用6万元，取得运输公司开具的增值税专用发票。计算该生产企业当期增值税应纳税额。

该生产企业销售甲产品的销项税额：80×13%＝10.4（万元）

外购货物和运输服务可抵扣进项税额：7.8+6×9%＝8.34（万元）。该企业5月应缴纳的增值税额：10.4-8.34＝2.06（万元）。

二、增值税简易计税方法

1. 简易计税方法的应纳税额计算公式

简易计税办法既适用于小规模纳税人，又适用于一般纳税人适用按简易计税办法计征的特定应税行为。

根据《增值税暂行条例》和"营改增"的规定，按简易方法计算应纳增值税税额，即

第二章 增值税计算与缴纳

按销售额和规定征收率计算应纳税额，不得抵扣进项税额。纳税人不得自行开具增值税专用发票。

其应纳税额的计算公式为

$$应纳税额=销售额\times征收率$$

公式中，销售额与增值税一般纳税人计算应纳增值税的销售额规定内容一致，是销售货物或提供应税劳务向购买方收取的全部价款和价外费用，但不包括按征收率收取的增值税税额。

公式中的征收率根据纳税人或者应税行为的不同，分别为 3%、2% 和 5%。

2. 含税销售额的换算

按照税法规定，小规模纳税人销售货物、劳务或者应税服务，自行开具的发票是普通发票，发票上列示的是含税销售额。纳税人采用销售额和应纳税额合并定价方法，在计税时需要将其换算为不含税销售额。

换算公式为

$$不含税销售额=含税销售额\div（1+征收率）$$

纳税人提供的适用简易计税方法计税的应税服务，因服务中止或者折让而退还给接受方的销售额，应当从当期销售额中扣减。扣减当期销售额后仍有余额造成多缴的税款，可以从以后的应纳税额中扣减。

【例 2-5】某小规模纳税企业主营建筑工程施工业务，2018 年该建筑企业承包一项工程，工程总造价 300 万元（含税），该企业将该工程总造价的 1/3 外包，支付分包款 100 万元（含税）；2018 年该企业还购买了一台建筑施工用固定资产，价格为 50 万元，并取得了增值税专用发票。2018 年末工程完工并完成结算。

【解析】该建筑企业 2018 年应交增值税为（300－100）÷（1+3%）×3%≈5.83（万元）。

本例中，该建筑企业为小规模纳税人，应以取得的全部价款和价外费用扣除支付的分包款后的余额为销售额计算缴纳增值税。作为小规模纳税人，即使取得了增值税专用发票，也不能从应纳税额中抵扣。

三、进口货物应纳增值税的计算

无论是一般纳税人还是小规模纳税人、申报进口货物都应缴纳增值税，需按照组成计税价格和规定的税率计算增值税额。其中规定的税率一般是 13% 和 9%。

小规模纳税人进口货物时使用税率而不是使用征收率计算增值税。

其计算公式为

$$应纳税额=组成计税价格\times税率$$

组成计税价格有以下两种情况：

（1）进口货物只征收增值税的，其组成计税价格为

$$组成计税价格=关税完税价格+关税$$

$$=关税完税价格×（1+关税税率）$$

（2）进口货物同时征收消费税的，其组成计税价格为

$$组成计税价格=关税完税价格+关税+消费税$$

$$=关税完税价格×（1+关税税率）÷（1-消费税税率）$$

其中，关税的完税价格按照《海关法》和《进出口关税条例》规定确定。一般贸易项下的进口货物的关税完税价格以海关审定的成交价为基础到岸价确定。成交价是指一般贸易项下进口货物的买方为购买该货物向卖方实际支付或者应当支付的价格。到岸价格，是指货价加上货物运抵我国关境输入地起卸前的包装费、运费、保险费和其他劳务费等费用构成的一种价格。特殊贸易项下进口的货物，由于进口时没有"成交价格"为依据，可以根据《进出口关税条例》规定的完税价格确定办法确定。

【例 2-6】某进出口公司（增值税一般纳税人）2019 年 5 月报关进口数码相机 60 000 台，每台关税完税价格为 3 000 元，进口关税税率为 60%。已缴进口关税和海关代征的增值税并取得增值税完税凭证。当月以不含税售价每台 5 600 元全部售出（数码相机不需缴纳消费税）。

该公司当月进口环节和销售环节应纳增值税额计算如下：

（1）进口环节应纳税额的计算

组成计税价格=关税完税价格+关税

$$=3\,000×60\,000+3\,000×60\,000×60\%=288\,000\,000（元）$$

进口环节应纳税额=组成计税价格×适用税率

$$=288\,000\,000×13\%=37\,440\,000（元）$$

（2）国内销售环节应纳增值税额的计算

应纳税额=当期销项税额-当期进项税额

$$=5\,600×60\,000×13\%-37\,440\,000=6\,240\,000（元）$$

【例 2-7】日新进出口公司（一般纳税人）2019 年 5 月报关进口计算机 600 台，每台关税完税价格为 4 000 元，进口关税税率 60%，已缴纳进口关税和海关代征的增值税，并已取得增值税完税凭证。当月销售出其中的 300 台，不含税售价每台 8 000 元。

1）该公司进口环节应纳税额=（4 000+4 000×60%）×13%×600=449 200（元）。

2）该公司销售环节应纳税额=8 000×13%×300-449 200=-137 200（元）。

当月销项税额小于进项税额，不足抵扣，其差额 137 200 元结转下期继续抵扣，本期应纳增值税额为零。

四、扣缴义务人应扣缴增值税额的计算

境外单位或者个人在境内销售服务、无形资产或者不动产，在境内未设有经营机构的，扣缴义务人按照下列公式计算应扣缴税额：

$$应扣缴增值税税额=购买方支付的价款÷（1+税率）×税率$$

【例 2-8】境外公司为某纳税人提供咨询服务，合同价款为 106 万元，且该境外公司没有在境内设立经营机构，应以服务购买方为增值税扣缴义务人，则购买方应当扣缴的税额计

算为

$$应扣缴增值税税额 = 106 \div (1+6\%) \times 6\% = 6（万元）$$

第四节 增值税的纳税申报

一、增值税纳税义务发生时间

1）纳税人发生应税销售行为，为收讫销售款项或者取得索取销售款项凭据的当天；先开具发票的，为开具发票的当天。具体为：

①采取直接收款方式销售货物，不论货物是否发出，均为收到销售款或者取得索取销售款凭据的当天。

纳税人生产经营活动中采取直接收款方式销售货物，已将货物移送对方并暂估销售收入入账，但既未取得销售款或取得索取销售款凭据也未开具销售发票的，其纳税义务发生时间为取得销售款或取得索取销售款凭据的当天；先开具发票的，为开具发票的当天。

②采取托收承付和委托银行收款方式销售货物，为发出货物并办妥托收手续的当天。

③采取赊销和分期收款方式销售货物，为书面合同约定的收款日期的当天，无书面合同的或者书面合同没有约定收款日期的，为货物发出的当天。

④采取预收货款方式销售货物，为货物发出的当天，但生产销售生产工期超过12个月的大型机械设备、船舶、飞机等货物，为收到预收款或者书面合同约定的收款日期的当天。

⑤委托其他纳税人代销货物，为收到代销单位的代销清单或者收到全部或部分货款的当天。未收到代销清单及货款的；为发出代销货物满180天的当天。

⑥纳税人提供租赁服务采取预收款方式的，其纳税义务发生时间为收到预收款的当天。

⑦纳税人从事金融商品转让的，为金融商品所有权转移的当天。

⑧纳税人发生相关视同销售货物行为，为货物移送的当天。

⑨纳税人发生视同销售劳务、服务、无形资产、不动产情形的，其纳税义务发生时间为劳务、服务、无形资产转让完成的当天或者不动产权属变更的当天。

2）纳税人进口货物，其纳税义务发生时间为报关进口的当天。

3）增值税扣缴义务发生时间为纳税人增值税纳税义务发生的当天。

二、增值税的纳税地点

增值税纳税地点分以下四种情况。

1）固定业户应当向其机构所在地主管税务机关申报纳税。

2）固定业户到外县（市）销售货物的，凭其机构所在地主管税务机关开具的外出经营活动税收管理证明，回机构所在地向主管税务机关申报纳税。未持有主管税务机关核发的外出经营活动税收管理证明的，销售地主管税务机关一律按规定的征收率征税。其在销售地发生的销售额，回机构所在地后，仍应按规定申报纳税，在销售地缴纳的税款不得从当期应纳税额中扣减。

3）非固定业户销售货物或者应税劳务，向销售地主管税务机关申报纳税。
4）进口货物，应当由进口人或其代理人向报关地海关申报纳税。

三、增值税的纳税期限

增值税的纳税期限分别为 1 日、3 日、5 日、10 日、15 日、1 个月或者 1 个季度。以 1 个季度为纳税期限的规定适用于小规模纳税人以及财政部和国家税务总局规定的其他纳税人。纳税人的具体纳税期限由主管税务机关根据纳税人的具体情况分别核定。不能按固定期限纳税的，可按次纳税。

以 1 个季度为纳税期限的规定适用于小规模纳税人、银行、财务公司、信托投资公司、信用社，以及财政部和国家税务总局规定的其他纳税人。不能按固定期限纳税的，可按次纳税。

纳税人以 1 个月或者 1 个季度为 1 个纳税期的，自期满之日起 15 日内申报纳税；以 1 日、3 日、5 日、10 日或者 15 日为 1 个纳税期的，自期满之日起 5 日内预缴税款，于次月 1 日起 15 日内申报纳税并结清上月应纳税款。

扣缴义务人解缴税款的期限，依照上述规定执行。

纳税人进口货物，应当自海关填发进口增值税专用缴款书之日起 15 日内缴纳税款。

四、一般纳税人增值税的纳税申报

1. 一般纳税人的纳税申报程序

一般纳税人办理纳税申报，需要经过专用发票认（或选择抵扣）、抄税、报税、办理申报等工作。

（1）专用发票认证（或选择抵扣）

增值税专用发票的认证方式可选择手工认证和网上认证。手工认证是单位办税员月底持专用发票"抵扣联"到所属主管税务机关服务大厅"认证窗口"进行认证。网上认证是纳税人月底前通过扫描仪将专用发票抵扣联扫入认证专用软件，生成电子数据，将数据文件传给税务机关完成认证。自 2016 年 5 月 1 日起，纳税信用 A 级、B 级纳税人对取得的增值税专用发票可以不再进行认证，通过增值税发票税控开票软件登录本地增值税发票查询平台，查询选择用于申报抵扣或者出口退税的增值税发票信息。

（2）抄税

抄税是在当月的最后一天，通常是在次月 1 日早上开票前，利用防伪税控开票系统进行抄税处理，将本月开具增值税专用发票的信息读入 IC 卡（抄税完成后本月不允许再开具发票）。

（3）报税

报税是在报税期内，一般单位在每月 15 日前，将 IC 卡拿到税务机关，由税务人员将 IC 卡的信息读入税务机关的金税系统。经过抄税，税务机关确保了所有开具的销项发票都进入了金税系统；经过报税，税务机关确保了所有抵扣的进项发票都进入了金税系统，就可以在系统内由系统自动进行比对，确保任何一张抵扣的进项发票都有销项发票与其对应。

(4) 办理申报

申报工作可分为上门申报和网上申报。

上门申报是指在申报期内，携带填写的申报表、资产负债表、利润表及其他相关材料到主管税务机关办理纳税申报。税务机关审核后将申报表退还其中的一联给纳税人。

网上申报是指纳税人在征税期内，通过互联网将增值税纳税申报表的主表、附表及其他必报资料的电子信息传送至电子申报系统。

纳税人应从办理税务登记的次月 1 日起 15 日内，不论有无销售额，均应按主管税务机关核定的纳税期限按期向当地税务机关申报。

(5) 税款缴纳

税务机关将申报表单据送到开户银行，由银行进行自动转账处理。未实行税库银联网的纳税人，需自己到税务机关指定的银行进行现金缴纳。

2. 一般纳税人的纳税申报资料

我国境内增值税纳税人均应按照公告的规定进行增值税纳税申报。电子信息采集系统一般纳税人申报资料包括必需填报资料、其他必报资料、备查资料等。

(1) 必需填报资料

1）增值税纳税申报表（表2-5）和多种附列资料表。包括：反映本期销售情况明细附列资料的附列资料（一）；反映本期进项税额明细的附列资料（二）；反映营改增纳税人服务、不动产和无形资产扣除明细的附列资料（三）；反映税额抵减情况表附列资料（四）；反映不动产分期抵扣计算表附列资料（五）；以及固定资产（不含不动产）进项税额抵扣情况表；本期抵扣进项税额结构明细表；增值税减免税申报明细表；营改增税负分析测算明细表。

2）备份数据 U 盘和 IC 卡。

3）资产负债表和利润表。

(2) 其他必报资料

1）海关完税凭证抵扣清单。

2）代开发票抵扣清单。

3）主管国税机关规定的其他必报资料。

(3) 备查资料

1）已开具普通发票存根联。

2）符合抵扣条件并且在本期申报抵扣的增值税专用发票抵扣联。

3）海关进口货物完税凭证、购进农产品普通发票存根联原件及复印件。

4）收购发票。

5）代扣代缴税款凭证存根联。

6）主管税务机关规定的其他备查资料。

备查资料是否需要在当期报送，由各级国家税务局确定。

第四节 增值税的纳税申报

表 2-5 增值税纳税申报表
（一般纳税人适用）

根据国家税收法律法规及增值税相关规定制定本表。纳税人无论有无销售额，均应按税务机关核定的纳税期限填写本表，并向当地税务机关申报。

税款所属时间：自　年　月　日至　年　月　日　　填表日期：　年　月　日

金额单位：元至角分

纳税人识别号			所属行业：		
纳税人名称		法定代表人姓名	注册地址		营业地址
开户银行及账号		企业登记注册类型			电话号码

	项目	栏次	一般货物及劳务		即征即退货物及劳务	
			本月数	本年累计	本月数	本年累计
销售额	（一）按适用税率计税销售额	1				
	其中：应税货物销售额	2				
	应税劳务销售额	3				
	纳税检查调整的销售额	4				
	（二）按简易办法计税销售额	5				
	其中：纳税检查调整的销售额	6				
	（三）免、抵、退办法出口销售额	7			—	—
	（四）免税销售额	8			—	—
	其中：免税货物销售额	9			—	—
	免税劳务销售额	10			—	—
税额计算	销项税额	11				
	进项税额	12				
	上期留抵税额	13		—		
	进项税额转出	14				
	免、抵、退应退税额	15				
	按适用税率计算的纳税检查应补缴税额	16				
	应抵扣税额合计	17＝12+13−14−15+16		—		
	实际抵扣税额	18（如17<11，则为17，否则为11）				
	应纳税额	19＝11−18				
	期末留抵税额	20＝17−18		—	—	—
	简易计税办法计算的应纳税额	21				
	按简易计税办法计算的纳税检查应补缴税额	22				
	应纳税额减征额	23				
	应纳税额合计	24＝19+21−23				

续表

税款缴纳	期初未缴税额（多缴为负数）	25			
	实收出口开具专用缴款书退税额	26		—	—
	本期已缴税项	27＝28＋29＋30＋31			
	①分次预缴税额	28		—	—
	②出口开具专用缴款书缴税额	29		—	—
	③本期缴纳上期应纳税额	30			
	④本期缴纳欠缴税额	31			
	期末未缴税额（多缴未负数）	32＝24＋25＋26－27			
	其中：欠税税额（≥0）	33＝25＋26－27		—	—
	本期应补（退）税额	34＝24－28－29			
	即征即退实际退税额	35	—		
	期初未缴查补税额	36		—	—
	本期入库查补税额	37		—	—
	期末未缴查补税额	38＝16＋22＋36－37		—	—

授权声明	如果你已授权委托代理人申报，请填写下列资料： 为代理一切税务事宜，现授权 （地址）　　　　　　　　　　　　　为本纳税人的 代理申报人，任何与本申报表有关的往来文件，都可寄予此人。 　　　　　　　　　　　　授权人签名：	申报人声明	此纳税申报表是根据《中华人民共和国增值税暂行条例》的规定填报，我相信它是真实的、可靠的、完整的。 　　　　　　　　　　声明人签字：

主管税务机关：　　　　　　　接收人：　　　　　　　接收日期：

第四节　增值税的纳税申报

五、小规模纳税人的纳税申报

小规模纳税人无论当季有无销售额，均应填报《增值税纳税申报表（小规模纳税人适用）》（表2-6），于次月15日前报主管税务机关。

1. 小规模纳税人申报材料

1）增值税小规模纳税人纳税申报表及其附列资料。

小规模纳税人申报表由主表、附表和减免税申报明细表组成。"营改增"全面推开后，小规模纳税人不需要填写税额抵减情况表。仅享受小微企业免征增值税政策或未达起征点的小规模纳税人不需填写减免税申报明细表，即小规模纳税人申报表主表第12栏"其他免税销售额""本期数"无数据时，不需填写该表。有其他免税销售额需要填写减免税申报明细表。

2）资产负债表、利润表。

3）主管税务机关要求的其他资料。

表2-6　增值税纳税申报表

（小规模纳税人适用）

纳税人识别号：

纳税人名称（公章）：　　　　　　　　　　　　　　　　　　　　　　金额单位：元至角分

税款所属期：　　年　月　日至　　年　月　日　　　　　　填表日期：　　年　月　日

	项　目	栏　次	本期数		本年累计	
			货物及劳务	服务、不动产和无形资产	货物及劳务	服务、不动产和无形资产
一、计税依据	（一）应征增值税不含税销售额（3%征收率）	1				
	税务机关代开的增值税专用发票不含税销售额	2				
	税控器具开具的普通发票不含税销售额	3				
	（二）应征增值税不含税销售额（5%征收率）	4	—		—	
	税务机关代开的增值税专用发票不含税销售额	5	—		—	
	税控器具开具的普通发票不含税销售额	6	—		—	
	（三）销售使用过的固定资产不含税销售额	7（7≥8）		—		—
	其中：税控器具开具的普通发票不含税销售额	8		—		—
	（四）免税销售额	9=10+11+12				
	其中：小微企业免税销售额	10				
	未达起征点销售额	11				
	其他免税销售额	12				
	（五）出口免税销售额	13（13≥14）				
	其中：税控器具开具的普通发票销售额	14				

33

续表

二、税款计算	核定销售额	15			
	本期应纳税额	16			
	核定应纳税额	17			
	本期应纳税额减征额	18			
	本期免税额	19			
	其中：小微企业免税额	20			
	未达起征点免税额	21			
	应纳税额合计	22＝16－18 或 17－18			
	本期预缴税额	23		—	—
	本期应补（退）税额	24＝22－23		—	—

纳税人或代理人声明：	如纳税人填报，由纳税人填写以下各栏：	
本纳税申报表是根据国家税收法律法规及相关规定填报的，我确定它是真实的、可靠的、完整的。	办税人员：	财务负责人：
	法定代表人：	联系电话：
	如委托代理人填报，由代理人填写以下各栏：	
	代理人名称（公章）	经办人：
		联系电话：

主管税务机关：　　　　　　接收人：　　　　　　接收日期：

【例2-11】假设小规模纳税人A，2019年第四季度发生如下业务：

本季度发生货物及劳务不含税销售额总计95 000元，其中自行开具普通发票50 000元（票面金额合计51 500元），到税务机关代开增值税专用发票30 000元（票面金额合计30 900元），代开通用机打发票15 000元（票面金额合计15 450元）。

提供广告服务取得不含税销售额总计15 000元（票面金额合计15 450元），其中自行开具普通发票8 000元（票面金额合计8 240元），到税务机关代开增值税专用发票4 000元（票面金额合计4 120元），代开通用机打发票3 000元（票面金额合计3 090元）。

上述代开发票均已预缴税款。

【解析】

1）《增值税纳税申报表（小规模纳税人适用）附列资料》第8栏"不含税销售额"数据与《增值税纳税申报表（小规模纳税人适用）》第1栏"应征增值税不含税销售额"本期数"应税服务"栏数据一致。

2）本例对小规模纳税人的企业和查账征收个体工商户均适用。

报表填写如表2-7和表2-8所示。

第四节 增值税的纳税申报

表 2-7 增值税纳税申报表（小规模纳税人适用）附列资料

税款所属期：2019 年 10 月 1 日至 2018 年 12 月 31 日　　　　　　　填表日期：2019 年 1 月 8 日

纳税人名称（公章）：　　　　　　　　　　　　　　　　　　　　　金额单位：元至角分

应税服务扣除额计算			
期初余额	本期发生额	本期扣除额	期末余额
1	2	3（3≤1+2 之和，且 3≤5）	4=1+2-3
应税服务计税销售额计算			
全部含税收入	本期扣除额	含税销售额	不含税销售额
5	6=3	7=5-6	8=7÷（1+适用征收率或税率）
15 450.00		15 450.00	15 000.00

表 2-8 增值税纳税申报表
（小规模纳税人适用）

纳税人识别号：□□□□□□□□□□□□□□□□□□□

纳税人名称（公章）：　　　　　　　　　　　　　　　　　　　　　金额单位：元至角分

税款所属期：2019 年 10 月 1 日至 2016 年 12 月 31 日　　　　　　　填表日期：2019 年 1 月 8 日

	项目	栏次	本期数		本年累计	
			应税货物及劳务	应税服务	应税货物及劳务	应税服务
一、计税依据	（一）应征增值税不含税销售额	1	95 000.00	15 000.00		
	税务机关代开的增值税专用发票不含税销售额	2	30 000.00	4 000.00		
	税控器具开具的普通发票不含税销售额	3	50 000.00	8 000.00		
	（二）销售使用过的应税固定资产不含税销售额	4（4≥5）				—
	其中：税控器具开具的普通发票不含税销售额	5				—
	（三）免税销售额	6=7+8+9				
	其中：小微企业免税销售额	7				
	未达起征点销售额	8				
	其他免税销售额	9				
	（四）出口免税销售额	10（10≥11）				
	其中：税控器具开具的普通发票销售额	11				
二、税款计算	本期应纳税额	12	2 850.00	450.00		
	本期应纳税额减征额	13				
	本期免税额	14				
	其中：小微企业免税额	15				
	未达起征点免税额	16				
	应纳税额合计	17=12-13	2 850.00	450.00		
	本期预缴税额	18	1 350.00	210.00	—	—
	本期应补（退）税额	19=17-18	1 500.00	240.00		

续表

纳税人或代理人声明：本纳税申报表是根据国家税收法律法规及相关规定填报的，我确定它是真实的、可靠的、完整的。	如纳税人填报，由纳税人填写以下各栏：	
	办税人员：	财务负责人：
	法定代表人：	联系电话：
	如委托代理人填报，由代理人填写以下各栏：	
	代理人名称（公章）：	经办人：
		联系电话：

主管税务机关：　　　　接收人：　　　　接收日期：

第三章

消费税计算与缴纳

知识目标

1. 了解消费税的产生发展及变革方向。
2. 理解消费税的纳税人、征税范围、税目、税率。
3. 重点掌握理解消费税计税依据、应纳税额的计算。
4. 熟悉消费税的征纳管理。

技能目标

1. 能根据企业发生的经济业务判断消费税的征收范围、适用税率。
2. 能根据业务资料正确计算消费税应纳税额和涉税会计处理。
3. 能根据业务资料调制消费税纳税申报表及税款缴纳书。

知识导图

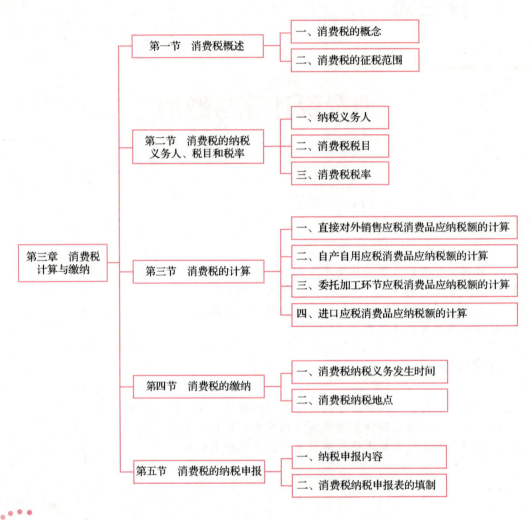

案例导入

某酒厂为增值税一般纳税人，主要生产粮食白酒。2016年6月"主营业务收入"账户反映销售粮食白酒100 000斤（1斤＝500克，后同），取得不含税销售额210 000元。"其他业务收入"账户反映收取粮食白酒品牌使用费9 360元。"其他应付款"账户反映本月销售粮食白酒收取包装物押金18 720元。2016年末该酒厂将销售粮食白酒的包装物押金中的7 020元返还给购货方，其余包装物押金不再返还。

思考：该酒厂应纳消费税税额多少元？粮食白酒的计税依据是什么？是从价计征还是从量计征？粮食白酒的价外费用有哪些？粮食白酒的包装物押金是否计入计税销售额？

第一节　消费税概述

一、消费税的概念

消费税是指国家制定的用以调整消费税征收与缴纳相关权利及义务关系的法律规范。

二、消费税的征税范围

消费税的征税范围如图 3-1 所示。

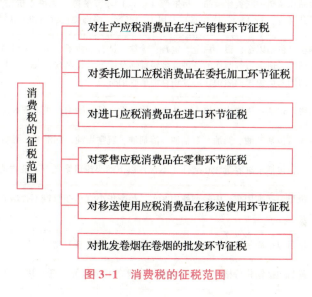

图 3-1　消费税的征税范围

第二节　消费税的纳税义务人、税目和税率

一、纳税义务人

消费税的纳税义务人，是在中华人民共和国境内生产、委托加工和进口《消费税暂行条例》规定的消费品的单位和个人，以及国务院确定的销售《消费税暂行条例》规定的应税消费品的其他单位和个人。

二、消费税税目

消费税税目如表 3-1 所示。

第三章 消费税计算与缴纳

表3-1 消费税税目

税目	具体内容
烟	本税目下设卷烟（分生产环节和批发环节）、雪茄烟和烟丝三类。卷烟生产、批发、委托加工和进口环节均采用从量加从价的复合计税的方式；雪茄烟和烟丝执行比例税率
酒及酒精	白酒：采用复合计税的方法
	黄酒：征收范围包括各种原料酿制的黄酒和酒度超过12度（含12度）的土甜酒
	啤酒：对啤酒源、菠萝啤酒、果啤应按啤酒征收消费税
高档化妆品	本税目包括高档美容、修饰类化妆品、高档护肤类化妆品和成套化妆品。高档美容、修饰类化妆品和高档护肤类化妆品是指生产（进口）环节销售（完税）价格（不含增值税）在10元/毫升（克）或15元/片（张）及以上的美容、修饰类化妆品和护肤类化妆品
贵重首饰及珠宝玉石	本税目包括以金、银、白金、宝石、珍珠、钻石、翡翠、珊瑚、玛瑙等高贵稀有物质以及其他金属、人造宝石等制作的各种纯金银首饰及镶嵌首饰和经采掘、打磨、加工的各种珠宝玉石。对出国人员免税商店销售的金银首饰征收消费税
鞭炮、焰火	本税目包括各种鞭炮、焰火。体育上用的发令纸、鞭炮引线不按本税目征税
成品油	本税目包括汽油、柴油、石脑油、溶剂油、航空煤油、润滑油、燃料油7个子目
摩托车	本税目包括气缸容量250毫升（不含）以下的小排量摩托车不征收消费税
小汽车	本税目包括乘用车、中轻型商用客车、超豪华小汽车（每辆不含增值税零售价格130万元及以上）
高尔夫球及球具	本税目包括高尔夫球、高尔夫球杆及高尔夫球包（袋）等
高档手表	本税目包括销售价格（不含增值税）每只在10 000元（含）以上的各类手表
游艇	本税目包括主要用于水上运动和休闲娱乐等非营利性活动的各类机动艇
木制一次性筷子	本税目包括各种规格的木制一次性筷子。未经打磨、倒角的木制一次性筷子属于本税目的征税范围
实木地板	本税目包括各类规格的实木地板、实木指接地板、实木复合地板及用于装饰墙壁、天棚的侧端面为榫、槽的实木装饰板、未经涂饰的素板
电池	本税目包括原电池、蓄电池、燃料电池、太阳能电池和其他电池
涂料	涂料是指涂于物体表面形成具有保护、装饰或特殊性能的固态涂膜的一类液体或固体材料的总称。对施工状态下挥发性有机物含量低于420克/升（含）的涂料免征消费税

知识链接

目前，我国消费税的征收范围具体体现在以下两个方面。

1）在保护环境和节约资源方面，许多一次性消费品及高能耗、高污染的消费品仍然没有纳入消费税的征收范围中，如对二氧化碳气体、一次性塑料袋、一次性餐盒等。

2）在调节收入分配功能方面，消费税的征税范围存在着非常大的缺口。我国目前的消费税虽然已增加了部分奢侈消费品及消费行为作为课税对象，但范围仍有扩展空间。高档消费品和高档消费行为还未列入征税范围，如高档皮草、高档家具、私人会所等。还有一些娱乐项目，对大众并无益处且不经常被消费，如歌舞厅、网吧、游戏厅等，也未列入消费税征税范围。

（资料来源：http：//www.docin.com/p-1757303481.html.）

三、消费税税率

1. 消费税税率的基本形式

消费税税率的基本形式如表3-2所示。

表3-2 消费税税率的基本形式

应税项目	基本形式
啤酒、黄酒、成品油	定额税率
白酒、卷烟	比例税率和定额税率复合计税
其他各项应税消费品	比例税率

2. 消费税的税率表

消费税税率（税额）如表3-3所示。

表3-3 消费税税率（税额）

税目	税率
一、烟	
1. 卷烟	
1）甲类卷烟	56%加0.003元/支（生产环节）
2）乙类卷烟	36%加0.003元/支（生产环节）
3）批发环节	11%0.005元/支
2. 雪茄烟	36%（生产环节）
3. 烟丝	30%（生产环节）
二、酒及酒精	

续表

税目		税率
1. 白酒	粮食白酒	20%加 0.5 元/500 克（或者 500 毫升）
	薯类白酒	
2. 黄酒		240 元/吨
3. 啤酒		
1）甲类啤酒（出厂价≥3000 元）		250 元/吨
2）乙类啤酒（出厂价<3000 元）		220 元/吨
4. 其他酒		10%
三、高档化妆品		15%
四、贵重首饰及珠宝玉石		
1. 金银首饰、铂金首饰和钻石及钻石饰品		5%
2. 其他贵重首饰和珠宝玉石		10%
五、鞭炮、焰火		15%
六、成品油		
1. 汽油		
1）含铅汽油		1.52 元/升
2）无铅汽油		1.52 元/升
2. 柴油		1.20 元/升
3. 航空煤油		1.20 元/升
4. 石脑油		1.52 元/升
5. 溶剂油		1.52 元/升
6. 润滑油		1.52 元/升
7. 燃料油		1.20 元/升
七、摩托车		
1. 气缸容量（排气量，下同）在 250 毫升（含 250 毫升）以下的		3%
2. 气缸容量在 250 毫升以上的		10%
八、小汽车		
1. 乘用车		
1）气缸容量（排气量，下同）在 1.0 升（含 1.0 升）以下的		1%
2）气缸容量在 1.0 升以上至 1.5 升（含 1.5 升）的		3%
3）气缸容量在 1.5 升以上至 2.0 升（含 2.0 升）的		5%
4）气缸容量在 2.0 升以上至 2.5 升（含 2.5 升）的		9%
5）气缸容量在 2.5 升以上至 3.0 升（含 3.0 升）的		12%
6）气缸容量在 3.0 升以上至 4.0 升（含 4.0 升）的		25%
7）气缸容量在 4.0 升以上的		40%
2. 中轻型商用客车		5%

续表

税目	税率
3. 超豪华小汽车	10%（按税目1和2征收上再加征）
九、高尔夫球及球具	10%
十、高档手表	20%
十一、游艇	10%
十二、木制一次性筷子	5%
十三、实木地板	5%
十四、电池	4%
无汞原电池、金属氢化物镍蓄电池、锂原电池、锂离子蓄电池、太阳能电池、燃料电池和全钒液流电池	免征
十五、涂料	4%
施工状态下挥发性有机物含量低于420克/升（含）	免征

第三节　消费税的计算

一、直接对外销售应税消费品应纳税额的计算

按照现行消费税的基本规定，消费税的计算主要分为从价计征、从量计征和从价从量复合计征三种方法。

1. 从价定率计征的消费税应纳税额的计算

实行从价定率计征办法征收的应税消费品，计税依据是应税消费品的销售额。计算公式为

$$应纳消费税税额 = 应税消费品的计税销售额 \times 比例税率$$

从价定率计征的消费税的关键在于确定计税销售额和确定准确的使用比例税率。

1）计税销售额的一般规定。应税消费品的销售额包括销售应税消费品从购买方收取的全部价款和价外费用。"销售额"不包括应向购方收取的增值税税额。实行从价定率征收消费税的消费品的计税依据与增值税是相同的。

2）含增值税销售额的换算。应税消费品在缴纳消费税的同时还应缴纳增值税。应税消费品的销售额，不包括应向购货方收取的增值税税款。如果纳税人应税消费品的销售额中未扣除增值税税额，在计算消费税时，应当换算为不含增值税税额的销售额。其换算公式为

$$应税消费品的销售额 = 含增值税的销售额 \div (1+增值税税率或征收率)$$

3）包装物及押金的计税销售额。包装物及押金的计税销售额如表3-4所示。

表 3-4 包装物及押金的计税销售额

计税方式	基本规定
直接并入销售额计税	应税消费品连同包装物销售的,不论包装物是否单独计价,也不论在会计上如何核算,均应计入应税消费品的销售额征收消费税
	对酒类产品生产企业销售酒类产品(除啤酒、黄酒外)而收取的包装物押金,无论押金是否返还及会计上如何核算,均应并入酒类产品产品销售额中征收消费税
逾期并入销售额计税	对酒类产品、成品油以外的其他应税消费品收取的包装物押金,未到期且收取时间不超过一年的,不计税
	逾期未收回的包装物不再退还的或已收取一年以上的押金,应并入应税消费品的销售额,按照应税消费品的适用税率征收消费税

☞ **知识链接**

包装物押金消费税和增值税的相关规定比较如表3-5所示。

表 3-5 包装物押金消费税和增值税的相关规定比较

押金种类	收取时未逾期	逾期时
一般应税消费品的包装物押金	不缴增值税,不缴消费税	缴纳增值税、消费税(押金需要转换成不含税价格)
白酒、其他酒包装物押金	缴纳增值税、消费税(押金需要转换成不含税价格)	不再缴纳增值税和消费税
啤酒、黄酒包装物押金	不缴增值税和消费税	只缴纳增值税,不缴纳消费税(因为实行从量征收)

【例3-1】某酒厂为增值税一般纳税人,销售啤酒155吨,每吨不含税售价2 400元。销售啤酒收取包装物押金2 340元。计算该酒厂应纳消费税。

【解析】啤酒应纳消费税=155×220=34 100(元)。

酒厂的会计账务处理如下:

借:税金及附加 34 100
　　贷:应交税费——应交消费税 34 100

【例3-2】卷烟批发企业甲2019年3月批发销售卷烟500箱,其中批发给另一卷烟批发企业300箱、零售专卖店150箱、个体烟摊50箱。每箱不含税批发价格为13 000元。甲企业应缴纳的消费税(　　)元。

A．130 000　　B．286 000　　C．336 000　　D．840 000

【解析】正确答案为C。卷烟在批发环节按从价定率和从量定额复合计税,其中比例税率为11%,定额税率为250元/箱。甲企业应缴纳的消费税=13 000×(150+50)×11%+(150+50)×250=336 000(元)

甲企业的会计账务处理如下:

借:税金及附加 336 000
　　贷:应交税费——应交消费税 336 000

【例3-3】某酒厂2018年6月取得啤酒的逾期包装物押金2万元,白酒的逾期包装物押金3万元。计算增值税销项税及消费税。

【解析】啤酒的逾期包装物不需要缴纳消费税；

啤酒的逾期包装物应缴纳增值税为20 000÷（1+16%）×16%＝2 758.62（元）。

白酒的逾期包装物不需要缴纳增值税与消费税。

2. 从量计征的消费税的计算

实行从量计征消费税的计税依据,是应税消费品的销售数量、重量、容积等。应纳消费税税额取决于应税消费品的销售数量和单位税额两个因素。基本计算公式为

$$应纳消费税税额＝应税消费品的计税销售量×单位税额$$

【例3-4】某酒厂为增值税一般纳税人,销售啤酒155吨,每吨不含税售价2 400元。销售啤酒收取包装物押金2 340元。计算该酒厂应纳消费税。

【解析】啤酒应纳消费税＝155×220＝34 100（元）

该酒厂的会计账务处理如下：

借：税金及附加   34 100

    贷：应交税费——应交消费税   34 100

3. 从价从量复合计征应纳消费税税额的计算

卷烟、白酒采用复合计税的方法,其计算公式为

$$应纳税额＝应税销售额×比例税率＋应税销售数量×定额税率$$

【例3-5】某化妆品生产公司为增值税一般纳税人。2019年1月向某商场销售一批高档化妆品,开具增值税专用发票,取得不含增值税销售额200万元,增值税税额为34万元；向某单位销售高档化妆品一批,开具普通发票上注明的销售额23.4万元。计算该化妆品公司当月应纳消费税额（高档化妆品适用消费税税率15%）。

【解析】

应税销售额＝200+23.4÷（1+17%）＝220（万元）

应缴纳的消费税额＝220×15%＝33（万元）

会计账务处理如下：

借：应收账款   2 574 000

    贷：主营业务收入   2 200 000

        应交税费——应交增值税（销项税额）   374 000

借：税金及附加   330 000

    贷：应交税费——应交消费税   330 000

二、自产自用应税消费品应纳税额的计算

1. 自产自用应税消费品的确定

所谓自产自用就是纳税人生产应税消费品后,不是用于直接对外销售,而是用于自己连续生产应税消费品或其他方面。纳税人用于连续生产的应税消费品,不缴纳消费税。纳税人自产自用的应税消费品,除用于连续生产应税消费品外,凡用于其他方面的,于移送时缴纳消费税。

2. 自产自用应税消费品消费税计税依据的确定

纳税人自产自用消费品，凡用于其他方面，应当缴纳消费税的，按照纳税人当月生产的同类消费品销售价格计算纳税；没有同类消费品销售价格的，按照组成计税价格计算纳税额：

1）实行从价定率办法计算纳税的，组成计税价格的计算公式为

$$组成计税价格 = [成本 \times (1+成本利润率)] \div (1-消费税税率)$$

2）实行复合计征办法计算纳税的，组成计税价格的计算公式：

$$组成计税价格 = [成本 \times (1+成本利润率) + 自产自用数量 \times 定额税率] \div (1-消费税税率)$$

式中，成本是指应税消费品的产品生产成本。成本利润率由国家税务总局确定的该类消费品的全国平均利润率。具体规定如表3-6所示。

表3-6 应税消费品平均利润率

货物名称	利润率（%）	货物名称	利润率（%）
1. 甲类卷烟	10	11. 贵重首饰及珠宝玉石	6
2. 乙类卷烟	5	12. 汽车轮胎	5
3. 雪茄烟	5	13. 摩托车	6
4. 烟丝	5	14. 高尔夫球及球具	10
5. 粮食白酒	10	15. 高档手表	20
6. 薯类白酒	5	16. 游艇	10
7. 其他酒	5	17. 木制一次性筷子	5
8. 酒精	5	18. 实木地板	5
9. 化妆品	5	19. 乘用车	8
10. 鞭炮、焰火	5	20. 中轻型商用客车	5

3. 自产自用应税消费品应纳税额的计算

（1）从价定率计征的消费品应纳消费税的计算：

应纳消费税税额=自产自用同类应税消费品的销售额或者组成计税价格×适用比例税率

（2）从量定额计征的应税消费品应纳消费税的计算：

应纳消费税税额=消费品移送使用数量×适用单位税额

（3）复合计征的应税消费品应纳消费税的计算：

应纳消费税税额=自产自用同类应税消费品的销售额或者组成计税价格×
适用比例税率+消费品移送使用数量×适用单位税额

【例3-6】下列各项中，应当征收消费税的有（　　）。

A. 化妆品厂作为样品赠送给客户的高档香水
B. 生产企业用于产品质量检验耗费的高尔夫球杆
C. 白酒生产企业向百货公司销售的试制药酒
D. 建材生产企业移送非独立核算门市部待销售的涂料

【解析】AC。选项B，耗费的高尔夫球杆不属于销售不缴纳消费税；选项D，待销售的涂料，没有销售额不缴纳消费税。

【例3-7】某酒厂以自产特制粮食白酒2 000斤作为职工福利发放，每斤白酒成本12

元，无同类产品售价。计算酒厂应纳消费税。（白酒消费税成本利润率为10%）

【解析】

$$从量征收的消费税=2\,000\times0.5=1\,000（元）$$

$$从价征收的消费税=[12\times2\,000\times(1+10\%)+1\,000]\div(1-20\%)\times20\%=6\,850（元）$$

$$应纳消费税=1\,000+6\,850=7\,850（元）$$

【例3-8】 某汽车厂为增值税一般纳税人，主要生产小汽车和商用小客车，小汽车不含税出厂价为12.5万元/辆，小客车不含税出厂价为6.8万元/辆。5月发生如下业务：本月销售小汽车8 600辆，将2辆小汽车移送本厂研究所作破坏性碰撞实验，3辆作为广告样品；销售小客车576辆，将本厂生产的10辆小客车移送改装分厂，将其改装为救护车（例题中小汽车消费税税率为3%，小客车消费税税率为5%）。

【解析】

3辆作为广告样品的小汽车以及10辆改装成救护车的小客车均需要缴纳消费税，则

$$应纳消费税=(8\,600+3)\times12.5\times3\%+(576+10)\times6.8\times5\%\approx3425.37（万元）$$

会计账务处理如下：

借：税金及附加　　　　　　　　　　　　　　　　　　　　　34 253 700
　　贷：应交税费——应交消费税　　　　　　　　　　　　　　34 253 700

【例3-9】 某白酒生产企业本月举办展销会，将特制100斤新品白酒赠送给来宾，该批白酒成本50 000元，无同类售价，该白酒的成本利润率为10%。计算该批特制白酒应缴纳的消费税税额。

【解析】

白酒实行复合计征，赠送白酒按照组成计税价格确定计税依据，则

$$赠送给来宾特制新品白酒的组成计税价格=[成本\times(1+成本利润率)+自产自用数量\times定额税率]\div(1-消费税税率)$$

$$应纳消费税税额=自产自用组成计税价格\times适用比例税率+消费品移送使用数量\times适用单位税额$$

$$应纳消费税=\frac{50\,000\times(1+10\%)+100\times0.5}{(1-20\%)}\times20\%+100\times0.5=13\,812.50（元）$$

$$应交增值税=[50\,000\times(1+10\%)+13\,812.5]\times17\%\approx11\,698.13（元）$$

会计账户处理如下：

借：营业外支出　　　　　　　　　　　　　　　　　　　　　75 510.63
　　贷：库存商品　　　　　　　　　　　　　　　　　　　　　50 000
　　　　应交税费——应交增值税（销项税额）　　　　　　　 11 698.13
　　　　应交税费——应交消费税　　　　　　　　　　　　　 13 812.50

三、委托加工环节应税消费品应纳税额的计算

1. 委托加工应税消费品的概念

委托加工应税消费品是指委托方提供原料和主要材料，受托方只收取加工费和代垫部分辅助材料加工的应税消费品。

不属于委托加工应税消费品的：①由受托方提供原材料生产的应税消费品；②受托方先将原材料卖给委托方，再接受加工的应税消费品；③由受托方以委托方名义购进原材料生产的应税消费品。

2. 委托加工应税消费品应纳税额的计算

受托方代收代缴消费税时，有同类消费品销售价格的，应按受托方同类应税消费品的售价计算纳税；没有同类价格的，按照组成计税价格计算纳税。计算公式为

组成计税价格=（材料成本+加工费）÷（1-比例税率）

相关计算公式如表3-7所示。

表3-7　委托加工环节组成计税价格计算公式

计税方法	委托加工环节组成计税价格计算公式	应纳消费税
从价定率	组成计税价格=（材料成本+加工费）÷（1-比例税率）	应纳税额=组成计税价格×适用税率
从量定额	从量征收与售价或组价无关	应纳税额=应税消费品数量×消费税定额税率
从价从量复合计税	组成计税价格=（材料成本+加工费+委托加工收回数量×定额税率）÷（1-比例税率）	应纳税额=组成计税价格×适用税率+消费税定额税

3. 委托加工收回的应税消费品已纳税款的扣除

纳税人委托加工的应税消费品一般已经由受托方代收代缴消费税，如果委托方收回货物后用于连续生产应税消费品，其已纳的税款准予按照规定扣除委托加工收回应税消费品的已纳消费税税款。计算公式为

当期准予扣除的委托加工应税消费品已税税款=期初库存的委托加工应税消费品已纳税款+当期收回的委托加工应税消费品已纳税款-期末库存的委托加工应税消费品已纳税款

> ☞ **知识链接**
>
> 按照国家税务总局的规定，下列连续生产的应税消费品准予从应纳消费税税额中按当期生产领用数量计算扣除委托加工收回的应税消费品已纳消费税税款如下：
>
> 1) 以委托加工收回的已税烟丝为原料生产的卷烟。
> 2) 以委托加工收回的已税高档化妆品为原料生产的高档化妆品。
> 3) 以委托加工收回的已税珠宝玉石为原料生产的贵重首饰及珠宝玉石。
> 4) 以委托加工收回的已税鞭炮、烟火为原料生产的鞭炮、焰火。
> 5) 以委托加工收回的已税摩托车连接生产的摩托车。
> 6) 以委托加工收回的已税杆头、杆身和握把为原料生产的高尔夫球杆。
> 7) 以委托加工收回的已税木制一次性筷子为原料生产的木制一次性筷子。
> 8) 以委托加工收回的已税实木地板为原料生产的实木地板。
> 9) 以委托加工收回的已税汽油、柴油、石脑油、燃料油、润滑油用于连续生产应税成品油。

第三节 消费税的计算

☞ **注意事项**

纳税人用委托加工收回的已税珠宝玉石生产的改在零售环节征收消费税的金银首饰，在计税时一律不得扣除委托加工收回的珠宝玉石的已纳消费税税款。

☞ **知识链接**

委托加工业务中委托方和受托方的关系如表3-8所示。

表3-8 委托加工业务中委托方和受托方的关系

项目	委托方	受托方
委托加工成立的条件	提供原料和主要材料	只收取加工费和代垫辅料
加工及提货时涉及的流转税	① 购买辅料涉及增值税进项税 ② 支付加工费涉及增值税进项税 ③ 视同自产消费品应缴消费税	① 购买辅料涉及增值税进项税 ② 收取加工费和代垫辅料涉及增值税销项税
消费税纳税环节	提货时受托方代收代缴（受托方为个体户的除外）	交货时代收代缴委托方消费税
代收代缴消费税后的相关处理	① 不高于受托方计税价格直接出售的不再缴纳消费 ② 连续加工应税消费品销售后在出厂环节缴纳的消费税，可以按生产领用抵扣已纳消费税	及时解缴代收代缴税款

【例3-10】 甲企业2019年1月外购一批木材，取得增值税专用发票注明价款50万元，将该批木材运往乙企业委托其加工木制一次性筷子，支付不含税委托加工费5万元。假定乙企业无同类产品对外销售，木制一次性筷子消费税税率为5%。计算乙企业当月应代收代缴的消费税。

【解析】

乙企业当月应代收代缴的消费税＝（50+5）÷（1-5%）×5%≈2.89（万元）

甲企业的会计账务处理为

借：委托加工物资　　　　　　　　　　　　　　　　　　　500 000
　　贷：原材料　　　　　　　　　　　　　　　　　　　　　500 000

若甲企业收回木制一次性筷子后直接销售，则会计账务处理为

借：委托加工物资　　　　　　　　　　　　　　　　　　　78 900
　　应付账款——乙企业　　　　　　　　　　　　　　　　　78 900

四、进口应税消费品应纳税额的计算

1. 进口一般应税消费品应按消费税的计算

纳税人进口应税消费品，按照组成计税价格和规定的税率计算应纳税额。其中，有关进口应税消费税的消费税税率由财政部、国家税务总局根据国内消费税制度和相应的消费政策等进行相应调整。对进口应税消费品征税，可以使进口商品与国内生产的同种应税消费品的征税依据一致，税负基本平衡，有利于防止盲目进口，保护国内经济发展。

1）实行从价定率计征应纳消费税的计算：

第三章 消费税计算与缴纳

$$组成计税价格=（关税完税价格+关税）÷（1-消费税比例税率）$$
$$应纳税额=组成计税价格×消费税比例税率$$

式中，关税完税价格是海关核定的关税计税价格。

2）实行从量定额计征应纳消费税的计算：

$$应纳税额=应税消费品进口数量×消费税定额税率$$

3）实行复合计税办法的应纳消费税的计算：

$$组成计税价格=\frac{关税完税价格+关税+应税消费品进口数量×消费税定额税率}{1-消费税比例税率}$$

【例3-11】某日化厂为增值税一般纳税人，2019年4月的生产经营情况如下：

1）进口业务：进口一批香水精，完税价格23.07万元。

2）销售业务：4月5日，以赊销方式销售给甲商场高级化妆品，不含税总价款70万元，合同约定4月15日全额付款，15日该日化厂按照实际收到的货款开具增值税专用发票，注明金额40万元。

相关资料：该日化厂进口香水精关税税率为20%，4月初库存外购香水精买价2万元，10月末库存外购香水精买价12万元。当前高级化妆品的消费税税率是15%。

计算10月该日化厂应缴纳消费税。

【解析】

1）进口环节的应该缴纳的消费税按照组成计税价格计算：

组成计税价格=（关税完税价格+关税）÷（1-消费税比例税率）
　　　　　　=（23.07+23.07×20%）÷（1-15%）≈32.57（万元）

进口环节缴纳的消费税=组成计税价格×消费税比例税率=32.57×15%≈4.89（万元）

进口环节的会计账务处理如下：

借：原材料　　　　　　　　　　　　　　　　　　　　　　　325 700
　　贷：银行存款　　　　　　　　　　　　　　　　　　　　325 700

2）用外购的香水精生产高级化妆品已经缴纳的消费税税款按照领用数量进行扣除。

可以抵扣的香水精已经缴纳的消费税=（12-2）×15%=1.5（万元）

会计账务处理如下：

借：应交税费——应交消费税　　　　　　　　　　　　　　　15 000
　　贷：银行存款　　　　　　　　　　　　　　　　　　　　15 000

3）4月销售的高级化妆品应纳的消费税税额。

应纳消费税税额=销售额×消费税税率 =70×15%=10.5（万元）

4）实际应该缴纳的消费税税额。

应纳消费税税额=70×15%+（23.07+23.07×20%）÷（1-15%）-（12-2）×15%
　　　　　　　=10.5+32.57-1.5=41.57（万元）

会计账务处理如下：

借：税金及附加　　　　　　　　　　　　　　　　　　　　　415 700
　　贷：应交税费——应交消费税　　　　　　　　　　　　　415 700

第四节　消费税的缴纳

一、消费税纳税义务发生时间

纳税人生产的应税消费品应于销售时纳税，进口应税消费品应于报关进口环节纳税，金银首饰、钻石及钻石制品在零售环节纳税。消费税纳税义务发生的时间，以货款结算方式或行为发生的时间分别确定。

1）纳税人销售应税消费品的纳税义务发生时间如下：

① 采取分期销售或者赊销，按书面合同约定的收取货款的当天。无书面合同或者合同没有约定收款日期的，为应税商品发出去的当天。

② 采取预收款销售的，为货物发出的当天。

③ 托收承付和委托银行收款，为发出货物并办妥托收手续的当天。

④ 采用其他方式销售，为收讫销售款或者取得销售凭证的当天。

2）纳税人自产自用应税消费品的，纳税义务发生时间为移送使用的当天。

3）纳税人委托加工应税消费品的，纳税义务发生时间为纳税人提货的当天。

4）纳税人进口应税消费品的，纳税义务发生时间为报关进口的当天。

二、消费税纳税地点

1）纳税人销售的应税消费品，以及自产自用的应税消费品，除国务院另有规定外，应当向纳税人核算地主管税务机关申报纳税。

2）委托加工的应税消费品，由受托方向所在地主管税务机关代收代缴消费税税款。委托个人加工的应税消费品，由委托方向其机构所在地或者居住地主管税务机关申报纳税。

3）进口的应税消费品，由进口人或者其代理人向报关地海关申报纳税。

4）纳税人到外县（市）销售或者委托外县（市）代销自产应税消费品的，于应税消费品销售后，向机构所在地或者居住地主管税务机关申报纳税。

5）纳税人的总机构与分支机构不在同一县（市）的，应当分别向各自机构所在地的主管税务机关申报纳税；经财政部、国家税务总局或者其授权的财政、税务机关批准，可以由总机构汇总向总机构所在地的主管税务机关申报纳税。卷烟批发企业的纳税地点比较特殊，应在卷烟批发企业的机构所在地申报纳税①。

6）纳税人销售的应税消费品，因质量问题等由购买者退回时，经所在地主管税务机关审核批准后，可退还已征收的消费税税款，但不能自行直接抵减应纳税款。

---

① 《关于调整烟产品消费税政策的通知》（财税〔2009〕84号）第二条第八项规定："纳税地点：卷烟批发企业的机构所在地，总机构与分支机构不在同一地区的，由总机构申报纳税。"

第五节 消费税的纳税申报

一、纳税申报内容

在中华人民共和国境内生产、委托加工、进口应税消费品的单位和个人，均应按规定到主管税务机关办理消费税纳税申报。纳税人报缴税款的方法，由所在地主管税务机关视不同情况，从以下方法中确定。

1）纳税人按期向税务机关填报纳税申报表，并填开纳税缴款书，向其所在地代理金库的银行缴纳税款。

2）纳税人按期向税务机关填报纳税申报表，由税务机关审核和填发缴款书，按期缴纳。

3）对会计核算不健全的小型业户，税务机关可根据其产销情况，按季或者按年核定其应纳税额，分月缴纳。

2. 申报缴纳消费税所需提交的资料

申报缴纳消费税所需提交的资料如表 3-9 所示。

表 3-9　申报缴纳消费税所需提交的资料

项目	应提交的资料
烟类生产企业	烟类应税消费品消费税纳税申报表
	本期准予扣除税额计算表（烟）
	本期代收代缴税额计算表（烟）
	卷烟生产企业年度销售明细表
	各牌号规格卷烟消费税计税价格
	本期减（免）税额明细表（享受消费税减免税优惠政策的纳税人在办理消费税纳税申报时填报）
批发卷烟的消费税纳税人	卷烟消费税纳税申报表（批发）
	卷烟批发企业月份销售明细清单
	本期减（免）税额明细表（享受消费税减免税优惠政策的纳税人在办理消费税纳税申报时填报，减免税优惠政策的纳税人在办理消费税纳税申报时填报）

第五节 消费税的纳税申报

续表

项目	应提交的资料
酒类应税消费品	酒类应税消费品消费税纳税申报表
	本期准予扣除税额计算表（酒类）
	本期代收代缴税额计算表（酒类）
	生产经营情况表（酒类）
	《已核定最低计税价格白酒清单》（已核定白酒最低计税价格的生产企业应报送）
	本期减（免）税额明细表（享受消费税减免税优惠政策的纳税人在办理消费税纳税申报时填报）
成品油	成品油消费税纳税申报表
	代收代缴税款报告表（成品油）
	本期准予扣除税额计算表（成品油）
	本期减（免）税额计算表（成品油）
	执行定点直供计划销售石脑油、燃料油，且开具普通版增值税专用发票的生产企业报送《生产企业定点直供石脑油、燃料油开具普通版增值税专用发票明细表》
	石脑油、燃料油生产企业应报送《生产企业销售含税石脑油、燃料油完税情况明细表》
	石脑油、燃料油使用企业应报送：《石脑油、燃料油生产、外购、耗用、库存月度统计表》《使用企业外购石脑油、燃料油凭证明细表》《乙烯、芳烃生产装置投入产出流量计统计表》
	本期减（免）税额明细表（享受消费税减免税优惠政策的纳税人在办理消费税纳税申报时填报）
小汽车	小汽车消费税纳税申报表
	本期代收代缴税额计算表（小汽车）
	生产经营情况表（小汽车）
	本期减（免）税额明细表（享受消费税减免税优惠政策的纳税人在办理消费税纳税申报时填报）

续表

项目	应提交的资料
电池	电池消费税纳税申报表
	本期减（免）税额计算表（适用于电池消费税纳税人）
	本期代收代缴税额计算表（适用于电池消费税纳税人）
	本期减（免）税额明细表（享受消费税减免税优惠政策的纳税人在办理消费税纳税申报时填报）
从事化妆品、贵重首饰及珠宝玉石、鞭炮焰火、气缸容量250毫升（含）以上摩托车、高尔夫球及球具、高档手表、游艇、木制一次性筷子、实木地板应税消费品生产、委托加工、零售的纳税人	其他应税消费品消费税纳税申报表
	本期准予扣除税额计算表（其他）
	准予扣除消费税凭证明细表（其他）
	本期代收代缴税额计算表（其他）
	生产经营情况表（其他）
	本期减（免）税额明细表（享受消费税减免税优惠政策的纳税人在办理消费税纳税申报时填报）

☞ **知识链接**

纳税人申报纳税，应填报《消费税纳税申报表》，如需办理消费税的税款抵扣手续，除按照规定提供纳税申报所需材料外，还应当提供以下资料。

1）外购应税消费品连续生产应税消费品的，提供外购应税消费品增值税专用发票（抵扣联）原件及复印件。外购应税消费的增值税专用发票属于汇总填开的，除提供增值税专用发票（抵扣联）原件和复印件外，还应提供随同增值税专用发票取得的由销售方开具并加盖财务专用章或者发票专用章的销货清单原件和复印件。

2）委托加工收回应税消费品连续生产应税消费品的，提供《代扣代缴税款凭证》原件和复印件。

3）进口应税消费品连续生产应税消费品的，提供《海关进口消费税专用缴款书》原件及复印件。

【例3-12】贵州卷烟厂为增值税一般纳税人，纳税人识别号为370284776808699。2018年9月该厂有关生产经营情况如下：

1）从云河卷烟厂购进已税烟丝20吨，每吨不含税单价20 000元，取得云河卷烟厂开具的增值税专用发票，注明货款400 000元，增值税税额为68 000元，烟丝已验收入库，期初无库存外购烟丝。

2）8月将价值60 000元的外购烟丝运往云河卷烟厂委托其加工烟丝，9月云河卷烟厂加工完毕并交货，贵州卷烟厂取得云河卷烟厂开具的增值税专用发票，支付加工费18 000元，增值税税额为5 400元，同时支付了云河卷烟厂代收代缴的消费税。受托方云河卷烟厂无同类烟丝。

由上述情况,试计算贵州卷烟厂 2018 年 9 月应缴纳的消费税。

【解析】

1) 根据《消费税暂行条例》的规定,委托加工应税消费品应由受托方在向委托方交货时代收代缴税款;受托方无同类应税消费品的按照组成计税价格计税。

① 组成计税价格:

组成计税价格=(材料成本+加工费)÷(1-消费税税率)
            =(60 000+18 000)÷(1-30%)=111 428.57(元)

② 委托加工烟丝受托方代收代缴消费税:

代收代缴消费税=(60 000+18 000)÷(1-30%)×30%=33 428.57(元)

2) 根据国税函〔2009〕第 271 号文件规定,卷烟工业环节纳税人销售的卷烟,应按实际销售价格申报纳税;实际销售价格低于最低计税价格的,按照最低计税价格申报纳税。同时,国税发〔1993〕第 156 号文件规定,纳税人将应税消费品换取生产资料、消费资料、投资入股和抵偿债务等方面时,应当计算缴纳消费税,并以同类应税消费品的最高销售价格作为计税依据。

外购和委托加工收回已税烟丝连续生产的卷烟可以按照实际耗费扣除已纳消费税,则

当期准予扣除的外购应税消费品已纳税款=外购应税消费品买价(数量)×应税消费品的使用税率(单位税额)

当期准予扣除的外购应税消费品买价(数量)=期初库存外购应税消费品买价(数量)+本期购入的应税消费品的买价(数量)-期末库存的应税消费品的买价(数量)

外购已税消费品的买价(数量)是指购货发票上注明的销售额(不包括增值税税额)或者数量。

当期准予扣除的委托加工应税消费品已纳税款=期初库存的委托加工应税消费品已纳税款+当期收回的委托加工应税消费品已纳税款-期末库存的委托加工应税消费品已纳税款

① 外购和委托加工收回烟丝连续生产卷烟准予扣除已纳消费税,则

已纳消费税=15×20 000×30%+33 428.57=123 428.57(元)

② 销售及自产自用卷烟应纳消费税:

应纳消费税=(15+8+5+2)×50 000×0.003+15×250×75×56%+8×250×78×56%+
         5×250×80×56%+2×250×80×56%-123 428.57=204 331.43(元)

二、消费税纳税申报表的填制

消费税的纳税人应按有关规定及时办理纳税申报,并如实填写其他应税消费品消费税纳税申报表(表 3-10)、酒类应税消费品消费税纳税申报表(表 3-11)、成品油消费税纳税申报表(表 3-12)、烟类应税消费品消费税纳税申报表(表 3-13)、小汽车消费税纳税申报表(表 3-14)等,向主管税务机关进行纳税申报。

除了纳税申报表以外,每类申报表都有附表,如本期准予扣除税额计算表(表 3-15)、本期代收代缴税额计算表(表 3-16)等,在申报时一并填写。

表3-10　其他应税消费品消费税纳税申报表

税款所属期：　　年　月　日至　　年　月　日

纳税人名称（公章）：　　　　　　　　　纳税人识别号：□□□□□□□□□□□□□□□

填表日期：　　年　月　日　　　　　　　　　　　　　　金额单位：元（列至角分）

应税消费品名称＼项目	适用税率	销售数量	销售额	应纳税额
合计	—	—	—	

本期准予抵减税额：	声明
本期减（免）税额：	此纳税申报表是根据国家税收法律的规定填报的，我确定它是真实的、可靠的、完整的。
期初未缴税额：	经办人（签章）： 财务负责人（签章）： 联系电话：
本期缴纳前期应纳税额：	（如果你已委托代理人申报，请填写） 授权声明
本期预缴税额：	
本期应补（退）税额：	为代理一切税务事宜，现授权 （地址）　　　　　　　　为
期末未缴税额：	本纳税人的代理申报人，任何与本申报表有关的往来文件，都可寄予此人。 授权人签章：
以下由税务机关填写	
受理人（签章）：　　　　受理日期：　年　月　日　　受理税务机关（章）：	

第五节 消费税的纳税申报

表 3-11 酒类应税消费品消费税纳税申报表

税款所属期： 年 月 日至 年 月 日

纳税人名称（公章）： 纳税人识别号：□□□□□□□□□□□□□□□

填表日期： 年 月 日 金额单位：元（列至角分）

项目 应税消费品名称	适用税率		销售数量	销售额	应纳税额
	定额税率	比例税率			
粮食白酒	0.5元/斤	20%			
薯类白酒	0.5元/斤	20%			
啤酒	250元/吨	—			
啤酒	220元/吨	—			
黄酒	240元/吨	—			
其他酒	—	10%			
合计	—	—	—		

本期准予抵减税额：	声明
本期减（免）税额：	此纳税申报表是根据国家税收法律的规定填报的，我确定它是真实的、可靠的、完整的。 经办人（签章）： 财务负责人（签章）：
期初未缴税额：	联系电话：
本期缴纳前期应纳税额：	（如果你已委托代理人申报，请填写） 授权声明
本期预缴税额：	为代理一切税务事宜，现授权 （地址）为本纳税人的代理申报人，
本期应补（退）税额：	任何与本申报表有关的往来文件，都可寄予此人。
期末未缴税额：	授权人签章：
以下由税务机关填写 受理人（签章）： 受理日期： 年 月 日 受理税务机关（章）：	

表 3-12　成品油消费税纳税申报表

税款所属期：　年　月　日至　年　月　日

纳税人名称（公章）：　　　　　　　　　纳税人识别号：□□□□□□□□□□□□□□□

填表日期：　年　月　日　　　　　计量单位：升；　　　　　金额单位：元（列至角分）

应税消费品名称 ／ 项目	适用税率（元/升）	销售数量	应纳税额
汽油	1.52		
柴油	1.20		
石脑油	1.52		
溶剂油	1.52		
润滑油	1.52		
燃料油	1.20		
航空煤油	1.20		
合计	—	—	

本期准予扣除税额：	声明
本期减（免）税额：	此纳税申报表是根据国家税收法律的规定填报的，我确定它是真实的、可靠的、完整的。 经办人（签章）：
期初未缴税额：	财务负责人（签章）： 联系电话：
本期缴纳前期应纳税额：	（如果你已委托代理人申报，请填写）
本期预缴税额：	授权声明 为代理一切税务事宜，现授权
本期应补（退）税额：	（地址）为本纳税人的代理申报人，任何与本申报表有关的往来文件，都可寄予此人。
期末未缴税额：	授权人签章：
以下由税务机关填写	
受理人（签章）：　　　受理日期：　年　月　日　　　受理税务机关（章）：	

第五节 消费税的纳税申报

表 3-13 烟类应税消费品消费税纳税申报表

税款所属期：　　年　月　日至　　年　月　日

纳税人名称（公章）：　　　　　　　　　纳税人识别号：□□□□□□□□□□□□□□□

填表日期：　　年　月　日　　　单位：卷烟万支、雪茄烟支、烟丝千克　　　金额单位：元（列至角分）

应税消费品名称 \ 项目	适用税率		销售数量	销售额	应纳税额
	定额税率	比例税率			
卷烟	30元/万支	56%			
卷烟	30元/万只	36%			
雪茄烟	—	36%			
烟丝	—	30%			
合计	—	—	—		

本期准予扣除税额：	声明
本期减（免）税额：	此纳税申报表是根据国家税收法律的规定填报的，我确定它是真实的、可靠的、完整的。
	经办人（签章）：
期初未缴税额：	财务负责人（签章）：
	联系电话：
本期缴纳前期应纳税额：	（如果你已委托代理人申报，请填写）
本期预缴税额：	授权声明
本期应补（退）税额：	为代理一切税务事宜，现授权（地址）为本纳税人的代理申报人，任何与本申报表有关的往来文件，都可寄予此人。
期末未缴税额：	授权人签章：

以下由税务机关填写

受理人（签章）：　　　　　受理日期：　　年　月　日　　　受理税务机关（章）：

表3-14 小汽车消费税纳税申报表

税款所属期：　年　月　日　至　年　月　日

纳税人名称（公章）：　　　　　　　　　纳税人识别号：□□□□□□□□□□□□□□□

填表日期：　年　月　日　　　　　　　　　　　　　　　　　　单位：辆、元（列至角分）

应税消费品名称	项目	适用税率	销售数量	销售额	应纳税额
乘用车	气缸容量≤1.0升	1%			
	1.0升<气缸容量≤1.5升	3%			
	1.5升<气缸容量≤2.0升	5%			
	2.0升<气缸容量≤2.5升	9%			
	2.5升<气缸容量≤3.0升	12%			
	3.0升<气缸容量≤4.0升	25%			
	气缸容量>4.0升	40%			
中轻型商用客车		5%			
合计		—	—	—	

本期准予扣除税额：	声明
本期减（免）税额：	此纳税申报表是根据国家税收法律的规定填报的，我确定它是真实的、可靠的、完整的。
期初未缴税额：	经办人（签章）： 财务负责人（签章）： 联系电话：
本期缴纳前期应纳税额：	（如果你已委托代理人申报，请填写） 授权声明 为代理一切税务事宜，现授权
本期预缴税额：	
本期应补（退）税额：	(地址）为本纳税人的代理申报人，任何与本申报表有关的往来文件，都可寄予此人。
期末未缴税额：	授权人签章：

以下由税务机关填写

受理人（签章）：　　　受理日期：　年　月　日　　受理税务机关（章）：

第五节 消费税的纳税申报

表3-15 本期准予扣除税额计算表

税款所属期： 年 月 日至 年 月 日
纳税人名称（公章）： 纳税人识别号：□□□□□□□□□□□□□□□
填表日期：2016年10月11日 金额单位：元（列至角分）

应税消费品名称	项目	卷烟			合计
当期准予扣除的委托加工应税消费品已纳税款计算	期初库存委托加工应税消费品已纳税款				—
	当期收回委托加工应税消费品已纳税款				—
	期末库存委托加工应税消费品已纳税款				—
	当期准予扣除委托加工应税消费品已纳税款				
当期准予扣除的外购应税消费品已纳税款计算	期初库存外购应税消费品买价				—
	当期购进应税消费品买价				—
	期末库存外购应税消费品买价				—
	外购应税消费品适用税率				—
	当期准予扣除外购应税消费品已纳税款				
	本期准予扣除税款合计				

表3-16 本期代收代缴税额计算表

税款所属期： 年 月 日至 年 月 日
纳税人名称（公章）： 纳税人识别号：□□□□□□□□□□□□□□□
填表日期： 年 月 日 金额单位：元（列至角分）

应税消费品名称	项目	烟丝			合计
适用税率		30%			—
受托加工数量					—
同类产品销售价格					—
材料成本					—
加工费					—
组成计税价格					—
本期代收代缴税款					

第四章

个人所得税计算与缴纳

知识目标

1. 区分居民纳税义务人和非居民纳税义务人,以及其纳税义务范围。
2. 理解个人所得税纳税义务人、征税范围、税目、税率。
3. 重点掌握理解个人所得税计税依据、应纳税额的计算。
4. 熟悉个人所得税的征纳管理,正确进行个人所得税纳税申报。

技能目标

1. 区分并正确选择适用个人所得税税率,做好个人所得税相关计算。
2. 熟练地进行企业个人所得税计税依据的确定和应纳税额的计算。
3. 遵从法律法规,独立地办理企业个人所得税的申报和缴纳。

第一节 个人所得税概述

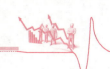

知识导图

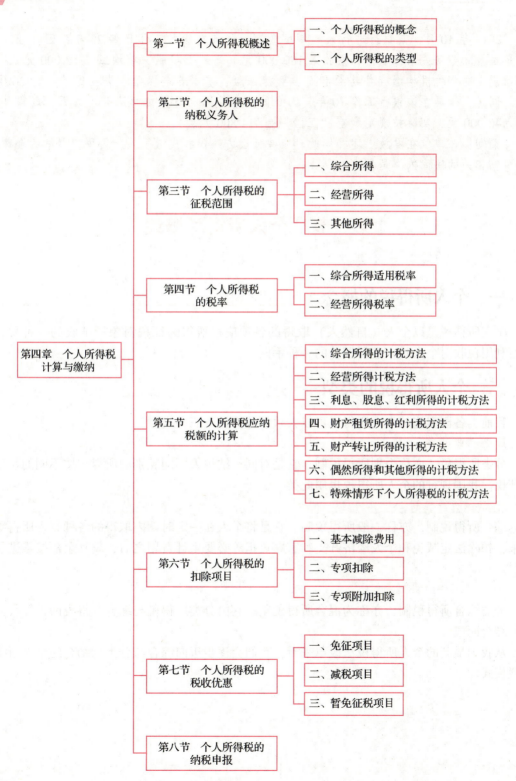

第四章 个人所得税计算与缴纳

> **案例导入**
>
> 2019年10月，某银行进行人事制度改革，张某在银行工作已经20年，因符合政策与单位解除劳动关系，取得补偿收入180 000元（当地上年职工年均工资12 000元），按国家规定向相关机构缴存住房公积金、医疗保险、基本养老保险、失业保险共计26 000元。同时，李某在该银行工作10年，因身体健康等原因与单位解除劳动关系，取得补偿收入40 000元，实际按规定缴存"三险一金"4 800元。
>
> 请问：该单位在发放上述补偿款时应按什么方法代扣代缴个人所得税？缴纳的金额是多少？相关的法律依据是什么？

第一节　个人所得税概述

一、个人所得税的概念

个人所得税是以个人（自然人）取得的各项应税所得为征税对象所征收的一种税，是政府利用税收对个人收入进行调节的一种手段。

二、个人所得税的类型

目前，各国实施的个人所得税可以大致划分为以下三种类型。

1. 分类所得税

分类所得税，亦称个别所得税制。它是对同一纳税人不同类别的所得，按不同的税率分别征税。我国现行的个人所得税也属此类。

2. 综合所得税制

综合所得税制，亦称一般所得税制。它是将个人在一定时期内取得的各种收入所得综合起来，扣除法定减免和个人经济开支和家庭负担等必要生计费用之后，就其余额按累进税率征税。

3. 分类综合所得税制

分类综合所得税制，亦称为混合所得税制。它由分类所得税与综合所得税两种征税办法有机结合而成。

从我国最新的个人所得税法改革来看，我们会逐步迈向综合与分类相结合的个人所得税课税模式。

第二节　个人所得税的纳税义务人

个人所得税纳税义务人包括中国公民以及在中国有所得的外籍人员和港澳台同胞，还涉及个体户、个人独资企业和合伙企业投资者。纳税义务人按住所和居住时间可分为居民纳税人和非居民纳税人两类，其判定标准如表4-1所示。

表4-1　居民纳税人与非居民纳税人的判定标准

纳税人类别	承担的纳税义务	判定标准
居民纳税人	无限纳税	住所标准和居民时间标准只要具备一个即可：① 住所标准：在中国境内有住所，即指因户籍、家庭、经济利益关系而在中国境内习惯性居住。② 居住时间标准：一个纳税年度内在中国境内居住累计满183天的。在计算居住天数时，对临时离境应视同在华居住，不扣减其在华居住的天数。
非居民纳税人	有限纳税	同时具备以下两条标准：① 在我国无住所。② 不在我国居住或居住不满183天

临时离境是指在一个纳税年度内，一次不超过30日或者多次累计不超过90日的离境。临时离境，视同在华居住。对在中国境内无住所的个人，需要计算确定其在实际在华逗留天数计算。

1）个人入境、离境、往返或多次返境内外的当日，均按1天计算其在华实际逗留天数。

2）计算其境内工作期间时，对其入境、离境、往返或多次往返境内外的当日，均按半天计算为在华实际工作天数。

【例4-1】杰克汉为外籍个人，在中国境内无住所，同时在中国境内、境外机构担任职务，他于2016年3月6日来华，12月20日离开。期间，杰克汉因工作原因，曾于6月8日离境，6月14日返回。在计算个人所得税时，杰克汉在中国境内实际工作天数为（　　）天。

A. 282　　　　B. 283　　　　C. 284　　　　D. 285

【答案】B。3月6日、6月8日、6月14日和12月20日，均按半天计算在华实际工作天数。

中国境内实际工作天数 = 25.5＋30＋31＋（7.5＋16.5）＋31＋31＋30＋31＋30＋19.5 = 283（天）

☞ 知识链接

"90日规则"

在境内无住所而一个纳税年度内在境内连续或累计居住不超过90日或183日（税收协定）的个人：

来源于境内的所得，由境外雇主支付且不是由该雇主设在中国境内机构负担的工资、薪金免税，仅就其实际在中国境内工作期间由中国境内企业或个人雇主支付或者由中国境内机构负担的工资、薪金所得纳税。

不超过90日或183日（税收协定）的个人所得税征缴方案如表4-2所示。

表4-2 不超过90日或183日的个人所得税征缴方案

支付地 \ 来源地	境内所得	境外所得
境内支付	境内所得、境内支付	不征
境外支付	免征	

第三节 个人所得税的征税范围

个人所得税征税范围可以分为三类，分别是综合所得、经营所得、其他所得。工资薪金所得、劳务报酬所得、稿酬所得、特许权使用费所得等合称为综合所得，按纳税年度合并计算个人所得税。非居民个人取得综合所得，按月或者按次分项计算个人所得税。纳税人取得除综合所得以外的经营所得、财产性所得及偶然他所得，依照新《个人所得税法》的规定分别计算个人所得税。

一、综合所得

1. 工资薪金所得

1) 工资薪金所得的规定：

工资薪金所得是指个人因任职或者受雇而取得的所得，具体包括：工资、薪金、奖金；年终加薪、劳动分红年终加薪和一次取得年终奖金，原则上作为单独一个月工资薪金所得；津贴、补贴。

2) 不征个人所得税的非"工资、薪金所得"项目：

①独生子女补贴。

②执行公务员工资制度未纳入基本工资总额的补贴、津贴差额和家属成员的副食品补贴。

③托儿补助费。

④差旅费津贴、误餐补助。

【例4-2】邹某是北京某风电公司刚入职不久的员工，月初到新疆出差，一个星期之后回到北京公司领取差旅费津贴1 000元，误餐补助500元。该月底领取本月工资4 000元、

第三节 个人所得税的征税范围

奖金500元。

请问邹某当月应当如何缴纳个人所得税？

【解析】差旅费津贴、误餐补助不属于工资、薪金性质的补贴、津贴或者不属于纳税人本人工资、薪金所得项目的收入，不征个人所得税。因此，邹某获得的1000元差旅费津贴和500元误餐补贴不属于工资、薪金所得，不用缴纳个人所得税，而4000元工资和500元奖金属于工资、薪金所得，按照规定纳税。

3) 公司职工取得的用于购买企业国有股权的劳动分红，按"工资、薪金所得"项目计征个人所得税。

4) 出租汽车经营单位对出租车驾驶员采取单车承包或承租方式运营，出租车驾驶员从事客货营运取得的收入，按"工资、薪金所得"项目计征个人所得税。

> ☞ **知识链接**
>
> 区分劳动分红与股份分红的不同。劳动分红，是劳动性所得；股份分红，是资本利得性质所得。前者属于工资、薪金所得，后者属于股息、利息、红利所得。

2. 劳务报酬所得

劳务报酬所得是指独立性劳务所得，非雇佣关系所得。

1) 个人担任董事职务所取得的董事费收入。董事可分为内部董事和外部董事。内部董事，其因任职受雇而取得的报酬，是"工资、薪金"所得。外部董事，其取得的董事费所得，属于劳务报酬所得。

2) 在校学生因参与勤工俭学活动的应税所得项目所得，按照"劳务报酬所得"项目缴纳个人所得税。

3) 个人兼职取得的收入，应按照"劳务报酬所得"项目缴纳个人所得税。

> ☞ **知识链接**
>
> 自2004年1月20日起，对商品营销活动中，企业和单位对营销业绩突出的雇员以培训班、研讨会、工作考察等名义组织旅游活动，通过免收差旅费、旅游费对个人实行的营销业绩奖励（包括实物、有价证券等）的，应根据所发生费用的全额并入营销人员当期的工资、薪金所得，按照"工资、薪金所得"项目征收个人所得税，并由提供上述费用的企业和单位代扣代缴。上述营销业绩奖励的对象是非雇员的，则按照"劳务报酬所得"项目征收个人所得税，并由提供上述费用的企业和单位代扣代缴。

【例4-3】下列收入中，属于"劳务报酬所得"应合并到综合所得缴纳个人所得税的是（ ）。

A. 在其他单位兼职取得的收入　　B. 退休后再受雇取得的收入
C. 在任职单位取得董事费收入　　D. 个人购买彩票取得的中奖收入

【解析】答案为A。选项B，属于工资薪金所得；选项C，属于工资薪金所得，在非任职单位取得的董事费收入属于劳务报酬所得；选项D，个人购买彩票取得的中奖收入属于偶然所得。

> **☞ 知识链接**
> 劳务报酬所得与工资薪金所得的区别如下。
> 是否存在雇佣关系。劳务报酬所得是个人独立从事各种非雇佣的各种劳务所取得的所得，如个人兼职取得的收入按"劳务报酬所得"项目缴纳个人所得税。而工资薪金所得是个人因任职或者受雇而取得的工资、薪金、奖金、年终加薪、劳动分红、津贴、补贴以及与任职或者受雇有关的其他所得。如演员从剧团领取工资、教师从学校领取工资，就属于工资、薪金所得项目。

3. 稿酬所得

稿酬所得，是指个人因其作品以图书、报刊形式出版、发表而取得的所得。

1）个人作品，包括本人的著作、翻译的作品等。作者去世后，财产继承人取得的遗作稿酬，亦应征收个人所得税。

2）对报刊、出版等单位的职员的收入征税。

任职、受雇于报刊等单位的记者、编辑等专业人员，因在本单位的报刊、杂志上发表作品取得的所得，按"工资、薪金所得"项目征收个人所得税。除上述专业人员以外，其他人员在本单位的报刊、杂志上发表取得的所得，应按"稿酬所得"项目征收个人所得税。

出版社的专业作者撰写、编写或翻译的作品，由本社以图书形式出版而取得的稿费收入，应按"稿酬所得"项目计算缴纳个人所得税。

4. 特许权使用费所得

特许权使用费所得，是指个人提供专利权、商标权、著作权、非专利技术以及其他特许权的使用权取得的所得。

编剧从电视剧的制作单位取得的剧本使用费，统一按特许权使用费所得项目计征个人所得税。

对于作者将自己的文字作品手稿原件或复印件公开拍卖（竞价）取得的所得，属于提供著作权的使用所得，应按特许权使用费所得项目征收个人所得税。

二、经营所得

经营所得包括以下几种。

1）个体工商户从事生产、经营活动取得的所得，个人独资企业投资人、合伙企业的个人合伙人来源于境内注册的个人独资企业、合伙企业生产、经营的所得。

2）个人依法从事办学、医疗、咨询以及其他有偿服务活动取得的所得。

3）个人对企业、事业单位承包经营、承租经营以及转包、转租取得的所得。

4）个人从事其他生产、经营活动取得的所得。

第三节 个人所得税的征税范围

☞ **知识链接**

不同类型的企业用资金购买房屋等财产的情况不同，则个人所得税的应税项目也不同（表4-3）。

表4-3 企业资金购买房屋的应税项目

企业资金购买房屋等财产的情况	应税项目
个人独资企业、合伙企业用企业资金为其个人投资者或其家庭成员购买房屋等财产	个体工商户的生产、经营所得
个人独资企业、合伙企业以外的其他企业用企业资金为其个人投资者或其家庭成员购买房屋等财产	利息、股息、红利所得
企业用企业资金为本企业除投资者以外的雇员购买房屋等财产	工资、薪金所得

三、其他所得

1. 利息、股息、红利所得

利息、股息、红利所得，是指个人拥有债权、股权而取得的利息、股息、红利所得。

个人取得国债利息、国家发行的金融债券利息、教育储蓄存款利息，储蓄存款利息均免征个人所得税。

2. 财产租赁所得

财产租赁所得，是指个人出租建筑物、土地使用权、机器设备、车船以及其他财产取得的所得。

☞ **知识链接**

个人取得的财产转租收入，属于"财产租赁所得"范围。最重要的是房屋的租赁。个人出租房屋涉及多个税种，如城建税、教育费附加和地方教育附加、房产税、印花税、个人所得税。

个人取得的财产转租收入，属于"财产租赁所得"范围。

在确定纳税义务人时，应以产权凭证为依据。对无产权凭证的，由主管税务机关根据实际情况确定；产权所有人死亡，在未办理产权继承手续期间，该财产出租而有租金收入的，以领取租金的个人为纳税义务人。

3. 财产转让所得

财产转让所得，是指个人转让有价证券、股权、建筑物、土地使用权、机器设备、车船以及其他财产取得的所得。

1）股票转让所得。境内股票转让所得，暂不征收个人所得税。但境外股票转让所得正常征收个人所得税。

2）个人转让房产所得。对个人转让自用5年以上、并且是家庭唯一生活用房取得的所得免征个人所得税。主体是个人，不包括单位；自用超过5年；家庭唯一生活用房，也不包括二套房，不包括商用房。

3）作者将自己的文字作品手稿原件或复印件拍卖取得的所得。

69

第四章　个人所得税计算与缴纳

作者将自己的文字作品手稿原件或复印件拍卖取得的所得，按照"特许权使用费所得"项目缴纳个人所得税。个人拍卖除文字作品原稿及复印件外的其他财产，应按"财产转让所得项目"缴纳个人所得税。

4. 偶然所得

偶然所得，是指个人得奖、中奖、中彩以及其他偶然性质的所得。

企业对累积消费达到一定额度的顾客，给予额外抽奖机会，个人的获奖所得，按照"偶然所得"项目，全额适用20%的税率缴纳个人所得税。

【例4-4】著名小品演员赵丽蓉曾在春晚的舞台上写下笔法苍劲的四个大字"货真价实"，受到观众的一致好评。现在我们就借此虚构一个场景来看看个税税目如何讲求"实质重于形式"原则。

假设赵丽蓉受雇于中央电视台，在出演中央电视台负责制作的春晚小品节目中写下了"货真价实"这一墨宝作为演出道具，小品演出大获成功，观众对这一墨宝反响热烈，之后电视台给了赵丽蓉1万元奖金。那么这1万元的奖金所得就是典型的工资薪金所得。

后来，因为这幅墨宝的出名，赵丽蓉成立了工作室（个体工商户），第一年专门写"货真价实"这幅墨宝，一年的收入减去相关开支所得1万元，那么这1万元所得就属于个体工商户的经营所得。

有一天，赵丽蓉到一个饭馆吃饭，觉得这家饭馆是价格实惠、口味鲜美、赞不绝口。饭馆老板顺势请求赵丽蓉题字宣传，于是她欣然在饭馆的墙上写下了"货真价实"四个大字，饭馆老板支付了1万元报酬，此处的1万元报酬就是典型的劳务报酬所得了。

鉴于"货真价实"这四个字写得炉火纯青，《北京日报》专门选了一幅刊登在该报一专栏上，并支付了1万元报酬，这1万元即为稿酬所得。

后来专门注册了一个商标，被之前饭馆的老板花了1万元买了这一商标的两年使用权，这1万元就是特许权使用费所得。

一年后，饭馆老板将剩余期限的商标使用权转让给了一家药店，拿到了5000元的差价，那么这5000元就是典型的财产转让所得。

举这个例子就是想告诉读者，在个人所得税实务中，所得的实质比形式更为重要。这是判定个人所得税纳税义务的关键所在。

第四节　个人所得税的税率

个人所得税不同于个人所得项目，规定了超额累进税率和比例税率两种形式。2018年关于修改个人所得税法的决定经十三届全国人大常委会第五次会议表决通过。至此，七次大修后的新个人所得税法正式亮相。新个人所得税法于2019年1月1日起施行，2018年10月1日起施行最新免征额和税率。

一、综合所得适用税率

居民个人取得工资、薪金所得、劳务报酬所得、稿酬所得、特许权使用费所得（以下称综合所得），按纳税年度合并计算个人所得税，以每一纳税年度的收入额减除费用 6 万元以及专项扣除、专项附加扣除和依法确定的其他扣除后的余额，为应纳税所得额。

综合所得适用 3%~45% 的七级超额累进税率，如表 4-4 和表 4-5 所示。

表 4-4　综合所得年税率表

级数	全年应纳税所得额	税率（%）	速算扣除数
1	不超过 36 000 元的	3	0
2	超过 36 000 元至 144 000 元的部分	10	2 520
3	超过 144 000 元至 300 000 元的部分	20	16 920
4	超过 300 000 元至 420 000 元的部分	25	31 920
5	超过 420000 元至 660 000 元的部分	30	52 920
6	超过 660 000 元至 960 000 元的部分	35	85 920
7	超过 960 000 元的部分	45	181 920

注：本表所称全年应纳税所得额是指居民个人取得综合所得以每一纳税年度收入额减除费用 6 万元以及专项扣除、专项附加扣除和依法确定的其他扣除后的余额。非居民个人取得工资、薪金所得，劳务报酬所得，稿酬所得和特许权使用费所得，依照本表按月换算后计算应纳税额。

表 4-5　2018 年第四季度工资薪金所得月税率表

级数	全月应纳税所得额	税率（%）	速算扣除数
1	不超过 3 000 元的	3	0
2	超过 3 000 元至 12 000 元的部分	10	210
3	超过 12 000 元至 25 000 元的部分	20	1 410
4	超过 25 000 元至 35 000 元的部分	25	2 660
5	超过 35 000 元至 55 000 元的部分	30	4 410
6	超过 55 000 元至 80 000 元的部分	35	7 160
7	超过 80 000 元的部分	45	15 160

二、经营所得税率

个体工商户生产、经营所得、对企事业单位承包经营、承租经营所得税率表如表 4-6 所示。

表4-6　2018年10月以后取得的个体工商户生产、
经营所得和对企事业单位承包经营、承租经营所得税率表

级数	全年应纳税所得额	税率（%）	速算扣除数
1	不超过30 000元的	5	0
2	超过30 000元至90 000元的部分	10	1 500
3	超过90 000元至300 000元的部分	20	10 500
4	超过300 000至500 000元的部分	30	40 500
5	超过500 000元的部分	35	65 500

注：本表所称全年应纳税所得额是指以每一纳税年度的收入总额减除成本、费用以及损失后的余额。

第五节　个人所得税应纳税额的计算

根据2018年8月31日第十三届全国人民代表大会常务委员会第五次会议《关于修改〈中华人民共和国个人所得税法〉的决定》的规定，2019年1月1日起，将劳务报酬、稿酬、特许权使用费等三项所得与工资薪金合并为综合所得计算纳税，并实行专项附加扣除政策。居民个人取得综合所得，按年计算个人所得税；有扣缴义务人的，由扣缴义务人按月或者按次预扣预缴税款；需要办理汇算清缴的，应当在取得所得的次年3月1日至6月30日内办理汇算清缴。非居民个人取得工资、薪金所得，劳务报酬所得，稿酬所得和特许权使用费所得，按月或者按次分项计算个人所得税，有扣缴义务人的，由扣缴义务人按月或者按次代扣代缴税款，不办理汇算清缴。

一、综合所得的计税方法

1. 居民个人的预扣预缴方法

1）工资、薪金所得

扣缴义务人向居民个人支付工资、薪金所得时，应当按照累计预扣法计算预扣税款，并按月办理全员全额扣缴申报。具体计算公式如下：

本期应预扣预缴税额＝（累计预扣预缴应纳税所得额×预扣率－速算扣除数）－累计减免税额－累计已预扣预缴税额

累计预扣预缴应纳税所得额＝累计收入－累计免税收入－累计减除费用－累计专项扣除－累计专项附加扣除－累计依法确定的其他扣除

其中，累计减除费用，按照5000元/月乘以纳税人当年截至本月在本单位的任职受雇月份数计算。

上述公式中，计算居民个人工资、薪金所得预扣预缴税额的预扣率、速算扣除数，按个

第五节 个人所得税应纳税额的计算

人所得税预扣率表4-7（居民个人工资、薪金所得预扣预缴适用）执行。

表4-7 个人所得税预扣率表（居民个人工资、薪金所得预扣预缴适用）

级数	累计预扣预缴应纳税所得额	预扣率（%）	速算扣除数
1	不超过36 000元的部分	3	0
2	超过36 000元至144 000元的部分	10	2 520
3	超过144 000元至300 000元的部分	20	16 920
4	超过300 000元至420 000元的部分	25	31 920
5	超过420 000元至660 000元的部分	30	52 920
6	超过660 000元至960 000元的部分	35	85 920
7	超过960 000元的部分	45	181 920

2）劳务报酬、稿酬、特许权使用费所得

扣缴义务人向居民个人支付劳务报酬所得、稿酬所得、特许权使用费所得时，按次或者按月预扣预缴个人所得税。具体预扣预缴税款计算方法为劳务报酬所得、稿酬所得、特许权使用费所得以每次收入减除费用后的余额为收入额，稿酬所得的收入额减按70%计算。

减除费用：劳务报酬所得、稿酬所得、特许权使用费所得预扣预缴税款时，每次收入不超过4 000元的，减除费用按800元计算；每次收入4 000元以上的，减除费用按20%计算。

应纳税所得额：劳务报酬所得、稿酬所得、特许权使用费所得，以每次收入额为预扣预缴应纳税所得额。劳务报酬所得适用20%至40%的超额累进预扣率，如表4-8个人所得税预扣率表所示，稿酬所得、特许权使用费所得适用20%的比例预扣率。

劳务报酬所得应预扣预缴税额＝预扣预缴应纳税所得额×预扣率−速算扣除数

稿酬所得、特许权使用费所得应预扣预缴税额＝预扣预缴应纳税所得额×20%

表4-8 个人所得税预扣率表（居民个人劳务报酬所得预扣预缴适用）

级数	预扣预缴应纳税所得额	预扣率（%）	速算扣除数
1	不超过20 000元的	20	0
2	超过20 000元至50 000元的部分	30	2 000
3	超过50 000元的部分	40	7 000

> ☞ **知识链接**
>
> **累计预扣法**
>
> 　　扣缴义务人在一个纳税年度内,以截至当前月份累计支付的工资薪金所得收入额减除累计基本减除费用、累计专项扣除、累计专项附加扣除和依法确定的累计其他扣除后的余额为预缴应纳税所得额。
>
> 　　对照综合所得税率表,计算出累计应预扣预缴税额,减除已预扣预缴税额后的余额,作为本期应预扣预缴税额。居民个人劳务报酬所得、稿酬所得、特许权使用费所得个人所得税的预扣预缴方法,基本平移了现行税法的扣缴方法,特别是平移了对每次收入不超过4 000元、费用按800元计算的规定。这种预扣预缴方法对扣缴义务人和纳税人来讲既容易理解,也简便易行,方便扣缴义务人和纳税人操作。

【例4-5】2019年1月实发李小姐工资15 000元,当月专项扣除为2 000元,专项附加扣除合计为3 000元;2019年2月实发李小姐工资16 000元,当月专项扣除为2 100元,专项附加扣除合计为3 050元;李小姐3月因个人原因请假,工资只有2 000元,扣除5 000元、当月专项扣除为2 000元,专项附加扣除为3 000元。请计算李小姐在2019年1~3月各月份应缴纳的个人所得税。

【解析】李小姐在2019年2月申报个人所得税时,应纳税所得=15 000-5 000-2 000-3 000=5 000(元),对应税率为3%,应纳个人所得税为5 000×3%=150(元);

1~2月累计应纳税所得额=(15 000+16 000)-(5 000×2)-(2 000+2 100)-(3 000+3 050)=10 850(元),对应税率为3%,1~2月累计应纳个人所得税为10 850×3%=325.50元,1月已纳个人所得税为150元,则2月李小姐应纳个人所得税为325.50-150=175.50元。

2019年4月申报个人所得税时:1~3月累计应纳税所得额=(15 000+16 000+2 000)-(5 000×3)-(2 000+2 100+2 000)-(3 000+3 050+3 000)=2 850元,对应税率为3%,1~3月累计应纳个人所得税为2 850×3%=85.50元,1~2月已纳个人所得税为325.50元,则截至税款所属期3月,李小姐多缴个人所得税240元,此时暂不办理退税,在次年3~6月的汇算清缴期办理退税。

会计账务处理为

①支付工资、薪金的单位扣缴工资、薪金时

　　借:应付职工薪酬

　　　　贷:应交税费——应交个人所得税

②上交代扣的个人所得税时

　　借:应交税费——应交个人所得税

　　　　贷:银行存款

2. 居民个人汇算清缴计税方法

居民个人年度综合所得,在取得所得的次年3月1日至6月30日内办理汇算清缴。也就是把工资薪金、劳务报酬所得、稿酬所得、特许权使用费所得再来一次打包汇算清缴(仅取得一项收入或一次收入的可以不汇算清缴),清算后税款多还少补。按如下公式和税率表计算:

纳税年度应纳税所得额=年度收入额-准予扣除额

第五节　个人所得税应纳税额的计算

准予扣除额＝基本扣除费用60 000元＋专项扣除＋专项附加扣除＋依法确定的其他扣除

表4-9　居民个人综合所得税率表（居民个人综合所得汇算清缴适用）

级数	全年应纳税所得额	税率（%）	速算扣除数
1	不超过36 000元的部分	3	0
2	超过36 000元至144 000元的部分	10	2 520
3	超过144 000元至300 000元的部分	20	16 920
4	超过300 000元至420 000元的部分	25	31 920
5	超过420 000元至660 000元的部分	30	52 920
6	超过660 000元至960 000元的部分	35	85 920
7	超过960 000元的部分	45	181 920

【例4-6】 假如吴先生2019年1～3月每月发工资1万元，3月另发绩效奖金5万元，4月生病请假，发放工资3 000元，5～11月每月工资1万元，7月取得劳务报酬所得35 000元，12月取得年终奖金3万元，每月社保1 000元，扣除赡养老人支出2 000元、子女教育支出1 000元、住房贷款利息支出500元、12月取得继续教育资格证书，扣除继续教育支出3 600元。计算吴先生每月应预缴多少个人所得税，以及次年汇算清缴的纳税情况。

【解析】 吴先生1月应预扣税额：

（10 000－1 000－5 000－2 000－1 000－500）×3％＝15（元）

2月应预扣税额：

（10 000×2－1 000×2－5 000×2－2 000×2－1 000×2－500×2）×3％－15＝15（元）

3月应预扣税额：

（10 000×3＋50 000－1 000×3－5 000×3－2 000×3－1 000×3－500×3）×10％－2 520－30＝2 600（元）

4月应预扣税额：

（10 000×3＋50 000＋3 000－1 000×4－5 000×4－2 000×4－1 000×4－500×4）×10％－2 520－2 630＝－650（元），4月无须缴纳个人所得税；

5月应预扣税额：

（10 000×3＋50 000＋3 000＋10 000－1 000×5－5 000×5－2 000×5－1 000×5－500×5）×10％－2 520－2 630＝－300（元），5月无须缴纳个人所得税；

6月应预扣税额：

（10 000×3＋50 000＋3 000＋10 000×2－1 000×6－5 000×6－2 000×6－1 000×6－500×6）×10％－2 520－2 630＝－550（元），6月无须缴纳个人所得税；

7月应预扣税额：

工资薪金所得：（10 000×3＋50 000＋3 000＋10 000×3－1 000×7－5 000×7－2 000×7－1 000×7－500×7）×10％－2 520＝2 130（元）

劳务报酬所得：35 000×（1－20％）×30％－2 000＝6 400（元）

7月应预扣税额：2 130＋6 400－2 630＝5 900（元）

次年3～6月汇算清缴应纳税额：

工资薪金所得：10 000×3＋50 000＋3 000＋10 000×8－1 000×12－5 000×12－2 000×12－

$1\ 000 \times 12 - 500 \times 12 - 3\ 600 = 45\ 400$（元）

劳务报酬所得35 000元。

综合所得为$45\ 400 + 35\ 000 \times (1-20\%) = 73\ 400$（元）。

应缴纳个人所得税为$73\ 400 \times 10\% - 2\ 520 = 4\ 820$（元）。

年终奖金所得为$30\ 000 \times 3\% = 900$（元）。

应缴纳个人所得税为$4\ 820 + 900 - 8\ 530 = -2\ 810$（元）。

次年汇算清缴应退个人所得税2 810元。

3. 非居民个人的扣缴方法

根据个人所得税法第六条"非居民个人的工资、薪金所得，以每月收入额减除费用五千元后的余额为应纳税所得额；劳务报酬所得、稿酬所得、特许权使用费所得，以每次收入额为应纳税所得额"，以及第十一条"非居民个人取得工资、薪金所得，劳务报酬所得，稿酬所得和特许权使用费所得，有扣缴义务人的，由扣缴义务人按月或者按次代扣代缴税款，不办理汇算清缴"的规定，扣缴义务人向非居民个人支付工资、薪金所得，劳务报酬所得，稿酬所得和特许权使用费所得时，个人所得税按以下方法按月或者按次代扣代缴：

非居民个人的工资、薪金所得，以每月收入额减除费用5 000元后的余额为应纳税所得额；劳务报酬所得、稿酬所得、特许权使用费所得，以每次收入额为应纳税所得额。其中，劳务报酬所得、稿酬所得、特许权使用费所得以收入减除20%的费用后的余额为收入额。稿酬所得的收入额减按70%计算。

上述四项所得的应纳税额=应纳税所得额×税率-速算扣除数

税率表为按月换算后的综合所得税率表（表4-10）。

表4-10 非居民个人综合所得税率
（非居民个人工资、薪金所得，劳务报酬所得，稿酬所得，特许权使用费所得适用）

级数	应纳税所得额	税率（%）	速算扣除数
1	不超过3 000元的	3	0
2	超过3 000元至12 000元的部分	10	210
3	超过12 000元至25 000元的部分	20	1 410
4	超过25 000元至35 000元的部分	25	2 660
5	超过35 000元至55 000元的部分	30	4 410
6	超过55 000元至80 000元的部分	35	7 160
7	超过80 000元的部分	45	15 160

4. 工资薪金所得计税的几种特殊情况

1）社保入税

国地税合并之后社保将由税务部门征收。这项改革对于企业来说，要求其严格按照员工工资标准来购买社保。

第五节　个人所得税应纳税额的计算

☞ **知识链接**

员工到手工资、个税和社保缴费基数的关系是什么？

当月工资先扣除五险一金，再扣除个税，才是到手工资。一般职工工资计算公式：到手工资+个税（个人所得税）+五险一金缴费比例×个人缴费基数=当月工资。

以北京市为例，个人和单位的缴费比例如表4-11所示。

表4-11　北京市个人和单位社保缴费比例表

社保险种及公积金		个人缴费比例	单位缴费比例
养老保险		8%	19%
失业保险	城镇户口	0.2%	
	农村户口	0	
工伤保险		0	0.3%
生育保险		0	0.8%
医疗保险		2%+3（大病医疗险）	10%
公积金		12%	12%

2）全年一次性奖金

居民个人取得全年一次性奖金，即年终奖。在2023年12月31日前，不并入当年综合所得，以全年一次性奖金收入除以12个月得到的数额，按照综合所得税率表（按月）（如表4-12）换算后的确定适用税率和速算扣除数，单独计算纳税。计算公式为

$$应纳税额 = 全年一次性奖金收入 \times 适用税率 - 速算扣除数$$

表4-12　综合所得适用税率表（按月）

级数	全月应纳税所得额	税率（%）	速算扣除数
1	不超过3 000元的	3	0
2	超过3 000元至12 000元的部分	10	210
3	超过12 000元至25 000元的部分	20	1 410
4	超过25 000元至35 000元的部分	25	2 660
5	超过35 000元至55 000元的部分	30	4 410
6	超过55 000元至80 000元的部分	35	7 160
7	超过80 000元的部分	45	15 160

居民个人取得全年一次性奖金，也可以选择并入当年综合所得计算纳税。

自2022年1月1日起，居民个人取得全年一次性奖金，应并入当年综合所得计算缴纳个人所得税。全年一次性奖金可以单独计税，也可以计入当年综合所得，合并计税。纳税人有了选择性。此规定主要是照顾不同收入的纳税人最大限度地享受个税改革带来的政策红利。

【例4-7】　某公司业务人员张三2019年每月平均发放工资6 000元，允许扣除的社保等

专项扣除费用500元、每月专项附加扣除3 000元;张三2019年2月取得2018年度全年一次性奖金36 000元;张三没有劳务报酬等其他综合所得收入。

①如果张三选择将全年一次性奖金并入当年度综合所得计算缴纳个税,则张三2019综合所得个税应税收入如下:

(6 000×12+36 000) −5 000×12−500×12−3 000×12=6 000(元)

其综合所得应缴纳个税=6 000×3%=180(元)

②如果张三选择将全年一次性奖金不并入当年度综合所得,单独计算缴纳个税,则张三2019综合所得个税应税收入如下:

6 000×12−5 000×12−500×12−3 000×12=−30 000(元)<0,综合所得不缴纳个税。

全年一次性奖金应缴纳个税:

36 000÷12=3 000(元),对应全年一次性奖金个税税率3%,因此应缴纳个税为36 000×3%=1 080(元)。

两种计税方法相比,明显是将全年一次性奖金计入当年度综合所得计算缴纳个税更合适。

【例4-8】 某公司业务人员李四2019年每月平均发放工资30 000元,允许扣除的社保等专项扣除费用1 500元、每月专项附加扣除3 000元;李四2019年2月取得2018年度全年一次性奖金360 000元;李四没有劳务报酬等其他综合所得收入。

①如果李四选择将全年一次性奖金并入当年度综合所得计算缴纳个税,则李四2019综合所得个税应税收入如下:

30 000×12+360 000−5 000×12−1 500×12−3 000×12=622 200(元)

其综合所得应缴纳个税:

622 200×30%−52 920=133 740(元)

②如果李四选择将全年一次性奖金不并入当年度综合所得,单独计算缴纳个税,则张李四2019年综合所得个税应税收入如下:

30 000×12−5 000×12−1 500×12−3 000×12=262 200(元)

综合所得应缴纳个税:

262 200×20%−16 920=35 520(元)

全年一次性奖金应缴纳个税:

360 000÷12=30 000(元),对应全年一次性奖金个税税率25%,因此应缴纳个税为360 000×25%−2 660=87 340(元)。

李四总共缴纳个税35 520+87 340=122 860(元)。

两种计税方法相比,明显是将全年一次性奖金不并入当年度综合所得计算缴纳个税更合适。

第五节　个人所得税应纳税额的计算

表4-13　新税率表下年终奖税收陷阱

年终奖	税率	速算扣除数	应纳税额	多发奖金数	增加税额	税后数额
36 000	3%	0	1 080			34 920
36 001	10%	210	3 390.10	1	2 310.10	32 610.90
38 566.67	10%	210	3 646.67	2 566.67	2 566.67	34 920
144 000	10%	210	14 190.00			129 810.00
144 001	20%	1 410	27 390.20	1	13 200.20	116 610.80
160 500	20%	1 410	30 690	16 500	16 500	129 810.00
300 000	20%	1 410	58 590			241 410
300 001	25%	2 660	72 340.25	1	13 750.25	227 660.75
318 333.3	25%	2 660	76 923.33	18 333.33	18 333.33	241 410
420 000	25%	2 660	102 340			317 660
420 001	30%	4 410	121 590.30	1	19 250.30	298 410.70

3）关于解除劳动关系、提前退休、内部退养的一次性补偿收入的政策

个人与用人单位解除劳动关系取得一次性补偿收入（包括用人单位发放的经济补偿金、生活补助费和其他补助费），在当地上年职工平均工资3倍数额以内的部分，免征个人所得税；超过3倍数额的部分，不并入当年综合所得，单独适用综合所得税率表，计算纳税。

【例4-9】2022年3月，某单位因增效减员与在单位工作了18年的王强解除劳动关系，并支付王强一次性补偿200 000元，当地上年职工平均工资20 000元，则王强取得该项收入应缴纳的个人所得税为多少元？

【解析】①计算免征额=20 000×3=60 000（元）

②按其工作年限平摊其应税收入，即其工作多少年，就将应税收入看作多少个月的工资，但最多不能超过12个月，最后再计算全部应纳税额：视同月应纳税所得额=（200 000-60 000）÷12-3 500≈8 166.67（元）。

③应纳税额=（8 166.67×20%-555）×12≈12 940.01（元）。

个人办理提前退休手续而取得的一次性补贴收入，应按照办理提前退休手续至法定离退休年龄之间实际年度数平均分摊，确定适用税率和速算扣除数，单独适用综合所得税率表，计算纳税。计算公式：

应纳税额=｛〔（一次性补贴收入÷办理提前退休手续至法定退休年龄的实际年度数）-费用扣除标准〕×适用税率-速算扣除数｝×办理提前退休手续至法定退休年龄的实际年度数

个人办理内部退养手续而取得的一次性补贴收入，应按办理内部退养手续后至法定离退休年龄之间的所属月份进行平均，并与领取当月的"工资、薪金"所得合并后计入综合所得，按适用税率计征个人所得税。

4）个人获得股权激励

居民个人取得股票期权、股票增值权、限制性股票、股权奖励等股权激励（以下简称股权激励），在2021年12月31日前，不并入当年综合所得，全额单独适用综合所得税率表，计算纳税。计算公式：

应纳税额=股权激励收入×适用税率-速算扣除数

【例4-10】李先生受雇于一家境内上市公司,因表现突出参与了公司的股票期权计划。李先生在2019年10月对股票期权行权,取得股票期权所得人民币60 000元。

解析:根据164号公告关于股权激励的政策规定,李先生可以享受股权激励优惠计税方法:

应纳税额=股权激励所得60 000×适用综合所得税率10%-速算扣除数2 520=3 480(元)

居民个人一个纳税年度内取得两次以上(含两次)股权激励的,应合并按规定计算纳税。

2022年1月1日之后的股权激励政策另行明确。

5)个人领取企业年金、职业年金

年金征税模式如表4-14所示。

表4-14 年金征税模式

征税模式	情形	税务处理
缴费环节	单位按有关规定缴费部分	免个税
	个人缴费不超过本人缴费工资计税基数4%标准内部分	暂从应纳税所得额中扣除
	超标年金单位缴费和个人缴费部分	征收个税
投资环节	年金基金投资运营收益分配计入个人账户时	个人暂不缴纳个税
领取环节	领取年金时	纳税

☞ **知识链接**

企业年金个人缴费工资计税基数是本人上一年度月平均工资。月平均工资超过职工工作地所在设区城市上一年度职工月平均工资300%以上部分,不计入个人缴费工资计税基数;职业年金个人缴费工资计税基数是职工岗位工资和薪级工资之和。职工岗位工资和薪级工资之和超过职工工作地所在设区城市上一年度职工月平均工资300%以上部分,不计入个人缴费工资计税基数。

个人达到国家规定的退休年龄,领取的企业年金、职业年金不并入综合所得,全额单独计算应纳税款。其中按月领取的,适用月度税率表计算纳税;按季领取的,平均分摊计入各月,按每月领取额适用月度税率表计算纳税;按年领取的,适用综合所得税率表计算纳税。

个人因出境定居而一次性领取的年金个人账户资金,或个人死亡后,其指定的受益人或法定继承人一次性领取的年金个人账户余额,适用综合所得税率表计算纳税。对个人除上述特殊原因外一次性领取年金个人账户资金或余额的,适用月度税率表计算纳税。

二、经营所得计税方法

1. 有关个体工商业户的生产经营所得的征税规定

个体工商业户生产经营所得计税方法为

应纳税所得额=收入总额-(成本+费用+损失+准予扣除的税金)-规定的费用扣除

个体工商户实际支付给从业人员的、合理的工资薪金支出,准予扣除;个体工商户业主的工资在税前不允许扣除,业主费用扣除标准统一为5 000/月,全年60 000元。

个体工商户分别核算生产经营费用、个人家庭费用难以分清的,40%的部分视为生产经营费用，准予个人所得税前扣除。

为从业人员缴纳补充养老保险、补充医疗保险，分别在不超过从业人员工资总额5%标准内的部分据实扣除；超过部分，不得扣除。

个体工商户业主本人缴纳的，以当地（地级市）上年度社会平均工资的3倍为计算基数，分别在不超过该计算基数5%标准内的部分据实扣除；超过部分，不得扣除。

个体工商户业主本人向当地工会组织缴纳的工会经费、实际发生的职工福利费支出、职工教育经费支出，以当地（地级市）上年度社会平均工资的3倍为计算基数，分别在2%、14%、2.5%的比例内据实扣除；从业人员的三项经费支出的计算基数，参考同企业所得税的相关规定。

个体工商户代其从业人员或者他人负担的税款，不得税前扣除。

个体工商户的公益性捐赠，不超过其应纳税所得额30%的部分可以据实扣除（财政部、国家税务总局规定可以全额在税前扣除的捐赠支出项目除外）。个体工商户直接对受益人的捐赠不得扣除。

研发费用以及研发而购置单台价值在10万元以下的测试仪器、实验性装置的购置费可直接扣除。单台价值在10万元以上（含10万元）的测试仪器和试验性装置，按固定资产管理，不得在当期直接扣除。

其他关于租赁费、汇兑损益、广告及业务宣传费、业务招待费、亏损弥补等规定，均与企业所得税一致。

不得税前扣除项目包括：① 个人所得税税款；② 税收滞纳金；③ 罚金、罚款和被没收财物的损失；④ 不符合扣除规定的捐赠支出；⑤ 赞助支出；⑥ 用于个人和家庭的支出；⑦ 其他（与经营无关的、总局规定的）。

2. 个人独资企业与合伙企业生产经营所得

个人独资企业与合伙企业有两种计税办法，即查账征税与核定征税。

（1）查账征税

个人独资企业和合伙企业投资者本人费用扣除标准统一确定为5 000元/月。投资者工资不得在税前扣除，投资者及其家庭发生的生活费用也不允许税前扣除。

企业向其从业人员实际支付的合理的工资、薪金支出，允许在税前扣除。

企业在生产经营投资者及其家庭生活共用的固定资产，难以划分的，由主管税务机关根据企业的生产经营类型、规模等具体情况，核定准予在税前扣除的折旧费用的数额或比例。

其他关于租赁费、汇兑损益、广告及业务宣传费、业务招待费、亏损弥补等规定，均与企业所得税一致。

投资者兴办两个或两个以上企业，并且企业性质全部是独资的，年度终了后，汇算清缴时，应纳税款的计算按以下方法进行（先合再税后分）：

$$应纳税所得额 = \Sigma 各个企业的经营所得$$

$$应纳税额 = 应税所得额 \times 税率 - 速算扣除数$$

$$本企业应纳税额 = 应纳税额 \times 本企业的经营所得 \div \Sigma 各企业的经营所得$$

$$本企业应补缴的税额 = 本企业应纳税额 - 本企业预缴的税额$$

（2）核定征收

相关计算公式为

应纳税额=应纳税所得额×适用税率-速算扣除数

应纳所得额=收入总额×应税所得率

=成本费用支出÷（1-应税所得率）×应税所得率

实行核定征税的投资者，不能享受个人所得税的优惠政策。实行查账征税方式的个人独资企业和合伙企业改为核定征税方式后，在查账征税方式下认定的年度经营亏损未弥补完的部分，不得再继续弥补。

【例4-11】徐某2021年承包某加工厂，根据协议变更登记为个体工商户，2017年加工厂取得收入总额70万元，准予扣除的成本、费用及相关支出合计63万元（含徐某每月从加工厂领取的工资2 700元）。徐某2021年个人所得税应纳税所得额为多少元？

【解析】个体工商户业主的工资不能在计算个体工商户生产经营所得应纳税所得额时扣除。应纳税所得额为

70-63+0.27×12-0.35×12=6.04（万元）

会计账务处理如下：

① 取得生产经营所得按规定计算应纳的所得税时：

借：所得税费用　　　　　　　　　　　　　　　　　　　　　　60 400

　　贷：应交税费——应交个人所得税　　　　　　　　　　　　　　　　60 400

② 实际上交税款时：

借：应交税费——应交个人所得税　　　　　　　　　　　　　　60 400

　　贷：银行存款　　　　　　　　　　　　　　　　　　　　　　　　　60 400

3. 对企事业单位承包、承租经营所得的计税方法

对实行承包、承租经营的纳税人，虽原则上要求其以每一纳税年度取得的承包、承租经营所得计算纳税，但纳税人的承包、承租期在一个纳税年度内经营不足12个月的，以其实际承包、承租经营的期限作为一个纳税年度计算纳税。计算公式为：

应纳税所得额=个人承包、承租经营收入总额+

承包者个人的工资-5 000×承包经营的月数

【例4-12】2021年9月1日起，张某承包了一家招待所，合同规定张某每月取得工资3 500元，年终从企业所得税税后利润中上缴承包费50 000元，其余经营成果归张某所有。2018年该招待所税后利润95 000元，当年张某共应缴多少个人所得税？

【解析】纳税年度收入总额=3 500×4+（95 000-50 000）=59 000（元）

适用新的费用扣除额和税率，年应纳税所得额=59 000-5 000×4=39 000（元），适用税率为10%，速算扣除数为1 500。

应纳个人所得税=39 000×10%-1 500=2 400（元）

会计账务处理如下

① 如果由支付所得的单位代扣代缴的，支付所得的单位代扣代缴时：

借：应付利润　　　　　　　　　　　　　　　　　　　　　　　2 400

　　贷：应交税费——应交代扣个人所得税　　　　　　　　　　　　　　2 400

② 实际上交税款时：

借：应交税费——应交代扣个人所得税　　　　　　　　　　　　2 400

　　贷：银行存款　　　　　　　　　　　　　　　　　　　　　　　　　2 400

三、利息、股息、红利所得的计税方法

利息、股息、红利作为应纳税所得，无任何费用扣除。储蓄存款利息收入暂免征收个人所得税，国债和国家发行的金融债券利息免征个税。

1) 股息红利采取差别化个税规定：① 个人从公开发行和转让市场取得的上市公司股票，持股期限在1个月以内（含1个月）的，其股息红利所得全额计入应纳税所得额；持股期限在1个月以上至1年（含1年）的，暂减按50%计入应纳税所得额；上述所得统一适用20%的税率计征个人所得税。② 自2015年9月8日起，个人从公开发行和转让市场取得的上市公司股票，持股期限超过1年的，股息红利所得暂免征收个人所得税。

【例4-13】王某持有某上市公司的股票10 000股，该上市公司2021年度的利润分配方案为每10股送3股，并于2022年6月实施，该股票的面值为每股1元。从非上市公司取得股息所得7 000元。王某应承担的个人所得税多少元。

【解析】王某上市公司股息红利所得＝10 000÷10×3×1＝3 000（元）

应纳个人所得税＝3 000×20%×50%＝300（元）

非上市公司取得股息应纳个人所得税＝7 000×20%＝1 400（元）

会计账务处理如下：

借：应付股利 1 700

　　贷：应交税费——个人所得税 1 700

2) 对个人持股1年以内（含1年）的，上市公司暂不扣缴个人所得税；待个人转让股票时，证券登记结算公司根据其持股期限计算应纳税额。

3) 持股期限是指个人从公开发行和转让市场取得上市公司股票之日至转让交割该股票之日前一日的持有时间。

4) 个人转让股票时，按照先进先出的原则计算持股期限，即证券账户中先取得的股票视为先转让。

【例4-14】小张于2017年5月15日买入某上市公司股票8 000股，2018年4月3日又买入2 000股，2018年6月6日又买入5 000股，共持有该公司股票15 000股，2018年6月11日卖出其中的13 000股。按照先进先出的原则，视为依次卖出2017年5月15日买入的8 000股、2018年4月3日买入的2 000股和2018年6月6日买入的3 000股，其中8 000股的持股期限超过1年，2 000股的持股期限超过1个月不足1年，3 000股的持股期限不足1个月，股票买入卖出情况如图4-1所示，试计算其纳税额。

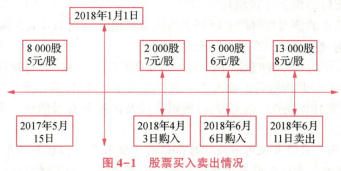

图4-1 股票买入卖出情况

【解析】 如果小张买卖交易的股票属于全国中小企业股份转让系统挂牌公司的股票，则个人持股期限在1个月以内（含1个月）的，其股息红利所得全额计入应纳税所得额；持股期限在1个月以上至1年（含1年）的，暂减按50%计入应纳税所得额；上述所得统一适用20%的税率计征个人所得税。

自2015年9月8日起，个人持有全国中小企业股份转让系统挂牌公司的股票，持股期限超过1年的，股息、红利所得暂免征收个人所得税。

> ☛ **知识链接**
>
> **沪港股票市场交易互联互通机制试点有关税收政策**
>
> 1）对于内地投资者。股票转让差价所得，自2014年11月17日起至2017年11月16日止，暂免征收个人所得税；通过沪港通从上市H股、非H股取得的股息红利，按照20%的税率缴纳个人所得税；个人投资者在国外已缴纳的预提税，可持有效扣税凭证到中国结算的主管税务机关申请税收抵免。
>
> 2）关于香港市场投资者。对香港市场投资者（包括企业和个人）投资上交所上市A股取得的转让差价所得，暂免征收所得税；对香港市场投资者（包括企业和个人）投资上交所上市A股取得的股息红利所得，暂不执行按持股时间实行差别化征税政策，由上市公司按照10%的税率代扣所得税。

【例4-15】 张某2021年10月份取得：国债的利息1 200元；取得某国内上市公司发行的公司债券利息750元。

【解析】 国债利息收入免征个人所得税。因此，张某取得的各项利息收入应缴纳的个人所得税=750×20%=150（元）。

四、财产租赁所得的计税方法

1. 应纳税所得额的确定

1）每次收入不超过4 000元的，应纳税所得额=每次收入额-800元。
2）每次收入4 000元以上的，应纳税所得额=每次收入额×（1-20%）。

2. 个人出租房产扣除的费用

房产租赁收入的扣除额计算公式为

$$房产租赁收入的扣除=税费+租金+修缮费+法定扣除标准$$

1）财产租赁过程中缴纳的税费有城建税附加、房产税。
2）向出租方支付的租金（转租）。
3）由纳税人负担的该出租财产实际开支的修缮费用（每次800元为限）。
4）税法规定的费用扣除标准（800元或20%）。

关于财产租赁所得，必须注意以下问题：① 定额或定率扣除（每次净收入4 000元）；② 财产租赁所得以一个月内取得的收入为一次；③ 出租房产特殊扣除项目；④ 出租住房，个人所得税税额减按10%征收；⑤ 个人房屋租赁涉及的税种有增值税、个人所得税、城建税及教育费附加等。

【例4-16】 王强1月将县城内一处住房出租用于他人居住，租期2年，每月租金2 000元，房产原值70万元，当地政府规定损耗扣除比例为30%，可提供实际缴纳出租环节税金完税凭证每月140元。2月发生漏雨修缮费1 800元（一般不是800的倍数）。

请问，王强3月、4月应纳个人所得税是多少？

【解析】3月租金纳税=（2 000-140-800-800）×10%=26（元）；

4月租金纳税=[2 000-140-200-800]×10%=86（元）。

会计账务处理如下：

借：应交税费——应交个人所得税　　　　　　　　　　　　　　112

　　贷：银行存款　　　　　　　　　　　　　　　　　　　　　　112

五、财产转让所得的计税方法

1. 财产转让所得的计税公式

有关公式为

$$应纳税所得额=每次收入额-财产原值-合理税费$$

$$应纳税额=应纳税所得额×适用税率$$

2. 有价证券出售

有关公式为

$$每次卖出债券应纳个人所得税额=（该次卖出该类债券收入-$$

$$该次卖出该类债券允许扣除的买价和费用）×20\%$$

【例4-17】某人本期购入债券1 000份，每份买入价10元，支付购进买入债券的税费共计150元。本期内将买入的债券一次卖出600份，每份卖出价12元，支付卖出债券的税费共计110元。12月末债券到期，该公民取得债券利息收入2500元。计算该个人应缴纳的个人所得税税额。

【解析】

1) 一次卖出债券应扣除的买价及费用=（10 000+150）÷1 000×600+110=6 200（元），应缴纳个人所得税=（600×12-6 200）×20%=200（元）。

2) 债券利息收入应缴纳个人所得税=2 500×20%=500（元）。

3. 个人购买和处置债权

"打包债权"应按照"财产转让所得"项目缴纳个人所得税。

如果只处置部分债权的，其应纳税所得额按以下方式确定：

1) 以每次处置部分债权的所得，作为一次财产转让所得征税。

2) 其应税收入按照个人取得的货币资产和非货币资产的评估价值或市场价值的合计数确定。

3) 当次处置债权成本费用=个人购置"打包"债权实际支出×当次处置债权账面价值（或拍卖机构公布价值）/"打包"债权账面价值（或拍卖机构公布价值）。

4) 个人购买债权过程中发生的拍卖招标手续费、诉讼费、审计评估费以及缴纳的税金等合理税费，在计算个人所得税时允许扣除。

【例4-18】李刚购买"打包"债权实际支出为100万元，2018年3月处置该债权的16%，处置收入25万元，在债权处置过程中发生评估费用2万元。李刚处置"打包"债权应缴纳多少个人所得税？

【解析】李刚处置"打包"债权应缴纳个人所得税=（25-100×16%-2）×20%=1.40

（万元）。

4. 处置房产

个人出售自有住房取得的所得，应按照"财产转让所得"项目征收个人所得税。对个人转让自用5年以上，并且是家庭唯一生活用房取得的所得，免征个人所得税。纳税人需持房地产管理部门提供的有关证明，到主管税务机关办理免征手续。

六、偶然所得和其他所得的计税方法

偶然所得是指个人得奖、中奖、中彩以及其他偶然性质的所得。偶然所得以每次收入额为应纳税所得额，适用20%的税率。计算公式为

$$应纳个人所得税税额 = 应纳税所得额 \times 20\%$$

【例4-19】叶先生参加电视台举办的有奖竞猜活动中奖，获一台价值8 000元的电脑。

【解析】叶先生应缴纳的个人所得税为

$$8\ 000 \times 20\% = 1600（元）$$

个人购买社会福利彩票、体育彩票中奖的个人所得税有部分优惠。个人购买社会福利彩票、体育彩票中奖获取的所得，一次中奖收入不超过10 000元的，不用缴纳个人所得税；一次中奖收入超过10 000元的，应全额计算缴纳个人所得税。

【例4-20】叶先生购买体育彩票获得价值15 000元的摩托车一辆，同时购买福利彩票获得奖金3 000元。

【解析】叶先生应缴纳的个人所得税为

$$15\ 000 \times 20\% = 3000（元）$$

会计账务处理如下：

单位为个人代扣代缴个人所得税：

借：应交税费——应交个人所得税　　　　　　　　　　　　　　3 000
　　贷：银行存款　　　　　　　　　　　　　　　　　　　　　　3 000

【例4-21】下列各项中，以取得的收入为应纳税所得额直接计征个人所得税的有（　）。

A. 稿酬所得　　　B. 偶然所得　　　C. 股息所得　　　D. 特许权使用费所得

【答案】BC。直接以收入作为应纳税所得额的有利息、股息、红利所得，偶然所得和其他所得三项。

七、特殊情形下个人所得税的计税方法

1. 扣除捐赠款的计税方法

一般捐赠额的扣除以不超过纳税人申报的应纳税所得额的30%为限。计算公式为

$$捐赠扣除限额 = 申报的应纳税所得额 \times 30\%$$

【例4-22】公民潘某取得2019年一次性奖金12 000元，通过S区民政局将其中5 000元捐赠给公益事业，潘某应缴的年终奖个人所得税为多少？

解析：年终奖可扣除捐赠限额＝12 000×30%＝3 600（元）

年终奖应纳个税＝（12 000－3 600）÷12×3%＝21（元）

会计账务处理如下：

实际发放年终奖时：

借：应付职工薪酬　　　　　　　　　　　　　　　　　　　12 000

　　贷：应交税费——应交代扣个人所得税　　　　　　　　　　21

　　　　银行存款　　　　　　　　　　　　　　　　　　　　11 979

☞ **知识链接**

2018年12月18日中华人民共和国国务院令第707号第四次修订的《中华人民共和国个人所得税法实施条例》第十九条规定，个人所得税法第六条第三款所称个人将其所得对教育、扶贫、济困等公益慈善事业进行捐赠，是指个人将其所得通过中国境内的公益性社会组织、国家机关向教育、扶贫、济困等公益慈善事业的捐赠；所称应纳税所得额，是指计算扣除捐赠额之前的应纳税所得额。

2. 境外缴纳税额抵免的计税方法

纳税人从中国境外取得的所得，准予其在应纳税额中扣除已在境外缴纳的个人所得税税额。但扣除额不得超过该纳税义务人境外所得依我国税法规定计算的应纳税额。

1）个人所得税境外所得能计算的限额采用的是"分国又分项"计算的方法，不同于企业所得税的分国不分项。

2）境外个人所得税的抵免，采用"分国不分项"抵免。

【例4-23】江女士2×19年取得新加坡一家公司支付的劳务报酬金额10 000元（折合成人民币），被扣缴个人所得税1 000元；在新加坡出版一部小说，获得稿酬20 000元，被扣缴个人所得税2 000元。同月还从美国取得利息收入1 000元，被扣缴个人所得税300元；提供咨询劳务，获得报酬20 000元，被扣缴个人所得税1 500元。经核查，境外完税凭证无误。计算其境外所得在我国境内应补缴的个人所得税。

【解析】在新加坡的所得计算：

①来自新加坡的综合所得按我国税法计算应纳税额＝（10 000+20 000－5 000）×20%－1 410＝3 590（元）。

在美国的所得计算：

①来自美国的偶然所得按我国税法计算应纳税额＝20 000×20%＝4 000（元）。

②来自美国的利息收入按我国税法计算应纳税额＝1 000×20%＝200（元）。

我国个人所得税的抵免限额采用分国分项限额抵免法。

境外已纳税额>抵免限额：不退国外多交税款；

境外已纳税额<抵免限额：补交差额部分税额。

抵免限额的计算如表4-15所示。

第四章 个人所得税计算与缴纳

表 4-15 抵免限额计算表

国别	所得项目	境外已纳税额	计算限额（分国又分项）	抵免限额（分国不分项加总）
新加坡	综合所得	30 000	3 590	3 590
美国	利息 1 000	300	200	4 200
	偶然所得 20 000	1 500	4 000	

3. 对从事建筑安装业个人取得所得的征税办法

1）凡建筑安装业各项工程作业实行承包经营，对承包人取得的所得，分两种情况处理：① 对经营成果归承包人个人所有的所得，或按合同（协议）规定，将一部分经营成果留归承包人个人的所得，按对"企事业单位的承包经营、承租经营所得"项目征税；② 对承包人以其他方式取得的所得，按"工资、薪金所得"项目征税。

2）从事建筑安装业的个体工商户和未领取营业执照承揽建筑安装业工程作业的建筑安装队和个人，以及建筑安装企业实行个人承包后，工商登记改变为个体经济性质的，其从事建筑安装业取得的收入按照"个体工商户的生产、经营所得"项目计征个人所得税。

3）对从事建筑安装业工程作业的其他人员取得的所得，分别按照"工资、薪金所得"项目和"劳务报酬所得"项目计征个人所得税。

4. 对从事广告业个人取得所得计税办法

1）纳税人在广告设计、制作、发布过程中提供名义、形象而取得的所得（偶然的、临时性的），应按"劳务报酬所得"项目计算纳税。

2）纳税人在广告设计、制作、发布过程中提供其他劳务取得的所得，视其情况分别按照税法规定的"劳务报酬所得""稿酬所得""特许权使用费所得"等应税项目计算纳税。

3）扣缴义务人的本单位人员在广告设计、制作、发布过程中取得的由本单位支付的所得，按"工资、薪金所得"项目计算纳税。

5. 对演出市场个人取得所得的计税办法

演职员参加非任职单位组织的演出取得的报酬，应按"劳务报酬所得"项目，按次计算纳税。演职员参加任职单位组织的演出取得的报酬，应按"工资、薪金所得"项目，按月计算纳税。

【例4-24】演员王某参加商业演出，一次性获得表演收入 50 000 元，范某应缴纳个人所得税的税额是多少？

【解析】演职员参加非任职单位组织的演出取得的报酬，应按"劳务报酬所得"项目按此计算纳税。因此王某应纳税所得额 = 50 000 ×（1 - 20%）= 40 000（元），适用税率为 30%，速算扣除数为 2 000 元。应纳税额 = 40 000 × 30% - 2 000 = 10 000（元）。

6. 个人股票期权所得的计税办法

企业员工股票期权（以下简称股票期权）是指上市公司按照规定的程序授予本公司及其控股企业员工的一项权利，该权利允许被授权员工在未来时间内以某一特定价格购买本公司一定数量的股票。

1）对于股票期权的涉税情况如图4-2所示。

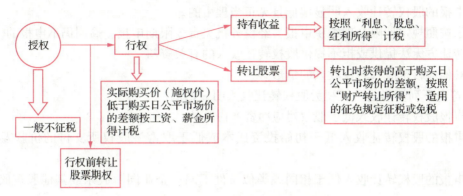

图4-2 取得不可公开交易的股票期权

2）关于应纳税额的计算。员工因参加股票期权计划而从中国境内取得的所得，应按工资薪金所得计算纳税的，对该股票期权形式的工资薪金所得可区别于所在月份的其他工资薪金所得，单独按下列公式计算当月应纳税款：

应纳税额=（股票期权形式的工资、薪金应纳税所得额÷规定月份数×适用税率-
　　　　　速算扣除数）×规定月份数

式中，规定月份数是指员工取得来源于中国境内的股票期权形式工资薪金所得的境内工作期间月份数，长于12个月的，按12个月计算；适用税率和速算扣除数，以股票期权形式的工资薪金应纳税所得额除以规定月份数后的商数，对照税率表确定（注：规定月份数是指施权日—行权日，算头算尾，且小于等于12个月）。

【例4-25】中国公民王某为A上市公司高级职员，2013年调入A公司。2016年12月31日被授予100 000股的股票期权，授予价为每股2元。2018年8月31日，王某以每股2元的价格购买A公司股票100 000股，当日市价为每股10元。2018年9月10日，王某以每股11元的价格将100 000股股票全部卖出（王某当期各月工资均已超过税法规定的扣除标准）。计算王某应缴纳的个人所得税。

【解析】2016年12月31日授予股票期权时不缴纳个人所得税。
2018年8月31日，王某行权时应纳税所得额：
股票期权形式的工资薪金应纳税所得额=（10-2）×100 000=800 000（元）
应纳税额=（股票期权形式的工资薪金应纳税所得额/规定月份数×适用税率-速算扣除数）×规定月份数=（800 000÷12×35%-5 505）×12≈213 940（元）
（注：个人行权后的境内上市公司股票再行转让取得的所得，暂不征收个人所得税。）

7. 股权转让所得个人所得税管理办法

按"财产转让所得"缴纳个人所得税，以股权转让方为纳税人，以受让方为扣缴义务人，于股权转让相关协议签订后5个工作日内报主管税务机关。应纳税所得额的计算公式为

应纳税所得额=股权转让收入-股权原值-合理费用

股权转让收入包括违约金、补偿金以及其他名目的款项、资产、权益等。纳税人按照合同约定，在满足约定条件后取得的后续收入，应当作为股权转让收入。

1）主管税务机关可以核定股权转让收入的情形：
① 申报的股权转让收入明显偏低且无正当理由的。
② 未按照规定期限办理纳税申报，经税务机关责令限期申报，逾期仍不申报的。
③ 转让方无法提供或拒不提供股权转让收入的有关资料。
④ 其他应核定股权转让收入的情形。

2）符合下列情形之一，视为股权转让收入明显偏低：
① 申报股权转让收入低于股权对应净资产份额的。
② 申报的股权转让收入低于初始投资成本或低于取得该股权所支付的价款及相关税费的。
③ 申报的股权转让收入低于相同或类似条件下同一企业同一股东或其他股东股权转让收入的。
④ 申报的股权转让收入低于相同或类似条件下同类行业的企业股权转让收入的。
⑤ 不具合理性的无偿让渡股权或股份。
⑥ 主管税务机关认定的其他情形。

8. 纳税人收回转让股权征收个人所得税方法

1）股权转让合同履行完毕、股权已作变更登记，且所得已经实现的，转让人取得的股权转让收入应当依法缴纳个人所得税。转让行为结束后，当事人双方签订并执行解除原股权转让合同、退回股权的协议，是另一次股权转让行为，对前次转让行为征收的个人所得税款不予退回。

2）股权转让合同未履行完毕，因执行仲裁委员会作出的解除股权转让合同及补充协议的裁决、停止执行原股权转让合同，并原价收回已转让股权的，由于其股权转让行为尚未完成、收入未完全实现，随着股权转让关系的解除，股权收益不复存在，纳税人不应缴纳个人所得税。

9. 个人转让限售股征收个人所得税方法

1）自 2010 年 1 月 1 日起，个人转让限售股取得所得，按照"财产转让所得"，适用 20% 的比例税率征收个人所得税。计算公式为

$$应纳税所得额 = 限售股转让收入 - （限售股原值 + 合理税费）$$
$$应纳税额 = 应纳税所得额 \times 20\%$$

2）如果纳税人未能提供完整、真实的限售股原值凭证，不能准确计算限售股原值，主管税务机关一律按限售股转让收入的 15% 核定限售股原值及合理税费。

3）纳税人同时持有限售股及该股流通股的，其股票转让所得，按照限售股优先原则，即转让股票视同为先转让限售股，按规定计算缴纳个人所得税。

10. 个人取得拍卖收入征收个人所得税的计算方法

对个人财产拍卖所得征收个人所得税时，以该项财产最终拍卖成交价格为其转让收入额。

如表 4-16 所示，个人财产拍卖所得适用"财产转让所得"项目计算应纳税所得额时，纳税人凭合法有效凭证（税务机关监制的正式发票、相关境外交易单据或海关报关单据、完税证明等），从其转让收入额中减除相应的财产原值、拍卖财产过程中缴纳的税金及有关合理费用。

第五节　个人所得税应纳税额的计算

表 4-16　个人拍卖收入征收个人所得税政策

拍卖物品	适用税目	应纳税所得额	税率
作者将自己的文字作品手稿原件或复印件拍卖	"特许权使用费所得"	转让收入额减除 800 元或者 20% 后的余额	20%（2019 年 1 月 1 日后并入综合所得征税）
作者将他人的文字作品手稿原件或复印件拍卖	"财产转让所得"	转让收入额减除财产原值和合理费用后的余额	20%
个人拍卖除文字作品原稿及复印件外的其他财产	"财产转让所得"	转让收入额减除财产原值和合理费用后的余额	20%

纳税人不能提供合法、完整、准确的财产原值凭证，不能正确计算财产原值的，按转让收入额的 3% 征收率计算缴纳个人所得税；拍卖品为经文物部门认定是海外回流文物的，按转让收入额的 2% 征收率计算缴纳个人所得税。

纳税人的财产原值凭证内容填写不规范，或者一份财产原值凭证包括多件拍卖品且无法确认每件拍卖品一一对应的原值的，不得将其作为扣除财产原值的计算依据，应视为不能提供合法、完整、准确的财产原值凭证，并按规定的征收率计算缴纳个人所得税。

纳税人虽然能够提供合法、完整、准确的财产原值凭证，但不能提供有关税费凭证的，不得按征收率计算纳税，应当就财产原值凭证上注明的金额据实扣除，并按照税法规定计算缴纳个人所得税。

个人财产拍卖所得应纳的个人所得税税款，应由拍卖单位负责代扣代缴，并按规定向拍卖单位所在地主管税务机关办理纳税申报。

【例 4-26】某市居民王某 2018 年委托某拍卖行拍卖其 2010 年以 201 000 元价格从民间购买的一件瓷器，最终拍卖取得的收入是 601 000 元，王某无法提供购买瓷器的原值凭证。另外，王某 2018 年从国外购回几件明朝时期藏品，已经文物部门认定为海外回流文物。近日，他委托某拍卖行以 1 001 000 元的价格拍卖了其中一件，所提供财产原值凭证上的原值是几件拍卖品原值的合计数。

【解析】王某需要按转让收入额的 3% 缴纳个人所得税：

$$601\ 000 \times 3\% = 18\ 030\ (元)$$

王某从国外购回的明朝藏品，所获取的拍卖所得要按转让收入额的 2% 计算缴纳个人所得税：

$$1\ 001\ 000 \times 2\% = 20\ 020\ (元)$$

11. 个人无偿受赠房屋产权的个人所得税处理

1）以下情形的房屋产权无偿赠与，对当事双方不征收个人所得税：① 房屋产权所有人将房屋产权无偿赠与配偶、父母、子女、祖父母、外祖父母、孙子女、外孙子女、兄弟姐妹；② 房屋产权所有人将房屋产权无偿赠与对其承担直接抚养或者赡养义务的抚养人或者赡养人；③ 房屋产权所有人死亡，依法取得房屋产权的法定继承人、遗嘱继承人或者受遗赠人。

除上述规定情形以外，房屋产权所有人将房屋产权无偿赠与他人的，受赠人因无偿受赠房屋取得的受赠所得，按照"经国务院财政部门确定征税的其他所得"项目计算缴纳个人所得税，税率为 20%。

2）对受赠人无偿受赠房屋计征个人所得税时，其应纳税所得额为房地产赠与合同上标明的赠与房屋价值减除赠与过程中受赠人支付的相关税费后的余额。赠与合同标明的房屋价值明显低于市场价格或房地产赠与合同未标明赠与房屋价值的，税务机关可依据受赠房屋的市场评估价格或采取其他合理方式确定受赠人的应纳税所得额。

3）受赠人转让受赠房屋的，以其转让受赠房屋的收入减除原捐赠人取得该房屋的实际购置成本以及赠与和转让过程中受赠人支付的相关税费后的余额，为受赠人的应纳税所得额，依法计征个人所得税。受赠人转让受赠房屋价格明显偏低且无正当理由的，税务机关可以依据该房屋的市场评估价格或其他合理方式确定的价格核定其转让收入。

12. 个人投资者收购企业股权后，将企业原盈余积累转增股本个人所得税计税办法

1）新股东以不低于净资产价格收购股权的，企业原盈余积累已全部计入股权交易价格，新股东取得盈余积累转增股本的部分，不征收个人所得税。

【例4—27】A企业的所有者权益情况为：股本（实收资本）1 000万元，资本公积300万元（其中股本溢价200万元），盈余公积300万元，未分配利润400万元，总计2 000万元。张先生出资2 500万元购买A企业100%股权。然后，以盈余积累转增资本。

【解析】A企业原股东：

股权转让应纳个人所得税＝［2 500－（1 000+200）］×20%＝260（万元）。

张先生：张先生取得股权后，转增资本，无须缴纳个人所得税。

2）新股东以低于净资产价格收购股权的，企业原盈余积累中，对于股权收购价格减去原股本的差额部分已经计入股权交易价格，新股东取得盈余积累转增股本的部分，不征收个人所得税。对于股权收购价格低于原所有者权益的差额部分未计入股权交易价格，新股东取得盈余积累转增股本的部分，应按照"利息、股息、红利所得"项目征收个人所得税。

第六节　个人所得税的扣除项目

一、基本减除费用

基本减除费用就是我们常说的个税起征点，又称个税免征额，即在个人综合所得总额中免予征税的数额。它是按照一定标准从个人综合所得总额中预先减除的数额。免征额部分不征税，只对超过免征额的部分征税。例如，个税的免征额为5 000元，当月综合所得总额是5 001元，那么当月的综合所得中的5 000元就免予征收个人所得税，只就超出的1元钱缴税；如果是起征点，则是按照当月所得总额不到5 000元的不用交税，超出5 000元时需要全额缴税，即以5 001元为计税基础缴纳个税。

基本减除费用扣除亦称生计扣除，是指在征收个人所得税时从个人计税收入中予以减除的维持纳税人本人及其家庭成员所需的最低生活费用。生计扣除的多少，主要取决于纳税人及其家庭成员为维持最基本的生活水平所必需的费用。而最基本的生活水平又取决于当时社会生产力发展的状况。这也就是说，各个时期各有其不同的最低生活水平。一般情况下，国家征税不仅不能影响人民的最低生活需要，而且要随着生产力水平的提高和社会的进步，不断地增进人民的福利，提高人民的生活水平。基本减除费用的确定，一方面应当与本国的经

济发展水平相适应；另一方面，则应当体现出税收制度对公平目标的追求。目前，基本减除费用提升至5 000元，是综合考虑到了个人所得税的功能定位、政府的财政需求和纳税人的实际情况等因素。

二、专项扣除

个人所得税专项扣除，是对现行规定允许扣除的"三险一金"（即居民个人按照国家规定的范围和标准缴纳的基本养老保险、基本医疗保险、失业保险和住房公积金）进行归纳后的一个概念。其法定扣除内容并没有发生变化，只是新增一个"专项扣除"的新概念而已。

"三险一金"仅包括基本养老保险费、基本医疗保险费和失业保险费和住房公积金。企事业单位需要按照国家或省（自治区、直辖市）人民政府规定的缴费比例或办法为个人实际缴付的"三险一金"才免税，个人只有按照国家或省（自治区、直辖市）人民政府规定的缴费比例或办法实际缴付的"三险一金"才能在个人所得税前扣除，超标的部分（包括单位和个人）均计入个人当月工资薪金总额缴纳个人所得税。其中需要关注的是，住房公积金的缴费比例最高为12%，缴费基数最高为职工工作地所在设区市上一年度职工月平均工资的3倍。例如，深圳3倍工资最高为25 044元（8 348元×3倍），大连3倍工资最高为20 472元（6 824元×3倍）

三、专项附加扣除

专项附加扣除，是指个人所得税法规定的子女教育、继续教育、大病医疗、住房贷款利息或者住房租金、赡养老人等6项专项附加扣除。专项附加扣除遵循公平合理、利于民生、简便易行的原则。根据教育、医疗、住房、养老等民生支出变化情况，适时调整专项附加扣除范围和标准。下面对各项专项附加扣除进行具体分析和解读。

1. 子女教育支出

子女教育这项专项附加扣除是指纳税人的子女接受全日制学历教育的相关支出，按照每个子女每月1 000元的标准定额扣除。其中全日制学历教育包括义务教育（小学、初中教育）、高中阶段教育（普通高中、中等职业、技工教育）、高等教育（大学专科、大学本科、硕士研究生、博士研究生教育）。对于年满3岁至小学入学前处于学前教育阶段的子女，也属于扣除范围。

扣除办法是父母可以选择由其中一方按扣除标准的100%扣除，也可以选择由双方分别按扣除标准的50%扣除，具体扣除方式在一个纳税年度内不能变更。

【例4-28】小敏生了"二孩"，一个孩子3岁，一个5岁，经过夫妻俩商议，决定全部从小敏这边扣除。小敏每月工资8 000元，那么，小敏该交多少个人所得税呢？

【解析】根据税法规定，小敏符合子女教育专项附加扣除的标准，因此，她需要缴税的部分为

$$5\ 000+1\ 000\times 2=7\ 000（元）$$
$$8\ 000-7\ 000=1\ 000（元）$$

温馨提示：国家推广"二孩"政策，因此家中有两个孩子的纳税人可扣除2份。

2. 继续教育支出

继续教育这项附加扣除包括两种不同的继续教育，一是学历（学位）继续教育；二是

职业资格继续教育以及专业技术人员职业资格继续教育。对于学历（学位）继续教育，扣除标准为每月400元定额扣除，同一项学历（学位）继续教育以48个月即4年为限。

接受本科及以下学历（学位）继续教育，符合规定扣除条件的，可以选择由其父母扣除，也可以选择由本人扣除；接受本科以上学历（学位）继续教育只能由本人按每月400元定额扣除。对于职业资格继续教育以及专业技术人员职业资格继续教育，扣除办法为在取得相关证书的当年，按照3600元定额扣除。

【例4-29】 小元今年参加自学考试，并成功进入了理想的学校，她每月工资6 000元，按照税法规定，她每月需要缴税的部分为

$$5\ 000+400=5\ 400（元）$$
$$6\ 000-5\ 400=600（元）$$

如果小元考取的是会计职称或注册会计师这类的职业资格，她的继续教育专项附加扣除则为取得相关证书的年度，每年3 600元定额扣除。

3. 大病医疗支出

大病医疗这项专项附加扣除是指在一个纳税年度内，纳税人发生的与基本医保相关的医药费用支出，扣除医保报销后个人负担（指医保目录范围内的自付部分）累计超过15 000元的部分，可以由纳税人在办理年度汇算清缴时，在80 000元限额内据实扣除。

纳税人发生的医药费用支出可以选择由本人或者其配偶扣除；未成年子女发生的医药费用支出可以选择由其父母一方扣除。纳税人及其配偶、未成年子女发生的医药费用支出，应当按照规定分别计算扣除额。纳税人应当留存医药服务收费及医保报销相关票据原件（或者复印件）等资料备查。医疗保障部门应当向患者提供在医疗保障信息系统记录的本人年度医药费用信息查询服务。

【例4-30】 小郭和小宋是一对夫妻，两人同时有符合条件的大病医疗支出，夫妻俩可以选择上述的大病医疗支出在双方各自扣除，夫妻两人各自按扣除限额80 000元为限据实扣除；或者选择均在男方扣除，但是选择均在男方扣除时，男方的大病医疗支出的最高扣除限额仍为80 000元。

扣除的时期是在次年3月1日至6月30日汇算清缴时扣除。小郭的父亲也发生了大病医疗支出，但是该项支出目前并未纳入大病医疗专项扣除的范围之中。也就是说目前未将纳税人的父母纳入大病医疗扣除范围。但是如果是小郭和小宋的未成年子女发生了大病医疗支出是可以选择由父母一方扣除。

4. 住房贷款利息

住房贷款利息专项附加扣除是指纳税人本人或者配偶单独或者共同使用商业银行或者住房公积金个人住房贷款为本人或者其配偶购买中国境内住房，发生的首套住房贷款利息支出，在实际发生贷款利息的年度，按照每月1 000元的标准定额扣除，扣除期限最长不超过240个月。纳税人只能享受一次首套住房贷款的利息扣除。上述首套住房贷款是指购买住房享受首套住房贷款利率的住房贷款。

经夫妻双方约定，可以选择由其中一方扣除，具体扣除方式在一个纳税年度内不能变更。夫妻双方婚前分别购买住房发生的首套住房贷款，其贷款利息支出，婚后可以选择其中一套购买的住房，由购买方按扣除标准的100%扣除，也可以由夫妻双方对各自购买的住房分别按扣除标准的50%扣除，具体扣除方式在一个纳税年度内不能变更。

第七节 个人所得税的税收优惠

【例4-31】小齐今年和妻子使用住房公积金购买了他们的第一套房子,可以享受到住房贷款利息专项附加扣除,经过夫妻二人的商议,决定由小齐一方扣除。

【解析】小齐一个月收入7 000元,那么按照《办法》规定,小齐每月需纳税部分为

5 000+1 000=6 000(元)

7 000-6 000=1 000(元)

5. 住房租金

住房租金专项附加扣除是指纳税人在主要工作城市没有自有住房而发生的住房租金支出,可以按照以下标准定额扣除:①直辖市、省会(首府)城市、计划单列市以及国务院确定的其他城市,扣除标准为每月1 500元;②除第一项所列城市以外,市辖区户籍人口超过100万的城市,扣除标准为每月1 100元;市辖区户籍人口不超过100万的城市,扣除标准为每月800元。市辖区户籍人口,以国家统计局公布的数据为准。纳税人的配偶在纳税人的主要工作城市有自有住房的,视同纳税人在主要工作城市有自有住房,那么在该城市再发生的住房租金不能享受住房租金专项附加扣除。

以石家庄市为例,纳税人在石家庄郊县有房,在石家庄市区工作,视为当地有房,不可以扣除租金。如果夫妻双方主要工作城市相同,只能由一方扣除住房租金支出;如果夫妻双方主要工作城市不同,则可以由双方各自扣除。住房租金支出由签订租赁住房合同的承租人扣除。纳税人应当留存住房租赁合同、协议等有关资料备查。

【例4-32】李小姐每月的工资为8 000元,目前正在长沙租房,那么住房租金专项附加扣除如何操作?

【解析】8 000元-5 000元(起征点)-1 000元(三险一金)-1 200元(住房租金)=800元,那么李小姐实际需要纳税的金额为800元。如果住房租金没有用于抵扣个税,那么李小姐需要纳税的金额为2 000元。

6. 赡养老人支出

赡养老人这项专项附加扣除是指纳税人赡养一位及以上被赡养人的赡养支出,统一按照以下标准定额扣除:①纳税人为独生子女的,按照每月2 000元的标准定额扣除;②纳税人为非独生子女的,由其与兄弟姐妹分摊每月2 000元的扣除额度,每人分摊的额度不能超过每月1 000元。可以由赡养人均摊或者约定分摊,也可以由被赡养人指定分摊。约定或者指定分摊的须签订书面分摊协议,指定分摊优先于约定分摊。具体分摊方式和额度在一个纳税年度内不能变更。上述所称的被赡养人是指年满60岁的父母,以及子女均已去世的年满60岁的祖父母、外祖父母。

【例4-33】小成是独生子女,家里的老人年龄都超过了60岁,他每月收入9 000元,可享受到赡养老人专项附加扣除,那么她每月需纳税部分为多少元?

【解析】5 000+2 000=7 000(元);

9 000-7 000=2 000(元)。

【小贴士】

夫妻二人都为独生子女且符合扣除标准的,则夫妻二人可分别扣除相关支出;如非独生子女,则应与兄弟姐妹分摊扣除额度。

第七节 个人所得税的税收优惠

一、免征项目

1）省级人民政府、国务院部委和中国人民解放军军以上单位，以及外国组织、国际组织颁发的科学、教育、技术、文化、卫生、体育、环境保护等方面的奖金。
2）国债和国家发行的金融债券利息。
3）按照国家统一规定发给的补贴、津贴，是指按照国务院规定发给的政府特殊津贴、院士津贴、资深院士津贴和国务院规定免纳个人所得税的补贴、津贴。
4）福利费、抚恤金、救济金。
5）保险赔款。
6）军人的转业安置费、复员费。

二、减税项目

1）残疾、孤老人员和烈属的所得。
2）因严重自然灾害造成重大损失的。
3）其他经国务院财政部门批准减税的。
4）对残疾人个人取得的劳动所得才适用减税规定。
5）减税项目的减征幅度和期限，由省、自治区和直辖市的人民政府规定。

三、暂免征税项目

1）个人举报、协查各种违法、犯罪行为而获得的奖金。
2）个人办理代扣代缴手续，按规定取得的扣缴手续费。
3）个人转让自用达5年以上、并且是唯一的家庭生活用房取得的所得。
4）对个人购买福利彩票、赈灾彩票、体育彩票，一次中奖收入在1万元以下的（含1万元）暂免征收个人所得税，超过1万元的，全额征收个人所得税。
5）生育妇女取得符合规定的生育津贴、生育医疗费或其他属于生育保险性质的津贴、补贴，免征个税。
6）超国民待遇。
7）对内地个人投资者通过沪港通投资香港联交所上市股票取得的转让差价所得，自2014年11月17日起至2017年11月16日止，暂免征收个人所得税；对香港市场投资者（包括企业和个人）投资上交所上市A股取得的转让差价所得，暂免征收所得税。
8）对符合地方政府规定条件的低收入住房保障家庭从地方政府领取的住房租赁补贴，免征个人所得税。
9）为支持鲁甸地震灾后恢复重建工作，自2014年8月3日起至2016年12月31日止，对受灾地区个人接受捐赠的款项、取得的各级政府发放的救灾款项，以及参与抗震救灾的一线人员，按照地方各级人民政府及其部门规定标准取得的与抗震救灾有关的补贴收入，免征个人所得税。

第八节 个人所得税的纳税申报

1）有下列情形之一的，纳税人应当依法办理纳税申报：
① 取得综合所得需要办理汇算清缴。
② 取得应税所得没有扣缴义务人。
③ 取得应税所得，扣缴义务人未扣缴税款。
④ 取得境外所得。
⑤ 因移居境外注销中国户籍。
⑥ 非居民个人在中国境内从两处以上取得工资、薪金所得。
⑦ 国务院规定的其他情形。
2）有扣缴义务人情况下的规定：
① 扣缴义务人应当按照国家规定办理全员全额扣缴申报，并向纳税人提供其个人所得和已扣缴税款等信息。
② 居民个人取得综合所得，按年计算个人所得税；有扣缴义务人的，由扣缴义务人按月或者按次预扣预缴税款；需要办理汇算清缴的，应当在取得所得的次年3月1日至6月30日内办理汇算清缴。预扣预缴办法由国务院税务主管部门制定。
③ 居民个人向扣缴义务人提供专项附加扣除信息的，扣缴义务人按月预扣预缴税款时应当按照规定予以扣除，不得拒绝。
④ 非居民个人取得工资、薪金所得，劳务报酬所得，稿酬所得和特许权使用费所得，有扣缴义务人的，由扣缴义务人按月或者按次代扣代缴税款，不办理汇算清缴。
3）纳税人取得经营所得，按年计算个人所得税，由纳税人在月度或者季度终了后15日内向税务机关报送纳税申报表，并预缴税款；在取得所得的次年3月31日前办理汇算清缴。
4）纳税人取得利息、股息、红利所得，财产租赁所得，财产转让所得和偶然所得，按月或者按次计算个人所得税，有扣缴义务人的，由扣缴义务人按月或者按次代扣代缴税款。
5）纳税人取得应税所得没有扣缴义务人的，应当在取得所得的次月15日内向税务机关报送纳税申报表，并缴纳税款。
6）纳税人取得应税所得，扣缴义务人未扣缴税款的，纳税人应当在取得所得的次年6月30日前，缴纳税款；税务机关通知限期缴纳的，纳税人应当按照期限缴纳税款。
7）居民个人从中国境外取得所得的，应当在取得所得的次年3月1日至6月30日内申报纳税。
8）非居民个人在中国境内从两处以上取得工资、薪金所得的，应当在取得所得的次月15日内申报纳税。
9）纳税人因移居境外注销中国户籍的，应当在注销中国户籍前办理税款清算。
10）扣缴义务人每月或者每次预扣、代扣的税款，应当在次月15日内缴入国库，并向税务机关报送扣缴个人所得税申报表。

11）纳税人办理汇算清缴退税或者扣缴义务人为纳税人办理汇算清缴退税的，税务机关审核后，按照国库管理的有关规定办理退税。

12）公安、人民银行、金融监督管理等相关部门应当协助税务机关确认纳税人的身份、金融账户信息。教育、卫生、医疗保障、民政、人力资源社会保障、住房城乡建设、公安、人民银行、金融监督管理等相关部门应当向税务机关提供纳税人子女教育、继续教育、大病医疗、住房贷款利息、住房租金、赡养老人等专项附加扣除信息。

13）个人转让不动产的，税务机关应当根据不动产登记等相关信息核验应缴的个人所得税，登记机构办理转移登记时，应当查验与该不动产转让相关的个人所得税的完税凭证。个人转让股权办理变更登记的，市场主体登记机关应当查验与该股权交易相关的个人所得税的完税凭证。

14）有关部门依法将纳税人、扣缴义务人遵守本法的情况纳入信用信息系统，并实施联合激励或者惩戒。

15）各项所得的计算，以人民币为单位。所得为人民币以外的货币的，按照人民币汇率中间价折合成人民币缴纳税款。

16）对扣缴义务人按照所扣缴的税款，付给2%的手续费。

17）对储蓄存款利息所得开征、减征、停征个人所得税及其具体办法，由国务院规定，并报全国人民代表大会常务委员会备案。

18）纳税人、扣缴义务人和税务机关及其工作人员违反本法规定的，依照《中华人民共和国税收征收管理法》和有关法律法规的规定追究法律责任。

19）个人所得税的征收管理，依照本法和《中华人民共和国税收征收管理法》的规定执行。

20）个人所得税的纳税申报表的填制

个人所得税的纳税申报表有个人所得税基础信息表（A表）（表4-17）、个人所得税基础信息表（B表）、扣缴个人所得税报告表（表4-18）、特定行业个人所得税年度申报表（表4-19）、个人所得税自行纳税申报表（A表）（表4-20）、个人所得税自行纳税申报表（B表）、生产经营所得个人所得税纳税申报表（A表）（表4-21）、生产经营所得个人所得税纳税申报表（B表）、生产经营所得投资者个人所得税汇总申报表。个人所得税的纳税办法，有自行申报纳税和代扣代缴纳税两种，纳税人取得不同类型的所得适用的纳税申报表不同。

（1）个人所得税基础信息表（A表）适用范围

该表由扣缴义务人填报。适用于扣缴义务人办理全员全额扣缴明细申报时，其支付所得纳税人基础信息的填报。初次申报后，以后月份只需报送基础信息发生变化的纳税人的信息。

（2）扣缴个人所得税报告表适用范围

该表适用于扣缴义务人办理全员全额扣缴个人所得税申报（包括向个人支付应税所得，但低于减除费用、不需扣缴税款情形的申报），以及特定行业职工工资、薪金所得个人所得税的月份申报。

（3）特定行业个人所得税年度申报表适用范围

该表适用于特定行业工资、薪金所得个人所得税的年度申报。

特定行业，指符合《中华人民共和国个人所得税法实施条例》（以下简称条例）第四十条规定的采掘业、远洋运输业、远洋捕捞业以及国务院财政、税务主管部门确定的其他行业。

第八节 个人所得税的纳税申报

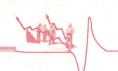

（4）个人所得税自行纳税申报表（A表）适用范围

该表适用于"从中国境内两处或者两处以上取得工资、薪金所得的""取得应纳税所得，没有扣缴义务人的""国务院规定的其他情形"的个人所得税申报。纳税人在办理申报时，须同时附报附件2《个人所得税基础信息表（B表）》。

（5）生产经营所得个人所得税纳税申报表（A表）适用范围

该表适用于查账征收"个体工商户的生产、经营所得"和"对企事业单位的承包经营、承租经营所得"个人所得税的个体工商户、企事业单位承包承租经营者、个人独资企业投资者和合伙企业合伙人的预缴纳税申报，以及实行核定征收的纳税申报。纳税人在办理申报时，须同时附报附件2《个人所得税基础信息表（B表）》。

表 4-17 个人所得税基础信息表（A表）

扣缴义务人名称：

扣缴义务人编码：□□□□□□□□□□

序号	姓名	国籍（地区）	身份证件类型	身份证件号码	是否残疾烈属孤老	雇员		非雇员		股东、投资者		境内无住所个人						境外支付地（国别/地区）	备注
						电话	电子邮箱	联系地址	电话	工作单位	公司股本（投资）总额	个人股本（投资）额	纳税人识别号	来华时间	任职期限	预计离境时间	预计离境地点	境内职务	境外职务	支付地		
1																						
2																						
3																						
4																						
5																						
6																						
7																						
8																						
9																						
10																						
11																						
12																						
13																						
14																						

谨声明：此表是根据《中华人民共和国个人所得税法》及其实施条例和国家相关法律法规定填报的，是真实的、完整的、可靠的。

法定代表人（负责人）签字：　　　　　　　　　　年　月　日

扣缴义务人公章： 经办人：	代理机构（人）签章： 经办人： 经办人执业证件号码：	主管税务机关受理专用章： 受理人：
填表日期： 　年　月　日	代理申报日期： 　年　月　日	受理日期： 　年　月　日

表 4-18 扣缴个人所得税报告表

税款所属期： 年 月 日 至 年 月 日
扣缴义务人名称： 扣缴义务人所属行业：□一般行业 □特定行业月份申报
扣缴义务人编码： 金额单位：人民币元（列至角分）

序号	姓名	身份证件类型	身份证件号码	所得项目	所得期间	收入额	免税所得	税前扣除项目						减除费用	准予扣除的捐赠额	应纳税所得额	税率%	速算扣除数	应纳税额	减免税额	应扣缴税额	已扣缴税额	应补（退）税额	备注
								基本养老保险费	基本医疗保险费	失业保险费	住房公积金	财产原值	允许扣除的税费	其他	合计										
1	2	3	4	5	6	7	8	9	10	11	12	13	14	15	16	17	18	19	20	21	22	23	24	25	26	27
合计																										

谨声明：此扣缴报告表是根据《中华人民共和国个人所得税法》及其实施条例和国家有关税收法律法规规定填写的，是真实的、完整的、可靠的。

法定代表人（负责人）签字： 年 月 日

扣缴义务人公章： 经办人：	代理机构（人）签章： 经办人： 经办人执业证件号码：	主管税务机关受理专用章： 受理人：
填表日期： 年 月 日	代理申报日期： 年 月 日	受理日期： 年 月 日

第八节 个人所得税的纳税申报

表4-19 特定行业个人所得税年度申报表

税款所属期： 年 月 日至 年 月 日
扣缴义务人名称：
扣缴义务人编码：□□□□□□□□□□□□□□□ 金额单位：人民币元（列至角分）

序号	姓名	身份证件类型	身份证件号码	所得项目	所得期间	全年收入额	年免税所得	年税前扣除项目					年减除费用	准予扣除的捐赠额	月平均应纳税所得额	税率%	速算扣除数	月平均应纳税额	年应扣缴税额	减免税额	年预缴税额	应补（退）税额	备注
								基本养老保险费	基本医疗保险费	失业保险费	住房公积金	其他	合计										
1	2	3	4	5	6	7	8	9	10	11	12	13	14	15	16	17	18	19	20	21	22	23	24	25

谨声明：此扣缴报告表是根据《中华人民共和国个人所得税法》及其实施条例和国家有关税收法律法规规定填写的，是真实的、完整的、可靠的。
法定代表人（负责人）签字： 年 月 日

扣缴义务人公章： 经办人：	代理机构（人）签章： 经办人： 经办人执业证件号码：	主管税务机关受理专用章： 受理人：
填表日期： 年 月 日	代理申报日期： 年 月 日	受理日期： 年 月 日

表4-20 个人所得税自行纳税申报表（A表）

税款所属期：自　　年　月　日至　　年　月　日

金额单位：人民币元（列至角分）

姓名	国籍（地区）	身份证件类型	身份证件号码																		
自行申报情形				□从中国境内两处或者两处以上取得工资、薪金所得　　□没有扣缴义务人　　□其他情形																	
任职受雇单位名称	所得期间	所得项目	收入额	免税所得	税前扣除项目							减除费用	准予扣除的捐赠额	应纳税所得额	税率%	速算扣除数	应纳税额	减免税额	已缴税额	应补（退）税额
					基本养老保险费	基本医疗保险费	失业保险费	住房公积金	财产原值	允许扣除的税费	其他	合计									
1	2	3	4	5	6	7	8	9	10	11	12	13	14	15	16	17	18	19	20	21	22

谨声明：此表是根据《中华人民共和国个人所得税法》及其实施条例和国家相关法律法规规定填写的，是真实的、完整的、可靠的。

纳税人签字：　　　　　　　　　　　　年　月　日

代理机构（人）公章： 经办人： 经办人执业证件号码： 代理申报日期：　　年　月　日	主管税务机关受理专用章： 受理人： 受理日期：　　年　月　日

第八节 个人所得税的纳税申报

表 4-21 生产经营所得个人所得税纳税申报表（A 表）

税款所属期： 年 月 日至 年 月 日　　　　　　　　　　　金额单位：人民币元（列至角分）

<table>
<tr><td rowspan="2">投资者信息</td><td>姓名</td><td></td><td>身份证件类型</td><td></td><td>身份证件号码</td><td colspan="2"></td></tr>
<tr><td>国籍（地区）</td><td colspan="2"></td><td>纳税人识别号</td><td colspan="3"></td></tr>
<tr><td rowspan="2">被投资单位信息</td><td>名称</td><td colspan="3"></td><td>纳税人识别号</td><td colspan="2"></td></tr>
<tr><td>征收方式</td><td colspan="3">□查账征收　□核定征收</td><td>类型</td><td colspan="2">□个体工商户　□承包、承租经营者
□个人独资企业　□合伙企业</td></tr>
<tr><td colspan="5">项目</td><td>行次</td><td>金额</td></tr>
<tr><td colspan="5">一、本期收入总额</td><td>1</td><td></td></tr>
<tr><td colspan="5">二、本期成本费用总额</td><td>2</td><td></td></tr>
<tr><td colspan="5">三、本期利润总额</td><td>3</td><td></td></tr>
<tr><td colspan="5">四、分配比例 %</td><td>4</td><td></td></tr>
<tr><td colspan="5">五、应纳税所得额</td><td>5</td><td></td></tr>
<tr><td rowspan="2">查账征收</td><td colspan="4">1. 按本期实际计算的应纳税所得额</td><td>6</td><td></td></tr>
<tr><td colspan="4">2. 上年度应纳税所得额的 1/12 或 1/4</td><td>7</td><td></td></tr>
<tr><td rowspan="2">核定征收</td><td colspan="4">1. 税务机关核定的应税所得率　%</td><td>8</td><td></td></tr>
<tr><td colspan="4">2. 税务机关认可的其他方法确定的应纳税所得额</td><td>9</td><td></td></tr>
<tr><td colspan="5">六、按上述内容换算出的全年应纳税所得额</td><td>10</td><td></td></tr>
<tr><td colspan="5">七、税率　%</td><td>11</td><td></td></tr>
<tr><td colspan="5">八、速算扣除数</td><td>12</td><td></td></tr>
<tr><td colspan="5">九、本期预缴税额</td><td>13</td><td></td></tr>
<tr><td colspan="5">十、减免税额</td><td>14</td><td></td></tr>
<tr><td colspan="5">十一、本期实际应缴税额</td><td>15</td><td></td></tr>
<tr><td colspan="7">谨声明：此表是根据《中华人民共和国个人所得税法》及其实施条例和国家相关法律法规规定填写的，是真实的、完整的、可靠的。
纳税人签字：　　　　　　　年　月　日</td></tr>
<tr><td colspan="4">代理申报机构（人）公章：
经办人：
经办人执业证件号码：</td><td colspan="3">主管税务机关受理专用章：
受理人：</td></tr>
<tr><td colspan="4">代理申报日期：　　年　月　日</td><td colspan="3">受理日期：　　年　月　日</td></tr>
</table>

第五章

企业所得税计算与缴纳

知识目标

1. 了解企业所得税的概念。
2. 掌握纳税人、征税对象、税率、计税依据等课税要素。
3. 掌握企业所得税应纳税额的计算。
4. 熟悉企业所得税的征纳管理。

技能目标

1. 能根据企业发生的经济业务判断企业所得税的征收范围、适用税率。
2. 能根据业务资料正确计算企业所得税应纳税额和涉税会计处理。
3. 能根据业务资料调制企业所得税纳税申报表及税款缴纳书。

第一节 企业所得税概述

知识导图

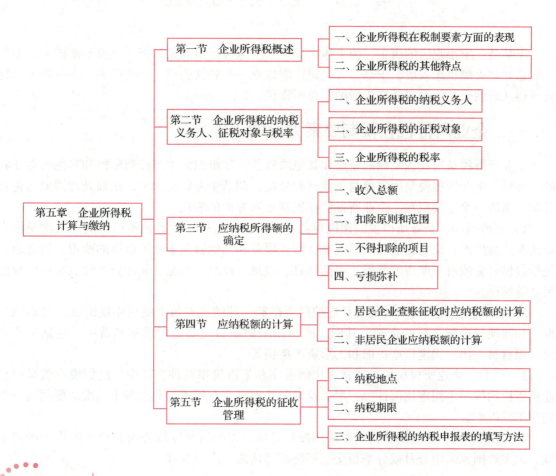

案例导入

李某个人设立了一家美味食品有限责任公司,2018年营业收入11万元;天阳软件公司由三位归国博士创建,属于国家重点扶持的高新技术企业,2018年企业营业收入为3 000万元;深港集团属于国有大型企业,以工程承包、建设为主,2018年企业营业收入为60 000万元。

思考:
1) 以上三家企业是否具有企业所得税纳税人资格?
2) 企业所得税的征税对象有哪些?
3) 以上三家企业各应当适用何种税率?
4) 以上三家企业应纳税额如何计算?

第五章 企业所得税计算与缴纳

第一节 企业所得税概述

王某是一家小吃店的店主,为个体工商户,生意进行得如火如荼,规模不断扩大。李某看生意如此火爆也想入股,于是二人决定注册成立一个餐饮公司。如此而来,小吃店生产经营所得从缴纳个人所得税转变为缴纳企业所得税。

一、企业所得税在税制要素方面的表现

企业所得税是对我国境内的企业和其他取得收入的组织的生产经营所得和其他所得征收的一种税。企业所得税是国家参与企业利润分配,调节企业收益水平,正确处理国家与企业分配关系的一个主要税种。企业所得税在税制要素方面的表现:

1)征税范围。企业所得税的课税对象包括生产经营所得和其他所得。前者通常是指企业从事产品生产、交通运输、商品流通、劳务服务和其他营利事业等取得的所得;后者通常是指提供资金或财产取得的所得,包括利息、股息、红利、租金、转让资产收益和特许权使用费等所得。

2)税基。企业所得税的税基是应纳税所得额,即纳税人每个纳税年度的收入总额减去准予扣除项目金额之后的余额。其中,准予扣除的项目主要是指成本和费用,包括工资支出、原材料支出、固定资产折旧和无形资产摊销等。

3)税率。企业所得税税率通常有比例税率和累进税率两种。其中,比例税率就是对企业所得税均按一个固定比例计税;累进税率就是根据企业所得,分出若干档次从低到高分别使用不同税率。

4)征税方式。企业所得税通常采用按年计征,以公历年度或公司会计年度作为纳税年度。大多数国家采用分月或分季预交,年终汇算清缴,多退少补。

二、企业所得税的其他特点

企业所得税除了在税制要素的内容上与其他税制不同以外,还具有以下特点:

1)企业所得税征收范围广。在中华人民共和国境内,企业和其他取得收入的组织都是企业所得税的纳税人,都要依照税法的规定缴纳企业所得税。因此,企业所得税具有征收上的广泛性。

2)企业所得税税负公平。企业所得税对企业,不分所有制,不分地区、行业,实行统一的比例税率。在普通征收的基础上,能使各类企业税负较为公平。由于企业所得税是对企业的经营净收入亦成为经营所得征收的,企业一般都具有所得税的承受能力,而且企业所得税的负担水平与纳税人所得多少直接关联,即"所得多的多征,所得少的少征,无所得的不征",因此,企业所得税是能够较好体现公平税负和税收中性的一个良性税种。

3)企业所得税税法对税基的约束力强。所得税的计税依据应纳税所得额的计算涉及纳税人财务会计核算的各个方面,与企业会计核算关系密切。为了保护税基,企业所得税法有关规定明确收入总额、扣除项目金额的明确以及资产的税务处理等内容,使应纳税所得额的

计算相对独立于企业的会计核算，体现了税法的强制性与统一性。

4）企业所得税纳税人与负税人一致。企业所得税属于终端税种，纳税人缴纳的所得税一般不易转嫁，而由纳税人自己负担，这是一种直接税。

第二节　企业所得税的纳税义务人、征税对象与税率

一、企业所得税的纳税义务人

企业所得税的纳税义务人，是指在中华人民共和国境内的企业和其他取得收入的组织。《企业所得税法》第一条规定："在中华人民共和国境内，企业和其他取得收入的组织（以下统称企业）为企业所得税的纳税人，依照本法的规定缴纳企业所得税。"

企业所得税的纳税人分为居民企业和非居民企业，这是基于不同企业承担的纳税义务的不同所进行的分类。把企业分为居民企业和非居民企业，是为了更好地保障我国税收管辖权的有效行使和避免双重课税。税收管辖权是一国政府在征税方面的主权，是国家主权的重要组成部分。根据国际上的通行做法，我国选择了地域管辖权和居民管辖权的双重管辖权标准，最大限度地维护了我国的税收利益。

1. 居民企业

居民企业是指依法在中国境内成立，或者依照外国（地区）法律成立但实际管理机构在中国境内的企业。这里的企业包括国有企业、集体企业、私营企业、联营企业、股份制企业，外商投资企业、外国企业以及有生产、经营所得和其他所得的其他组织。

其中，有生产、经营所得和其他所得的其他组织，是指经国家有关部门批准，依法注册、登记的事业单位、社会团体等组织。

实际管理机构，是指对企业的生产经营、人员、账务、财产等实施实质性全面管理和控制的机构。

2. 非居民企业

非居民企业是指依照外国（地区）法律成立且实际管理机构不在中国境内，但在中国境内设立机构、场所，或者在中国境内未设立机构、场所，但有来源于中国境内所得的企业。

这些所称机构、场所，是指在中国境内从事生产经营活动的机构、场所，包括以下几种情况：①管理机构、营业机构、办事机构；②工厂、农场、开采自然资源的场所；③提供劳务的场所；④从事建筑、安装、装配、修理、勘探等工程作业的场所；⑤其他从事生产经营活动的机构、场所。此外，非居民企业委托营业代理人在中国境内从事生产经营活动的，包括委托单位或者个人经常代其签订合同，或者储存、交付货物等，该营业代理人被视为非居民企业在中国境内设立的机构、场所。

二、企业所得税的征税对象

企业所得税的征税对象是指企业取得的生产经营所得、其他所得和清算所得。

1. 居民企业的征税对象

居民企业应就来源于中国境内、境外的所得作为征税对象。所得，包括销售货物所得、提供劳务所得、转让财产所得、股息红利等权益性投资所得、利息所得、租金所得、特许权使用费所得、接受捐赠所得和其他所得等。

2. 非居民企业的征税对象

非居民企业在中国境内设立机构、场所的，应当就其所设机构、场所取得的来源于中国境内的所得，以及发生在中国境外但与其所设机构、场所有实际联系的所得，缴纳企业所得税。非居民企业在中国境内未设立机构、场所，或者虽设立机构、场所，但取得的所得与其所设机构、场所没有实际联系的，应当就其来源于中国境内的所得缴纳企业所得税。所谓实际联系，是指非居民企业在中国境内设立的机构、场所拥有的据以取得所得的股权、债权，以及拥有、管理、控制据以取得所得的财产。

3. 所得来源地的确定

来源于中国境内、境外的所得，按照表5-1中的原则确定其来源地。

表5-1 所得来源地的确定

序号	所得类型	所得来源地的确定
1	销售货物所得	按照交易活动发生地确定
2	提供劳务所得	按照劳务发生地确定
3	不动产转让所得	按照不动产所在地确定
4	动产转让所得	按照转让动产的企业或者机构、场所所在地确定
5	权益性投资资产转让所得	按照被投资企业所在地确定
6	股息、红利等权益性投资所得	按照分配所得的企业所在地确定
7	利息所得、租金所得、特许权使用费所得	按照负担、支付所得的企业或者机构、场所所在地确定，或者按照负担、支付所得的个人的住所地确定
8	其他所得	由国务院财政、税务主管部门确定

【例5-1】（多选题）下列关于来源地的确定说法，正确的有（　　）。

A. 销售货物所得按照交易活动发生地确定
B. 提供劳务所得按照报酬支付地确定
C. 权益性投资资产转让所得按照被投资企业所在地确定
D. 特许权使用费所得按负担、支付所得的企业所在地确定
E. 不动产转让所得按照转让不动产的企业或者机构、场所所在地确定

【答案】ACD。劳务所得按劳务发生地确定，不动产转让所得按不动产所在地确定。

三、企业所得税的税率

企业所得税税率是体现国家与企业分配关系的核心要素。税率设计的原则是兼顾国家、企业、职工个人三者利益，既要保证国家财政收入的稳定增长，又要使企业在发展生产、经营方面有一定的财力保证；既要考虑到企业的实际情况和负担能力，又要维护税率的统一。

我国企业所得税实行比例税率。比例税率简便易行，透明度高，不会因征税而改变企

间收入分配比例，有利于促进效率的提高。企业所得税税率如表 5-2 所示。

表 5-2　企业所得税税率

项目	内容
基本税率	基本税率为 25%。适用于居民企业和在中国境内设有机构、场所且所得与机构、场所有关联的非居民企业
低税率	低税率为 20%。适用于在中国境内未设立机构、场所，或者虽设立机构、场所但取得的所得与其所设机构、场所没有实际联系的非居民企业。这类所得税一般称为"预提所得税"，实际征收时减按 10% 的税率
优惠税率	国家需要重点扶持的高新技术企业，减按 15% 的税率征收企业所得税
	符合条件的小型微利企业减按 20% 的税率征收企业所得税

第三节　应纳税所得额的确定

应纳税所得额是企业所得税的计税依据，按照《企业所得税法》的规定，应纳税所得额为企业每一个纳税年度的收入总额，减除不征税收入、免税收入、各项扣除以及允许弥补的以前年度亏损后的余额。基本公式为

应纳税所得额=收入总额-不征税收入-免税收入-各项扣除-以前年度亏损

上述方法为按照企业所得税法的规定计算的方法，一般称为直接法。但是实际工作中多采用间接法，即在会计利润的基础上通过纳税调整得到应纳税所得额。基本公式为

应纳税所得额=会计利润总额+纳税调整增加额-纳税调整减少额-弥补以前年度亏损

企业应纳税所得额的计算，除特殊规定外，以权责发生制为原则，即属于当期的收入和费用，不论款项是否收付，均作为当期的收入和费用；不属于当期的收入和费用，即使款项已经在当期收付，也不作为当期的收入和费用。

一、收入总额

企业的收入总额包括以货币形式和非货币形式从各种来源取得的收入。

企业以货币形式取得的收入，包括现金、存款、应收账款、应收票据、准备持有至到期的债券投资以及债务的豁免等；企业以非货币形式取得的收入，包括固定资产、生物资产、无形资产、股权投资、存货、不准备持有至到期的债券投资、劳务及有关权益等，非货币形式收入应当按照公允价值确定收入额，公允价值是指按照市场价格确定的价值。

1. 一般收入

按照企业所得税法及其实施条例规定，企业所得税的收入总额由一般销售收入和视同销售收入构成。其中，一般收入包括销售货物收入、提供劳务收入、转让财产收入、股息、红利等权益性投资收益、利息收入、租金收入、特许权使用费收入、接受捐赠收入、其他收入等。一般收入的形式、含义及确认时间如表 5-3 所示。

表 5-3　一般收入的形式、含义和确认时间

形式	含义	确认时间
销售货物收入	企业销售商品、产品、原材料、包装物、低值易耗品以及其他存货取得的收入	（1）销售商品采用托收承付方式的，在办妥托收手续时确认收入 （2）销售商品采取预收款方式的，在发出商品时确认收入 （3）销售商品需要安装和检验的，在购买方接受商品以及安装和检验完毕时确认收入。如果安装程序比较简单，可在发出商品时确认收入 （4）销售商品采用支付手续费方式委托代销的，在收到代销清单时确认收入 （5）以分期收款方式销售货物的，按照合同约定的收款日期确认收入的实现
提供劳务收入	企业从事建筑安装、修理修配、交通运输、仓储租赁、金融保险、邮电通信、咨询经纪、文化体育、科学研究、技术服务、教育培训、餐饮住宿、中介代理、卫生保健、社区服务、旅游、娱乐、加工以及其他劳务服务活动取得的收入	（1）安装费。应根据安装完工进度确认收入。安装工作是商品销售附带条件的，安装费在确认商品销售实现时确认收入 （2）宣传媒介的收费。应在相关的广告或商业行为出现于公众面前时确认收入。广告的制作费，应根据制作广告的完工进度确认收入 （3）软件费。为特定客户开发软件的收费，应根据开发的完工进度确认收入 （4）服务费。包含在商品售价内可区分的服务费，在提供服务的期间分期确认收入 （5）艺术表演、招待宴会和其他特殊活动的收费。在相关活动发生时确认收入。收费涉及几项活动的，预收的款项应合理分配给每项活动，分别确认收入 （6）会员费。申请入会或加入会员，只允许取得会籍，所有其他服务或商品都要另行收费的，在取得该会员费时确认收入。申请入会或加入会员后，会员在会员期内不再付费就可得到各种服务或商品，或者以低于非会员的价格销售商品或提供服务，该会员费应在整个受益期内分期确认收入 （7）特许权费。属于提供设备和其他有形资产的特许权费，在交付资产或转移资产所有权时确认收入；属于提供初始及后续服务的特许权费，在提供服务时确认收入 （8）劳务费。长期为客户提供重复的劳务收取的劳务费，在相关劳务活动发生时确认收入
转让财产收入	企业转让固定资产、生物资产、无形资产、股权、债权等财产取得的收入	除另有规定外，均一次性确认收入
股息、红利等权益性投资收益	企业因权益性投资从被投资方取得的收入	除国务院财政、税务主管部门另有规定外，应以被投资企业股东会或股东大会作出利润分配或转股决定的日期，确认收入的实现
利息收入	企业将资金提供他人使用但不构成权益性投资，或者因他人占用本企业资金取得的收入，包括存款利息、贷款利息、债券利息、欠款利息等收入	按照合同约定的债务人应付利息的日期确认收入的实现

续表

形式	含义	确认时间
租金收入	企业提供固定资产、包装物或者其他有形资产的使用权取得的收入	按照合同约定的承租人应付租金的日期确认收入的实现。如果交易合同或协议中规定租赁期限跨年度，且租金提前一次性支付的，根据收入与费用配比原则，出租人可对上述已确认的收入，在租赁期内，分期均匀计入相关年度收入
特许权使用费收入	企业提供专利权、非专利技术、商标权、著作权以及其他特许权的使用权取得的收入	按照合同约定的特许权使用人应付特许权使用费的日期确认收入的实现
接受捐赠收入	企业接受的来自其他企业、组织或者个人无偿给予的货币性资产、非货币性资产	按照实际收到捐赠资产的日期确认收入的实现
其他收入	企业取得的除上述收入外的其他收入，包括企业资产溢余收入、逾期未退包装物押金收入、确实无法偿付的应付款项、已作坏账损失处理后又收回的应收款项、债务重组收入、补贴收入、违约金收入、汇兑收益等	除另有规定外，均一次性确认收入

企业销售商品同时满足下列条件的，应确认收入的实现：①商品销售合同已经签订，企业已将商品所有权相关的主要风险和报酬转移给购货方；②企业对已售出的商品既没有保留通常与所有权相联系的继续管理权，也没有实施有效控制；③收入的金额能够可靠地计量；④已发生或将发生的销售方的成本能够可靠地核算。

企业在各个纳税期末，提供劳务交易的结果能够可靠估计的，应采用完工进度法（完工百分比法）确认提供劳务收入。提供劳务交易的结果能够可靠估计，是指同时满足下列条件：①收入的金额能够可靠地计量；②交易的完工进度能够可靠地确定；③交易中已发生和将发生的成本能够可靠地核算。

企业提供劳务完工进度的确定，可选用下列方法：①已完工作的测量；②已提供劳务占劳务总量的比例；③发生成本占总成本的比例。企业应按照从接受劳务方已收或应收的合同或协议价款确定劳务收入总额，根据纳税期末提供劳务收入总额乘以完工进度扣除以前纳税年度累计已确认提供劳务收入后的金额，确认为当期劳务收入。同时，按照提供劳务估计总成本乘以完工进度扣除以前纳税期间累计已确认劳务成本后的金额，结转为当期劳务成本。

企业受托加工制造大型机械设备、船舶、飞机，以及从事建筑、安装、装配工程业务或者提供其他劳务等，持续时间超过12个月的，按照纳税年度内完工进度或者完成的工作量确认收入的实现。

采取产品分成方式取得收入的，按照企业分得产品的日期确认收入的实现。

2. 视同销售收入

1) 企业发生非货币性资产交换,以及将货物、财产、劳务用于捐赠、偿债、赞助、集资、广告、样品、职工福利或者利润分配等用途的,应当视同销售货物、转让财产或者提供劳务,但国务院财政、税务主管部门另有规定的除外。

2) 企业将资产移送他人的下列情形,因资产所有权属已发生改变而不属于内部处置资产,应按规定视同销售确定收入:①用于市场推广或销售;②用于交际应酬;③用于职工奖励或福利;④用于股息分配;⑤用于对外捐赠;⑥其他改变资产所有权属的用途。企业发生上述视同销售情形时,应按照资产的公允价值确认销售收入。

企业以"买一赠一"等方式组合销售本企业商品的,不属于捐赠,应将总的销售金额按各项商品的公允价值的比例来分摊确认销售收入。

3) 企业发生下列情形的处置资产,除将资产转移至境外以外,由于资产所有权属在形式和实质上均不发生改变,可作为内部处置资产,不视同销售确认收入,相关资产的计税基础延续计算:①将资产用于生产、制造、加工另一产品;②改变资产形状、结构或性能;③改变资产用途(如自建商品房转为自用或经营);④将资产在总机构及其分支机构之间转移;⑤上述两种或两种以上情形的混合;⑥其他不改变资产所有权属的用途。

【例5-2】(多选题)根据企业所得税的相关规定,下列情况属于内部处置资产的有( )。

A. 将资产用于市场推广　　B. 将资产用于对外赠送
C. 将资产用于职工奖励　　D. 将自建商品房转为自用
E. 将资产用于生产、制造、加工另一商品

【答案】DE。内部处置资产:①将资产用于生产、制造、加工另一产品;②改变资产形状、结构或性能;③改变资产用途(如自建商品房转为自用或经营);④将资产在总机构及其分支机构之间转移;⑤上述两种或两种以上情形的混合;⑥其他不改变资产所有权属的用途。

视同销售:①用于市场推广或销售;②用于交际应酬;③用于职工奖励或福利;④用于股息分配;⑤用于对外捐赠;⑥其他改变资产所有权属的用途。

【例5-3】2018年5月,新鹏公司给职工发放自制饮料作为福利,饮料的成本为40万元,同期对外销售价格为50万元。根据企业所得税相关规定,该公司发放上述福利应确认的收入是多少万元?

【答案】应确认的收入为50万元。

二、扣除原则和范围

(一) 税前扣除的原则

税前扣除的原则如表5-4所示。

第三节 应纳税所得额的确定

表 5-4 税前扣除的原则

合法性原则	企业申报的扣除项目和金额要符合国家税法的规定，若其他法规规定与税收法规规定不一致，应以税收法规的规定为标准
真实性原则	企业申报的扣除项目和金额要真实，能提供有关支出确属已经发生的证明
合理性原则	企业申报的扣除项目和金额应该符合生产经营活动常规，属于企业生产经营中必要的和正常的支出
相关性原则	企业申报扣除的项目从性质上和根源上必须与取得应税收入直接相关
区分收益性支出和资本性支出原则	收益性支出在发生当期直接扣除；资本性支出应当分期扣除或者计入有关资产的成本，不得在发生当期直接扣除。

（二）税前扣除项目的范围

《企业所得税法》规定，企业实际发生的与取得收入有关的、合理的支出，包括成本、费用、税金、损失和其他支出，准予在计算应纳税所得额时扣除。具体如表 5-5 所示。

表 5-5 税前扣除的范围

项目	内容
成本	企业在生产经营活动中发生的销售成本、销货成本、业务支出以及其他耗费，即企业销售商品（产品、材料、下脚料、废料、废旧物资等）、提供劳务、转让固定资产、无形资产（包括技术转让）的成本
费用	企业每一个纳税年度为生产、经营商品和提供劳务等所发生的销售（经营）费用、管理费用和财务费用，已经计入成本的有关费用除外
税金及附加	企业发生的除企业所得税和允许抵扣的增值税以外的企业缴纳的各项税金及其附加，即企业按规定缴纳的消费税、城市维护建设税、关税、资源税、土地增值税、房产税、车船税、城镇土地使用税、印花税、教育费附加等税金及附加
损失	企业在生产经营活动中发生的固定资产和存货的盘亏、毁损、报废损失，转让财产损失，坏账损失，自然灾害等不可抗力因素造成的损失以及其他损失
其他支出	除成本、费用、税金及附加、损失外，企业在生产经营活动中发生的与生产经营活动有关的、合理的支出

（三）税前扣除的标准

1. 工资、薪金支出

企业发生的合理的工资、薪金支出准予据实扣除。工资薪金，是指企业每一纳税年度支付给在本企业任职或者受雇的员工的所有现金形式或者非现金形式的劳动报酬，包括基本工资、奖金、津贴、补贴、年终加薪、加班工资，以及与员工任职或者受雇有关的其他支出。

> **提示**
> 1）企业因雇用季节工、临时工、实习生、返聘离退休人员及接受外部劳务派遣用工，也属于企业任职或者受雇员工范畴——区分工资薪金与福利费：属于工资薪金支出，准予计入企业工资薪金总额的基数，作为计算其他各项相关费用扣除的依据。
> 2）实际发放的工资薪金总和，不包括企业负担的职工福利费、职工教育经费、工会经费，以及养老保险费、医疗保险费、失业保险费、工伤保险费、生育保险费等社会保险费和住房公积金。

【例5-4】甲企业2016年发生如下支出：①职工工资200万元；②年终奖金30万元；③劳动补贴40万元；④职工福利费100万元；⑤财务费用50万元；⑥广告费用100万元。试计算甲企业2016年发生的允许税前扣除的工资、薪金支出总额。

正确答案：甲企业2016年发生的上述支出中，属于工资、薪金的支出包括①②③项，因此，该企业2016年发生的允许税前扣除的工资、薪金支出总额＝200+30+40＝270（万元）。

2. 职工福利费、工会经费、职工教育经费

企业发生的职工福利费、工会经费、职工教育经费按标准扣除，未超过标准的按实际数扣除，超过标准的只能按标准扣除。

1）企业发生的职工福利费支出，不超过工资薪金总额14%的部分准予扣除。

2）企业拨缴的工会经费，根据工会经费拨缴款专用收据在不超过工资薪金总额2%的部分准予扣除。

3）除国务院财政、税务主管部门另有规定外，企业发生的职工教育经费支出，不超过工资薪金总额8%的部分准予扣除，超过部分准予结转以后纳税年度扣除。

> **提示**
> 企业职工福利费开支项目，如供暖费补贴、职工防暑降温费、职工困难补贴、职工食堂经费补贴、职工交通补贴等。

【例5-5】甲公司2017年度企业所得税汇算清缴时，工资薪金总额为2 000万元，其中包含实际发生职工福利费支出400万元。试计算该企业允许税前扣除的职工福利费金额。

【解析】

1）该企业2018年发生的允许税前扣除的工资、薪金支出总额＝2 000－400＝1 600（万元）。

2）准予扣除的职工福利费支出限额为＝1 600×14%＝224（万元）。

3）由于企业实际发生支出400万元，超过限额标准176万元（400－224），则甲企业2017年允许税前扣除的职工福利费金额为224万元。

3. 社会保险费

1）企业依照国务院有关主管部门或者省级人民政府规定的范围和标准为职工缴纳的"五险一金"，即基本养老保险费、基本医疗保险费、失业保险费、工伤保险费、生育保险费等基本社会保险费和住房公积金，准予扣除。

2）企业为投资者或者职工支付的补充养老保险费、补充医疗保险费，符合国务院财政、税务主管部门规定的，准予扣除。

3）企业参加财产保险，按照规定缴纳的保险费，准予扣除。

☞ 提示

企业依照国家有关规定为特殊工种职工支付的人身安全保险费和符合国务院财政、税务主管部门规定可以扣除的商业保险费准予扣除。企业为投资者或者职工支付的商业保险费，不得扣除。

4. 利息费用

1）非金融企业向金融企业借款的利息支出、金融企业的各项存款利息支出和同业拆借利息支出、企业经批准发行债券的利息支出：可据实扣除。

2）非金融企业向非金融企业借款的利息支出：不超过按照金融企业同期同类贷款利率计算的数额的部分可据实扣除，超过部分不许扣除。

【例5-6】某居民企业2018年发生财务费用40万元，其中含向非金融企业借款250万元所支付的年利息20万元（当年金融企业贷款的年利率为5.8%）。计算税前可扣除的利息费用金额。

【解析】利息税前扣除额=250×5.8%=14.5（万元）。

5. 借款费用

1）企业在生产经营活动中发生的合理的不需要资本化的借款费用，准予扣除。

2）企业为购置、建造固定资产、无形资产和经过12个月以上的建造才能达到预定可销售状态的存货发生借款的，作为资本性支出计入有关资产的成本；有关资产交付使用后发生的借款利息，可在发生当期扣除。

【例5-7】某企业2019年4月1日向银行借款500万元用于建造厂房，借款期限1年，当年向银行支付了3个季度的借款利息22.5万元，该厂房于10月31日竣工并投入使用，11月20日结算。计算当年税前可扣除的利息费用。

【解析】税前可扣除的利息费用=22.5÷9×2=5（万元）。

如果企业将22.5万元全部计入财务费用：纳税调增资本化利息17.5万元（4~10月利息）；纳税调减折旧费（17.5万元资本化的利息，增加固定资产对应的4~10月折旧费）。

6. 汇兑损失

企业在货币交易中，以及纳税年度终了时将人民币以外的货币性资产、负债按照期末即期人民币汇率中间价折算为人民币时产生的汇兑损失，准予扣除；已经计入有关资产成本、与向所有者进行利润分配相关的部分，不得扣除。

7. 业务招待费

企业发生的与生产经营活动有关的业务招待费支出，按照发生额的60%扣除，但最高不得超过当年销售（营业）收入的5‰。

☞ 提示

1）销售收入主要包括：销售货物收入、劳务收入、利息收入、租金收入、特许权使用费收入、视同销售收入等。与业务招待费、广告费税前扣除限额的依据相同。

2）企业筹建期间，与筹办有关的业务招待费支出，按实际发生额的60%计入筹办费，按规定税前扣除。

【例5-8】纳税人销售收入2 000万元，业务招待费扣除最高限额10万元（2 000×

5‰)。两种情况：

1）假设实际发生业务招待费40万元：40×60%＝24万元；税前可扣除10万元；纳税调整额为30万元（40-10）。

2）假设实际发生业务招待费15万元，则15×60%＝9（万元），即税前可扣除9万元；纳税调整额为6万元（15-9）。

【例5-9】下列各项中，能作为业务招待费税前扣除限额计提依据的是（　　）。
A．转让无形资产所有权的收入　　　B．接受捐赠的收入
C．转让无形资产使用权的收入　　　D．出售固定资产的收入
【答案】C。A、B、D选项会计上计入营业外收入。

8. 广告费和业务宣传费

企业发生的符合条件的广告费和业务宣传费支出，除国务院财政、税务主管部门另有规定外，不超过当年销售（营业）收入15%的部分，准予扣除；超过部分，准予结转以后纳税年度扣除。

☞ 提示

1）存在特殊情况：化妆品制造与销售、医药制造、饮料制造（不含酒类制造）行业限额比率为30%。

2）企业筹建期间，发生的广告费、业务宣传费，按实际发生额计入筹办费，按规定税前扣除。

【例5-10】某食品生产企业2017年销售收入4 000万元，广告费发生扣除最高限额4 000×15%＝600（万元）。

1）广告费发生700万元：税前可扣除600万元，纳税调整100万元。

2）广告费发生500万元：税前可扣除500万元，纳税调整0。

【例5-11】某制药厂2018年销售收入3 000万元，特许权使用费收入200万元，营业外收入150万元。广告费支出1 000万元，业务宣传费40万元。计算应纳税所得额调整额。

【解析】广告费和业务宣传费扣除标准＝（3 000+200）×30%＝960（万元）。

广告费和业务宣传费实际发生额为1 040万元（1 000+40），超标准80万元（1 040-960），调增所得额80万元。

9. 环境保护专项资金

企业依照法律、行政法规有关规定提取的用于环境保护、生态恢复等方面的专项资金准予扣除；上述专项资金提取后改变用途的，不得扣除。

10. 保险费

企业参加财产保险，按照规定缴纳的保险费，准予扣除。

11. 租赁费

企业以经营租赁方式租入固定资产发生的租赁费支出，按照租赁期限均匀扣除。

12. 劳动保护费

企业发生的合理的劳动保护支出，准予扣除。

13. 公益性捐赠支出

公益性捐赠，是指企业通过公益性社会团体、公益性群众团体或者县级（含县级）以

上人民政府及其部门,用于《中华人民共和国公益事业捐赠法》规定的公益事业的捐赠。

企业发生的公益性捐赠支出,不超过年度利润总额12%的部分,准予扣除。超过部分准予结转以后三个纳税年度内扣除。

【例5-12】某制药公司为增值税一般纳税人,2018年主营业务收入5 500万元,其他业务收入400万元,营业外收入300万元,主营业务成本2 800万元,其他业务成本300万元,营业外支出210万元,税金及附加420万元,管理费用550万元,销售费用900万元,财务费用180万元,投资收益120万元。

其中,营业外支出包括通过县级政府向贫困地区捐赠120万元。试计算上述业务应调整的应纳税所得额。

【解析】
1)会计利润=5 500+400+300-2 800-300-210-420-550-900-180=840(万元)。
2)公益捐赠扣除限额=840×12%=100.8(万元)。
3)调增应纳税所得额=120-100.8=19.2(万元)。

14. 有关资产的费用

企业转让各类固定资产发生的费用,允许扣除。企业按规定计算的固定资产折旧费、无形资产和递延资产的摊销费,准予扣除。

15. 总机构分摊的费用

非居民企业在中国境内设立的机构、场所,就其中国境外总机构发生的与该机构、场所生产经营有关的费用,能够提供总机构出具的费用汇集范围、定额、分配依据和方法等证明文件,并合理分摊的,准予扣除。

16. 资产损失

1)企业当期发生的固定资产和流动资产盘亏、毁损净损失,由其提供清查盘存资料经主管税务机关审核后,准予扣除。
2)企业因存货盘亏、毁损、报废等原因不得从销项税金中抵扣的进项税金,应视同企业财产损失,准予与存货损失一起在所得税前按规定扣除。

【例5-13】某企业2018年发生意外事故,损失库存外购原材料32.79万元,取得保险公司赔款8万元。计算所得税前扣除的损失数额。

【解析】税前扣除的损失=32.79+32.79×17%-8=30.36(万元)

17. 其他项目

依照有关法律、行政法规和国家有关税法规定准予扣除的其他项目,如会员费、合理的会议费、差旅费、违约金、诉讼费用、手续费及佣金支出等。

三、不得扣除的项目

在计算应纳税所得额时,下列支出不得扣除:
1)向投资者支付的股息、红利等权益性投资收益款项。
2)企业所得税税款。
3)税收滞纳金,指纳税人违反税收法规,被税务机关处以的滞纳金。
4)罚金、罚款和被没收财物的损失。它是指纳税人违反国家有关法律、法规规定,被有关部门处以的罚款,以及被司法机关处以的罚金和被没收财物。

5）不符合扣除条件的捐赠支出。具体包括：非公益性捐赠支出、直接向受赠人捐赠的支出、超过扣除限额且超出结转年限的公益性捐赠支出。

6）赞助支出。它是指企业发生的与生产经营活动无关的各种非广告性质支出。

7）未经核定的准备金支出。它是指不符合国务院财政、税务主管部门规定的各项资产减值准备、风险准备等准备金支出。

8）企业之间支付的管理费、企业内营业机构之间支付的租金和特许权使用费，以及非银行企业内营业机构之间支付的利息。

9）与取得收入无关的其他支出。

【例5-14】朝阳集团因销售的货物在设计上存在一定程度的缺陷，按合同约定需要支付给购买方罚款4.5万元。请问该罚款是否可以在税前扣除。

【解析】可以在税前扣除，因为它是正常经济交往过程中支付的非行政性的罚款。

四、亏损弥补

亏损是指企业依照《企业所得税法》及其实施条例的规定，将每一纳税年度的收入总额减除不征税收入、免税收入和各项扣除后小于零的数额。

税法规定，企业某一纳税年度发生的亏损可以用下一年度的所得弥补，下一年度的所得不足以弥补的，可以逐年延续弥补，但最长不得超过5年。企业在汇总计算缴纳企业所得税时，其境外营业机构的亏损不得抵减境内营业机构的盈利。

企业筹办期间不计算为亏损年度，企业从事生产经营之前进行筹办活动期间发生筹办费用支出，不得计算为当期的亏损，企业可以在开始经营之日的当年一次性扣除，也可以按照新税法有关长期待摊费用的处理规定处理，但一经选定，不得改变。

【例5-15】乐美公司2011—2017年所得情况如表5-6所示。

表5-6 乐美公司2011—2017年所得情况

年度	2011	2012	2013	2014	2015	2016	2017
应税所得额/万元	-520	-170	110	120	135	135	200

请问：该公司的亏损如何弥补？

【解析】2011年的亏损，可以用2012—2016年的所得进行弥补，因为2012年出现亏损，所以从2013年开始，到2016年共能弥补500万元（110+120+135+135），剩下20万因为超过5年弥补期，所以不能再弥补。2012年的亏损应该用2013—2017年的所得进行弥补，因为2013—2016年的所得已经全部弥补了2011年的亏损，所以2012年亏损只可以用2017年的所得进行弥补，则剩下的所得30万元（200-170）按照规定缴纳企业所得税。

第四节　应纳税额的计算

一、居民企业查账征收时应纳税额的计算

居民企业应缴纳所得税额的计算公式为

应纳税额＝应纳税所得额×适用税率－减免税额－抵免税额

式中，应纳税所得额作为企业所得税的计税依据，是正确计算应纳企业所得税税额的关键因素。在实际过程中，应纳税所得额的计算一般有两种方法。

（一）直接计算法

在直接计算法下，企业每一纳税年度的收入总额减除不征税收入、免税收入、各项扣除以及允许弥补的以前年度亏损后的余额为应纳税所得额。计算公式与前述相同，即

应纳税所得额＝收入总额－不征税收入－免税收入－各项扣除金额－弥补亏损

（二）间接计算法

在间接计算法下，在会计利润总额的基础上加或减按照税法规定调整的项目金额后，即为应纳税所得额。现行企业所得税年度纳税申报表采取该方法。计算公式为

应纳税所得额＝会计利润总额＋纳税调整增加金额－纳税调整减少金额－弥补以前年度亏损

纳税调整项目金额包括两方面的内容：①企业财务会计制度规定的项目范围与税收法规规定的项目范围不一致应予以调整的金额。比如，国债利息收入，会计上作为投资收益计入利润总额，企业所得税里属于免税收入。因此，需要在会计利润总额的基础上纳税调整减少。②企业财务会计制度规定的扣除标准与税法规定的扣除标准不一致应予以调整的金额，比如业务招待费支出，会计上按照实际发生数在利润之前扣除，企业所得税中最多允许扣除实际发生数的60%，且不得超过当期销售收入的5‰。因此，需要在会计利润总额的基础上纳税调整增加。

【例5-16】恒阳科技企业为居民企业，2018年发生经营业务如下：

1）取得产品销售收入3 000万元。
2）发生产品销售成本1 500万元。
3）发生销售费用650万元（其中广告费550万元），管理费用450万元（其中业务招待费22万元，新技术开发费用38万元），财务费用55万元。
4）销售税金150万元（含增值税110万元）。
5）营业外收入70万元，营业外支出50万元（含通过公益性社会团体向贫困山区捐款45万元，支付税收滞纳金2万元）。
6）计入成本、费用中的实发工资总额150万元、拨缴职工工会经费4万元、发生职工福利费30万元、发生职工教育经费5万元。

要求：计算该企业2018年度实际应纳的企业所得税。

【解析】
1）会计利润总额＝3 000＋70－1 500－650－450－55－（150－110）－50＝325（万元）。

2）广告费应调增所得额=550-3 000×15%=550-450=100（万元）。

3）3000×5‰=15（万元），15万元>13.2万元。22×60%=13.2（万元）。

业务招待费应调增所得额=22-22×60%=22-13.2=8.8（万元）。

4）新技术开发费用应调减所得额=38×50%=19（万元）。

5）捐赠支出应调增所得额=45-325×12%=6（万元）。

6）工会经费应调增所得额=4-150×2%=1（万元）。

7）职工福利费应调增所得额=30-150×14%=9（万元）。

8）职工教育经费，无需调增。5-150×8%=-7（万元）。

9）应纳税所得额=325+100+8.8-19+6+1+9+2=432.8（万元）

10）2018年应缴企业所得税=432.8×25%=108.2（万元）。

【例5-17】某工业企业2018年资产总额是2800万元，从业人数80人，全年经营业务如下：

1）取得销售收入3 000万元（其中发生销售折让500万元），销售成本1 343万元。

2）发生销售费用670万元（其中广告费420万元，三新技术开发费用100万元）；管理费用400万元（其中业务招待费15万元）；财务费用60万元（其中现金折扣20万元）。

3）销售税金160万元（含增值税120万元）。

4）营业外收入70万元，营业外支出50万元（含通过公益性社会团体向贫困山区捐款10万元，支付税收滞纳金6万元）。

5）计入成本、费用中的实发工资总额150万元、拨缴职工工会经费3万元、支出职工福利费和职工教育经费29万元。

要求：计算该企业2018年应缴纳的企业所得税。

【解析】

销售收入=3 000-500=2 500（万元）。

广告费调增所得额=420-2 500×15%=420-375=45（万元）。

三新技术开发费用加计扣除=100×50%=50（万元）。

业务招待费：

2 500×5‰=12.5（万元），15×60%=9（万元），12.5万元>9万元。

业务招待费调增所得额=15-15×60%=15-9=6（万元）

会计利润总额=2 500+70-1 343-670-400-60-（160-120）-50=7（万元）

捐赠支出扣除的限额=7×12%=0.84（万元）

税收滞纳金不可以税前扣除，因此营业外支出调增额=10-0.84+6=15.16（万元）。

职工工会经费扣除限额=150×2%=3（万元），实际发生3万元，因此不用纳税调整，职工福利费和职工教育经费扣除限额为150×（14%+8%）=33（万元），因此无需调增。

应纳税所得额=7+45-50+6+15.16=23.16（万元）；因为该企业为工业企业，2018年资产总额是2 800万元，从业人数80人，应纳税所得额小于50万元，符合小型微利企业的标准，应缴企业所得税=23.16×20%=4.632（万元）。

二、非居民企业应纳税额的计算

对于在中国境内未设立机构、场所，或者虽设立机构、场所但取得的所得与其所设机构、场所没有实际联系的非居民企业的所得,按照下列方法计算应纳税所得额。

1)股息、红利等权益性投资收益和利息、租金、特许权使用费所得,以收入全额为应纳税所得额。"营改增"试点的非居民企业,取得上述规定的相关所得,在计算缴纳企业所得税时,应以不含增值税的收入全额作为应纳税所得额。

2)转让财产所得,以收入全额减除财产净值后的余额为应纳税所得额。财产净值是指财产的计税基础减除已经按照规定扣除的折旧、折耗、摊销、准备金等后的余额。

其他所得,参照前两项规定的方法计算应纳税所得额。

扣缴义务人在每次向非居民企业支付或者到期应支付所得时,应从支付或者到期应支付的款项中扣缴企业所得税。到期应支付的款项,是指支付人按照权责发生制原则应当计入相关成本、费用的应付款项。

扣缴企业所得税应纳税额计算公式为

扣缴企业所得税应纳税额=应纳税所得额×实际征收率

应纳税所得额的计算,按上述1)和2)项的规定为标准;实际征收率是指《企业所得税法》及其实施条例等相关法律、法规规定的税率,或者税收协定规定的更低的税率。

【例5-18】2018年10月,天力公司向一非居民企业(在中国境内未设立机构、场所)支付利息23万元、特许权使用费20万元、财产价款60万元(该财产的净值为25万元),假定上述数据均不包含增值税。该公司应扣缴企业所得税多少万元?

【解析】该公司应扣缴企业所得税=(23+20+60-25)×10%=7.8(万元)。

第五节 企业所得税的征收管理

一、纳税地点

1)除税收法律、行政法规另有规定外,居民企业以企业登记注册地为纳税地点。但登记注册地在境外的,以实际管理机构所在地为纳税地点。企业注册登记地是指企业依照国家有关规定登记注册的住所地。

2)居民企业在中国境内设立不具有法人资格的营业机构的,应当汇总计算并缴纳企业所得税。企业汇总计算并缴纳企业所得税时,应当统一核算应纳税所得额,具体办法由国务院财政、税务主管部门另行制定。

3)非居民企业在中国境内设立机构、场所的,应当就其所设机构、场所取得的来源于中国境内的所得,以及发生在中国境外但与其所设机构、场所有实际联系的所得,以机构、场所所在地为纳税地点。非居民企业在中国境内设立两个或者两个以上机构、场所的,经税务机关审核批准,可以选择由其主要机构、场所汇总缴纳企业所得税。

4)非居民企业在中国境内未设立机构、场所,或者虽设立机构、场所但取得的所得与其所设机构、场所没有实际联系的,以扣缴义务人所在地为纳税地点。

5)除国务院另有规定外,企业之间不得合并缴纳企业所得税。

二、纳税期限

企业所得税按年计征，分月或者分季预缴，年终汇算清缴，多退少补。

企业所得税的纳税年度是自公历1月1日起至12月31日止。企业在一个纳税年度的中间开业，或者由于合并、关闭等原因终止经营活动，使该纳税年度的实际经营期不足12个月的，应当以其实际经营期为一个纳税年度。企业清算时，应当以清算期间作为一个纳税年度。

按月或按季预缴的，应当自月份或者季度终了之日起15日内，向税务机关报送预缴企业所得税纳税申报表，预缴税款。

正常情况下，企业自年度终了之日起5个月内，向税务机关报送年度企业所得税纳税申报表，并汇算清缴，结清应缴应退税款。企业在年度中间终止经营活动的，应当自实际经营终止之日起60日内，向税务机关办理当期企业所得税汇算清缴。企业清算的，应当自清算结束之日起15日内，向主管税务机关报送企业所得税纳税申报表，并结清税款。企业在报送企业所得税纳税申报表时，应当按照规定附送财务会计报告和其他有关资料。

依照《企业所得税法》缴纳的企业所得税，以人民币计算。所得以人民币以外的货币计算的，应当折合成人民币计算并缴纳税款。

三、企业所得税的纳税申报表的填写方法

1.《企业基础信息表》（A000000）

本表为必填表，主要反映纳税人的基本信息，包括纳税人基本信息、主要会计政策、股东结构和对外投资情况等。纳税人填报申报表时，首先填报此表，为后续申报提供指引。

2.《中华人民共和国企业所得税年度纳税申报表（A类）》（A100000）

本表为必填表，是纳税人计算申报缴纳企业所得税的主表。

3.《一般企业收入明细表》（A101010）

本表适用于除金融企业、事业单位和民间非营利组织外的企业填报，反映一般企业按照国家统一会计制度规定取得收入情况。

4.《金融企业收入明细表》（A101020）

本表仅适用于金融企业（包括商业银行、保险公司、证券公司等金融企业）填报，反映金融企业按照企业会计准则规定取得收入情况。

5.《一般企业成本支出明细表》（A102010）

本表适用于除金融企业、事业单位和民间非营利组织外的企业填报，反映一般企业按照国家统一会计制度的规定发生成本费用支出情况。

6.《金融企业支出明细表》（A102020）

本表仅适用于金融企业（包括商业银行、保险公司、证券公司等金融企业）填报，反映金融企业按照企业会计准则规定发生成本支出情况。

7.《事业单位、民间非营利组织收入、支出明细表》（A103000）

本表适用于事业单位和民间非营利组织填报，反映事业单位、社会团体、民办非企业单位、非营利性组织等按照有关会计制度规定取得收入、发生成本费用支出情况。

第五节 企业所得税的征收管理

8. 《期间费用明细表》（A104000）

本表由纳税人根据国家统一会计制度规定，填报期间费用明细项目。

9. 《纳税调整项目明细表》（A105000）

本表填报纳税人财务、会计处理办法（以下简称会计处理）与税收法律、行政法规的规定（以下简称税法规定）不一致，需要进行纳税调整的项目和金额。

10. 《视同销售和房地产开发企业特定业务纳税调整明细表》（A105010）

本表填报纳税人发生视同销售行为、房地产企业销售未完工产品、未完工产品转完工产品特定业务，会计处理与税法规定不一致，需要进行纳税调整的项目和金额。

11. 《未按权责发生制确认收入纳税调整明细表》（A105020）

本表填报纳税人发生会计上按照权责发生制确认收入，而税法规定不按照权责发生制确认收入，需要按照税法规定进行纳税调整的项目和金额。

12. 《投资收益纳税调整明细表》（A105030）

本表填报纳税人发生投资收益，会计处理与税法规定不一致，需要进行纳税调整的项目和金额。

13. 《专项用途财政性资金纳税调整明细表》（A105040）

本表填报纳税人发生符合不征税收入条件的专项用途财政性资金，会计处理与税法规定不一致，需要进行纳税调整的金额。

14. 《职工薪酬纳税调整明细表》（A105050）

本表填报纳税人发生的职工薪酬（包括工资薪金、职工福利费、职工教育经费、工会经费、各类基本社会保障性缴款、住房公积金、补充养老保险、补充医疗保险等支出），会计处理与税法规定不一致，需要进行纳税调整的项目和金额。

15. 《广告费和业务宣传费跨年度纳税调整明细表》（A105060）

本表填报纳税人本年发生的广告费和业务宣传费支出，会计处理与税法规定不一致，需要进行纳税调整的金额。

16. 《捐赠支出纳税调整明细表》（A105070）

本表填报纳税人发生捐赠支出，会计处理与税法规定不一致，需要进行纳税调整的项目和金额。

17. 《资产折旧、摊销情况及纳税调整明细表》（A105080）

本表填报纳税人资产折旧、摊销情况及会计处理与税法规定不一致，需要进行纳税调整的项目和金额。

18. 《固定资产加速折旧、扣除明细表》（A105081）

本表填报纳税人符合《财政部 国家税务总局关于完善固定资产加速折旧税收政策有关问题的通知》（财税〔2014〕75号）规定，2014年及以后年度新增固定资产加速折旧及允许一次性计入当期成本费用税前扣除的项目和金额。

19. 《资产损失税前扣除及纳税调整明细表》（A105090）

本表填报纳税人发生资产损失，以及由于会计处理与税法规定不一致，需要进行纳税调整的项目和金额。

20. 《资产损失（专项申报）税前扣除及纳税调整明细表》（A105091）

本表填报纳税人发生的货币资产、非货币资产、投资、其他资产损失，以及由于会计处理与税法规定不一致，需要进行纳税调整的项目和金额。

21.《企业重组纳税调整明细表》（A105100）

本表填报纳税人发生企业重组所涉及的所得或损失，会计处理与税法规定不一致，需要进行纳税调整的项目和金额。

22.《政策性搬迁纳税调整明细表》（A105110）

本表填报纳税人发生政策性搬迁所涉及的所得或损失，由于会计处理与税法规定不一致，需要进行纳税调整的项目和金额。

23.《特殊行业准备金纳税调整明细表》（A105120）

本表填报保险公司、证券行业等特殊行业纳税人发生特殊行业准备金，会计处理与税法规定不一致，需要进行纳税调整的项目和金额。

24.《企业所得税弥补亏损明细表》（A106000）

本表填报纳税人以前年度发生的亏损，需要在本年度结转弥补的金额，本年度可弥补的金额以及可继续结转以后年度弥补的亏损额。

25.《免税、减计收入及加计扣除优惠明细表》（A107010）

本表填报纳税人本年度所享受免税收入、减计收入、加计扣除等优惠的项目和金额。

26.《符合条件的居民企业之间的股息、红利等权益性投资收益优惠明细表》（A107011）

本表填报纳税人本年度享受居民企业之间的股息、红利等权益性投资收益免税项目和金额。

27.《综合利用资源生产产品取得的收入优惠明细表》（A107012）

本表填报纳税人本年度发生的综合利用资源生产产品取得的收入减计收入的项目和金额。

28.《金融、保险等机构取得的涉农利息、保费收入优惠明细表》（A107013）

本表填报纳税人本年度发生的金融、保险等机构取得的涉农利息、保费收入减计收入项目和金额。

29.《研发费用加计扣除优惠明细表》（A107014）

本表填报纳税人本年度享受研发费加计扣除情况和金额。

30.《所得减免优惠明细表》（A107020）

本表填报纳税人本年度享受减免所得额（包括农、林、牧、渔项目和国家重点扶持的公共基础设施项目、环境保护、节能节水项目以及符合条件的技术转让项目等）的项目和金额。

31.《抵扣应纳税所得额明细表》（A107030）

本表填报纳税人本年度享受创业投资企业抵扣应纳税所得额优惠金额。

32.《减免所得税优惠明细表》（A107040）

本表填报纳税人本年度享受减免所得税（包括小微企业、高新技术企业、民族自治地方企业、其他专项优惠等）的项目和金额。

33.《高新技术企业优惠情况及明细表》（A107041）

本表填报纳税人本年度享受高新技术企业优惠的情况和金额。

第五节　企业所得税的征收管理

34.《软件、集成电路企业优惠情况及明细表》（A107042）

本表填报纳税人本年度享受软件、集成电路企业优惠的情况和金额。

35.《税额抵免优惠明细表》（A107050）

本表填报纳税人本年度享受购买专用设备投资额抵免税额情况和金额。

36.《境外所得税收抵免明细表》（A108000）

本表填报纳税人本年度来源于或发生于不同国家、地区的所得，按照我国税法规定计算应缴纳和应抵免的企业所得税额。

37.《境外所得纳税调整后所得明细表》（A108010）

本表填报纳税人本年度来源于或发生于不同国家、地区的所得，按照我国税法规定计算调整后的所得。

38.《境外分支机构弥补亏损明细表》（A108020）

本表填报纳税人境外分支机构本年度及以前年度发生的税前尚未弥补的非实际亏损额和实际亏损额、结转以后年度弥补的非实际亏损额和实际亏损额。

39.《跨年度结转抵免境外所得税明细表》（A108030）

本表填报纳税人本年度发生的来源于不同国家或地区的境外所得按照我国税收法律、法规的规定可以抵免的所得税额。

40.《跨地区经营汇总纳税企业年度分摊企业所得税明细表》（A109000）

本表填报跨地区经营汇总纳税企业总机构，按规定计算总分机构每一纳税年度应缴的企业所得税，总、分机构应分摊的企业所得税。

41.《企业所得税汇总纳税分支机构所得税分配表》（A109010）

本表填报总机构所属年度实际应纳所得税额以及所属分支机构在所属年度应分摊的所得税额。

本节重点介绍中华人民共和国企业所得税年度纳税申报表（A类）的填报方法（表5-7）。

表5-7　A100000 中华人民共和国企业所得税年度纳税申报表（A类）

行次	类别	项目	金额
1	利润总额计算	一、营业收入（填写A101010\101020\103000）	
2		减：营业成本（填写A102010\102020\103000）	
3		减：税金及附加	
4		减：销售费用（填写A104000）	
5		减：管理费用（填写A104000）	
6		减：财务费用（填写A104000）	
7		减：资产减值损失	
8		加：公允价值变动收益	
9		加：投资收益	
10		二、营业利润（1-2-3-4-5-6-7+8+9）	
11		加：营业外收入（填写A101010\101020\103000）	
12		减：营业外支出（填写A102010\102020\103000）	
13		三、利润总额（10+11-12）	

续表

行次	类别	项 目	金 额
14	应纳税所得额计算	减：境外所得（填写A108010）	
15		加：纳税调整增加额（填写A105000）	
16		减：纳税调整减少额（填写A105000）	
17		减：免税、减计收入及加计扣除（填写A107010）	
18		加：境外应税所得抵减境内亏损（填写A108000）	
19		四、纳税调整后所得（13-14+15-16-17+18）	
20		减：所得减免（填写A107020）	
21		减：弥补以前年度亏损（填写A106000）	
22		减：抵扣应纳税所得额（填写A107030）	
23		五、应纳税所得额（19-20-21-22）	
24	应纳税额计算	税率（25%）	
25		六、应纳所得税额（23×24）	
26		减：减免所得税额（填写A107040）	
27		减：抵免所得税额（填写A107050）	
28		七、应纳税额（25-26-27）	
29		加：境外所得应纳所得税额（填写A108000）	
30		减：境外所得抵免所得税额（填写A108000）	
31		八、实际应纳所得税额（28+29-30）	
32		减：本年累计实际已缴纳的所得税额	
33		九、本年应补（退）所得税额（31-32）	
34		其中：总机构分摊本年应补（退）所得税额（填写A109000）	
35		财政集中分配本年应补（退）所得税额（填写A109000）	
36		总机构主体生产经营部门分摊本年应补（退）所得税额（填写A109000）	

填报说明：第1~13行参照企业会计准则利润表的说明编写。

1）第1行"营业收入"：填报纳税人主要经营业务和其他经营业务取得的收入总额。本行根据"主营业务收入"和"其他业务收入"的数额填报。一般企业纳税人通过《一般企业收入明细表》（A101010）填报；金融企业纳税人通过《金融企业收入明细表》（A101020）填报；事业单位、社会团体、民办非企业单位、非营利组织等纳税人通过《事业单位、民间非营利组织收入、支出明细表》（A103000）填报。

2）第2行"营业成本"项目：填报纳税人主要经营业务和其他经营业务发生的成本总额。本行根据"主营业务成本"和"其他业务成本"的数额填报。一般企业纳税人通过《一般企业成本支出明细表》（A102010）填报；金融企业纳税人通过《金融企业支出明细表》（A102020）填报；事业单位、社会团体、民办非企业单位、非营利组织等纳税人，通过《事业单位、民间非营利组织收入、支出明细表》（A103000）填报。

3）第3行"税金及附加"：填报纳税人经营活动发生的营业税、消费税、城市维护建设税、资源税、土地增值税和教育费附加等相关税费。本行根据纳税人相关会计科目填报。

纳税人在其他会计科目核算的本行不得重复填报。

4) 第4行"销售费用"：填报纳税人在销售商品和材料、提供劳务的过程中发生的各种费用。本行通过《期间费用明细表》（A104000）中对应的"销售费用"填报。

5) 第5行"管理费用"：填报纳税人为组织和管理企业生产经营发生的管理费用。本行通过《期间费用明细表》（A104000）中对应的"管理费用"填报。

6) 第6行"财务费用"：填报纳税人为筹集生产经营所需资金等发生的筹资费用。本行通过《期间费用明细表》（A104000）中对应的"财务费用"填报。

7) 第7行"资产减值损失"：填报纳税人计提各项资产准备发生的减值损失。本行根据企业"资产减值损失"科目上的数额填报。实行其他会计准则等的比照填报。

8) 第8行"公允价值变动收益"：填报纳税人在初始确认时划分为以公允价值计量且其变动计入当期损益的金融资产或金融负债（包括交易性金融资产或负债，直接指定为以公允价值计量且其变动计入当期损益的金融资产或金融负债），以及采用公允价值模式计量的投资性房地产、衍生工具和套期业务中公允价值变动形成的应计入当期损益的利得或损失。本行根据企业"公允价值变动损益"科目的数额填报（损失以"－"号填列）。

9) 第9行"投资收益"：填报纳税人以各种方式对外投资确认所取得的收益或发生的损失，根据企业"投资收益"科目的数额计算填报。实行事业单位会计准则的纳税人根据"其他收入"科目中的投资收益金额分析填报（损失以"－"号填列），实行其他会计准则等的比照填报。

10) 第10行"营业利润"：填报纳税人当期的营业利润，根据上述项目计算填列。

11) 第11行"营业外收入"：填报纳税人取得的与其经营活动无直接关系的各项收入的金额，一般企业纳税人通过《一般企业收入明细表》（A101010）填报；金融企业纳税人通过《金融企业收入明细表》（A101020）填报；实行事业单位会计准则或民间非营利组织会计制度的纳税人通过《事业单位、民间非营利组织收入、支出明细表》（A103000）填报。

12) 第12行"营业外支出"：填报纳税人发生的与其经营活动无直接关系的各项支出的金额，一般企业纳税人通过《一般企业成本支出明细表》（A102010）填报；金融企业纳税人通过《金融企业支出明细表》（A102020）填报；实行事业单位会计准则或民间非营利组织会计制度的纳税人通过《事业单位、民间非营利组织收入、支出明细表》（A103000）填报。

13) 第13行"利润总额"：填报纳税人当期的利润总额，根据上述项目计算填列。

14) 第14行"境外所得"：填报纳税人发生的分国（地区）别取得的境外税后所得计入利润总额的金额，填报《境外所得纳税调整后所得明细表》（A108010）第14列减去第11列的差额。

15) 第15行"纳税调整增加额"：填报纳税人会计处理与税收规定不一致，进行纳税调整增加的金额。本行通过《纳税调整项目明细表》（A105000）"调增金额"列填报。

16) 第16行"纳税调整减少额"：填报纳税人会计处理与税收规定不一致，进行纳税调整减少的金额。本行通过《纳税调整项目明细表》（A105000）"调减金额"列填报。

17) 第17行"免税、减计收入及加计扣除"：填报属于税法规定免税收入、减计收入、加计扣除金额。本行通过《免税、减计收入及加计扣除优惠明细表》（A107010）填报。

18) 第18行"境外应税所得抵减境内亏损"：填报纳税人根据税法规定，选择用境外所得抵减境内亏损的数额，本行通过《境外所得税收抵免明细表》（A108000）填报。

19）第19行"纳税调整后所得"：填报纳税人经过纳税调整、税收优惠、境外所得计算后的所得额。

20）第20行"所得减免"：填报属于税法规定所得减免金额。本行通过《所得减免优惠明细表》（A107020）填报，本行<0时，填写负数。

21）第21行"抵扣应纳税所得额"：填报根据税法规定应抵扣的应纳税所得额。本行通过《抵扣应纳税所得额明细表》（A107030）填报。

22）第22行"弥补以前年度亏损"：填报纳税人按照税法规定可在税前弥补的以前年度亏损的数额，本行根据《企业所得税弥补亏损明细表》（A106000）填报。

23）第23行"应纳税所得额"：金额等于本表第19-20-21-22行计算结果。本行不得为负数。本表第19行或者按照上述行次顺序计算结果本行为负数，本行金额填零。

24）第24行"税率"：填报税法规定的税率25%。

25）第25行"应纳所得税额"：金额等于本表第23×24行。

26）第26行"减免所得税额"：填报纳税人按税法规定实际减免的企业所得税额。本行通过《减免所得税优惠明细表》（A107040）填报。

27）第27行"抵免所得税额"：填报企业当年的应纳所得税额中抵免的金额。本行通过《税额抵免优惠明细表》（A107050）填报。

28）第28行"应纳税额"：金额等于本表第25-26-27行。

29）第29行"境外所得应纳所得税额"：填报纳税人来源于中国境外的所得，按照我国税法规定计算的应纳所得税额。本行通过《境外所得税收抵免明细表》（A108000）填报。

30）第30行"境外所得抵免所得税额"：填报纳税人来源于中国境外所得依照中国境外税收法律以及相关规定应缴纳并实际缴纳（包括视同已实际缴纳）的企业所得税性质的税款（准予抵免税款）。本行通过《境外所得税收抵免明细表》（A108000）填报。

31）第31行"实际应纳所得税额"：填报纳税人当期的实际应纳所得税额。金额等于本表第28+29-30行。

32）第32行"本年累计实际已预缴的所得税额"：填报纳税人按照税法规定本纳税年度已在月（季）度累计预缴的所得税额，包括按照税法规定的特定业务已预缴（征）的所得税额，建筑企业总机构直接管理的跨地区设立的项目部按规定向项目所在地主管税务机关预缴的所得税额。

33）第33行"本年应补（退）的所得税额"：填报纳税人当期应补（退）的所得税额。金额等于本表第31-32行。

34）第34行"总机构分摊本年应补（退）所得税额"：填报汇总纳税的总机构按照税收规定在总机构所在地分摊本年应补（退）所得税款。本行根据《跨地区经营汇总纳税企业年度分摊企业所得税明细表》（A109000）填报。

35）第35行"财政集中分配本年应补（退）所得税额"：填报汇总纳税的总机构按照税收规定财政集中分配本年应补（退）所得税款。本行根据《跨地区经营汇总纳税企业年度分摊企业所得税明细表》（A109000）填报。

36）第36行"总机构主体生产经营部门分摊本年应补（退）所得税额"：填报汇总纳税的总机构所属的具有主体生产经营职能的部门按照税收规定应分摊的本年应补

（退）所得税额。本行根据《跨地区经营汇总纳税企业年度分摊企业所得税明细表》（A109000）填报。

37）第37行"以前年度多缴的所得税额在本年抵减额"：填报纳税人以前纳税年度汇算清缴多缴的税款尚未办理退税、并在本纳税年度抵缴的所得税额。

38）第38行"以前年度应缴未缴在本年入库所得额"：填报纳税人以前纳税年度应缴未缴在本纳税年度入库所得税额。

第六章

其他税种计算与缴纳

 知识目标

1. 了解城市维护建设税和教育费附加、土地增值税和房产税、城镇土地使用税和契税、车船税和印花税、环境保护税的概念。

2. 掌握城市维护建设税和教育费附加、土地增值税和房产税、城镇土地使用税和契税、车船税和印花税、环境保护税的纳税人、税率、计税依据及应纳税额的计算方法。

技能目标

1. 能独立办理城市维护建设税和教育费附加的申报和缴纳业务。
2. 能熟练办理企业土地增值税、城镇土地使用税和契税的申报和缴纳业务。
3. 遵从法律法规,能独立办理企业车船税、印花税、环境保护税的申报和缴纳业务。

第一节 城市维护建设税

知识导图

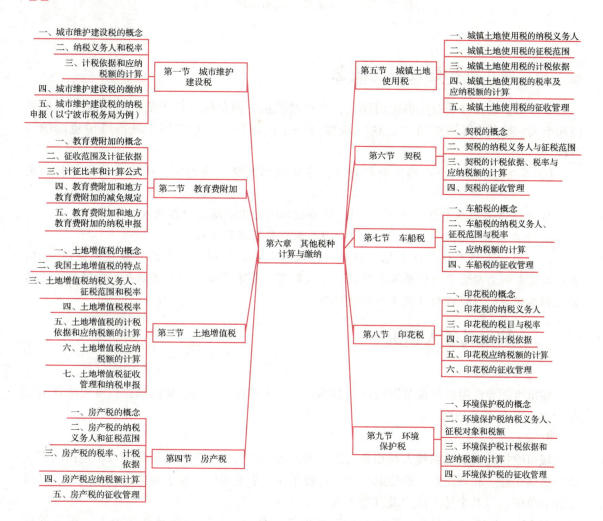

案例导入

2019年3月，王某因改善居住条件，经主管税务机关申报核准转让其已居住两年的非普通住宅一套，取得转让房价款48万元。经评估，该住房的重置成本为40万元，诚信度为70%。住房转让时，王某已按国家统一规定缴纳手续费0.36万元、评估费1万元，以及增值税，城市维护建设税、教育费附加2.514万元。

请问：

1）王某转让房产应缴纳多少土地增值税？

2）若拥有该非普通住宅的不是王某，而是一家食品加工厂（法人公司，且为增值税一般纳税人），那么该食品加工厂转让该非普通住宅，需要缴纳多少土地增值税？

第六章 其他税种计算与缴纳

第一节 城市维护建设税

一、城市维护建设税的概念

城市维护建设税是对从事工商经营，缴纳增值税、消费税（以下简称"二税"）的单位和个人，按其实际缴纳的"二税"税额的一定比例征收，专门用于城市维护建设的一种税。

【例 6-1】单位或个人的下列行为中，在缴纳相关税种的同时，还应缴纳城建税的是（　　）。

A．私营企业销售货物　　　　B．博物馆举办文化活动的门票收入
C．企业购置车辆自用　　　　D．个人取得的董事费收入

【答案】A。博物馆举办文化活动的门票收入免征增值税，城市维护建设税同时免征；企业购置车辆自用需要缴纳车辆购置税，个人取得的董事费收入需要缴纳个人所得税，这两种税都不需要针对税额附征城市维护建设税。

二、纳税义务人和税率

1. 征税范围

城市维护建设税的征税范围较广，具体包括城市市区、县城、建制镇，以及税法规定征收"二税"的其他地区。

2. 纳税人

城市维护建设税的纳税人是指负有缴纳增值税、消费税义务的单位和个人，包括国有企业、集体企业、私营企业、股份制企业、行政单位、事业单位、军事单位、社会团体、其他企业和单位，以及个体工商户及其他个人。

自 2010 年 12 月 1 日起，我国开始对外商投资企业、外国企业及外籍个人（以下简称"外资企业"）征收城市维护建设税。《中华人民共和国城市维护建设税法》于 2021 年 9 月 1 日起正式实施。

3. 税率

1）城市维护建设税的税率如表 6-1 所示。

表 6-1 城市维护建设税的税率

档次	纳税人所在地	税率
1	市区	7%
2	县城、镇	5%
3	不在市、县城、镇	1%

第一节 城市维护建设税

☞ 提示

开采海洋石油资源的中外合作油（气）田所在地在海上，其城市维护建设税适用1%的税率。

2）城市维护建设税税率的特殊规定如表6-2所示。

表6-2 城市维护建设税税率的特殊规定

具体特殊情况	适用税率相关规定
由受托方代收代扣城市维护建设税	按受托方所在地适用税率执行
无固定纳税地点（如流动经营等）	在经营地缴纳"二税"的，城市维护建设税的缴纳按经营地适用税率执行

【例6-2】流动经营等无固定纳税地点的单位和个人，在经营地缴纳"二税"的，其城市维护建设税税率按（　　）执行。

A. 经营地适用税率　　　　　　B. 居住地适用税率
C. 7%　　　　　　　　　　　　D. 1%

【答案】A。流动经营等无固定经营纳税地点的单位和个人，在经营地缴纳"二税"的，其城市维护建设税税率按经营地适用税率执行。

三、计税依据和应纳税额的计算

1. 计税依据

城市维护建设税的计税依据是指纳税人实际缴纳的增值税、消费税税额，不包括加收的滞纳金和罚款。但纳税人在被查补"二税"和被处以罚款时，应同时对其偷漏的城市维护建设税进行补税、征收滞纳金和罚款。

城市维护建设税以"二税"税额为计税依据（表6-3），并与"二税"同时征收。如果免征或者减征"二税"，就要同时免征或者减征城市维护建设税。但是，对出口产品退还增值税、消费税的，不退还已缴纳的城市维护建设税。

表6-3 城市维护建设税的纳税依据

应作为计税依据	不应作为计税依据
1. 纳税人向税务机关实际缴纳的增值税、消费税	1. 纳税人进口环节被海关代征的增值税、消费税
2. 纳税人被税务机关查补的增值税、消费税	2. 除"二税"以外的其他税
3. 纳税人出口货物免抵的增值税	3. 非税款项（包括滞纳金和罚款）

【例6-3】下列各项中，属于城市维护建设税依据的有（　　）

A. 偷逃增值税而被查补的税款　　　B. 偷逃消费税而被加收的滞纳金
C. 出口货物免抵的增值税税额　　　D. 出口产品征收的消费税税额

【答案】ACD

2. 应纳税额的计算

城市维护建设税纳税人的应纳税额大小是由纳税人实际缴纳的"二税"税额决定的，其计算公式为

133

应纳税额=纳税人实际缴纳的增值税、消费税税额×适用税率

【例6-4】 位于市区的某企业为增值税一般纳税人，该企业2022年3月共缴纳增值税、消费税和关税562万元，其中关税102万元、进口缴纳的增值税和消费税260万元。该企业3月应缴纳的城市维护建设税税额为多少？

【解析】

城市维护建设税以纳税人实际缴纳的增值税、消费税为计税依据；城市维护建设税具有"进口不征、出口不退"的规则，关税不计征城市维护建设税；纳税人所在地为市区的，税率为7%。因此，该企业应纳城市维护建设税税额为

城市维护建设税=（562-102-260）×7%=14（万元）

会计账务处理如下：

① 企业计提应缴纳的城市维护建设税时：

借：税金及附加　　　　　　　　　　　　　　　　　　　　　　140 000
　　贷：应交税费——应交城市维护建设税　　　　　　　　　　140 000

② 实际缴纳城市维护建设税时：

借：应交税费——应交城市维护建设税　　　　　　　　　　　140 000
　　贷：银行存款　　　　　　　　　　　　　　　　　　　　　140 000

【例6-5】 位于某市的甲地板厂在2021年8月购入一批木材，取得的增值税专用发票注明不含税价格为800 000元。甲地板厂当月委托位于县城的乙工厂加工成实木地板，支付不含税加工费150 000元。乙工厂11月交付50%的实木地板，12月完工交付剩余部分。已知实木地板消费税税率为5%，请分析乙工厂12月应代收代缴多少城市维护建设税。

【解析】

应代收代缴城市维护建设税税额=（150 000+800 000）×50%/（1-5%）×5%（消费税税率）×5%（城建税税率）=1250（元）

乙工厂会计账务处理如下：

① 计提应缴纳的城建税时：

借：税金及附加　　　　　　　　　　　　　　　　　　　　　　1 250
　　贷：应交税费——应交城市维护建设税　　　　　　　　　　1 250

② 实际缴纳城建税时：

借：应交税费——应交城市维护建设税　　　　　　　　　　　1 250
　　贷：银行存款　　　　　　　　　　　　　　　　　　　　　1 250

四、城市维护建设税的缴纳

1. 征收管理

（1）纳税环节

城市维护建设税的纳税环节，实际就是纳税人缴纳"二税"的环节。纳税人只要发生"二税"的纳税义务，就要在同样的环节分别计算、缴纳城市维护建设税。

（2）纳税地点

城市维护建设税以纳税人实际缴纳的增值税、消费税税额为计税依据，分别与"二税"同时缴纳。所以，纳税人缴纳"二税"的地点就是该纳税人缴纳城市维护建设税的

第一节 城市维护建设税

地点。

特殊情况的纳税地点规定如下：

1）代扣代缴、代收代缴"二税"的单位和个人，也是城市维护建设税的代扣代缴、代收代缴义务人，其城市维护建设税的纳税地点在代扣代收地。

2）跨省开采的油田，下属生产单位与核算单位不在同一个省内的，其生产的原油在油井所在地缴纳增值税，其应纳税款由核算单位按照各油井的产量和规定税率计算，再由汇拨各油井缴纳。

3）对于管道局输油部分的收入，由取得收入的各管道局于所在地缴纳增值税。所以，其应纳城市维护建设税也应由取得收入的各管道局于所在地缴纳增值税时一并缴纳。

4）对于流动经营等无固定纳税地点的单位和个人，应随同"二税"在经营地按适用税率缴纳。

（3）纳税期限

由于城市维护建设税是由纳税人在缴纳"二税"时同时缴纳的，其纳税期限与"二税"的纳税期限一致。

1）根据增值税、消费税相关法律规定，增值税、消费税的纳税期限有1日、3日、10日、15日或者1个月。

2）纳税人的具体纳税期限，由主管税务机关根据纳税人应纳税额大小核定。

3）不能按照固定期限纳税的，可以按次纳税。

五、城市维护建设税的纳税申报（以宁波市税务局为例）

1. 纳税申报

1）在办理增值税、消费税纳税申报的同时，纳税人应向税务机关申报缴纳城市维护建设税、教育费附加、地方教育附加。

2）按月纳税的，月销售额或营业额不超过10万元（按季度纳税的季度销售额或营业额不超过30万元）缴纳义务人免征教育费附加、地方教育附加，实行以报代备。

3）国家重大水利工程建设基金城建税、教育费附加优惠实行以报代备。

2. 办理纳税申报需要的材料

1）《城建税、教育费附加、地方教育附加申报表》。

2）国家重大水利工程建设基金城建税、教育费附加优惠：国家重大水利工程建设文件证明材料。

第六章 其他税种计算与缴纳

3. 城市维护建设税纳税申报表的填制如图 6-1 所示。

城建税、教育费附加、地方教育附加税（费）申报表											
税款所属期限	自 年 月 日 至 年 月 日			填表日期：		年 月 日			金额单位：元（至角分）		
纳税人识别号					纳税人管理码						
纳税人信息	名称							单位□ 个人□			
	登记注册类型				所属行业						
	身份证号码				联系方式						
税费（种）	计税（费）依据				税率（征收率）	本期应纳税（费）额	本期减免税（费）额		本期已缴税（费）额	本期应补（退）税（费）额	
	增值税		消费税	营业税	合计						
	一般增值税	免抵税额						减免性质代码	减免额		
	1	2	3	4	5=1+2+3+4	6	7=5×6	8	9	10	11=7−9−10
城建税											
教育费附加											
地方教育附加											
合计	—				—						

以下由纳税人填写：

纳税人声明	此纳税申报表是根据《中华人民共和国城市维护建设税暂行条例》《国务院征收教育费附加的暂行规定》《财政部关于统一地方教育附加政策有关问题的通知》和国家有关税收规定填报的，是真实的、可靠的、完整的。
纳税人签章	代理人签章　　　　　　　代理人身份证号

以下由税务机关人填写：

受理人	受理日期 年 月 日	受理税务机关签章

本表一式两份，一份纳税人留存，一份税务机关留存。
减免性质代码：减免性质代码按照国家税务总局制定下发的最新《减免性质及分类表》中的最细项减免性质代码填报。

图 6-1　城市维护建设税、教育费附加、地方教育附加税（费）申报表

第二节　教育费附加

一、教育费附加的概念

作为我国财政性教育经费的两大来源，教育费附加和地方教育费附加是对缴纳增值税、消费税的单位和个人，以其实际缴纳的税额为计算依据征收的一种附加费，而非一种税。

二、征收范围及计征依据

教育费附加和地方教育费附加的征收范围和计征依据与城市维护建设税相同，都是对缴纳增值税、消费税的单位和个人征收，以其缴纳的增值税、消费税为计征依据，并与增值税、消费税同时缴纳。

三、计征比率和计算公式

现行教育费附加的征收比率为3%，地方教育费附加征收率自2010年起统一为2%。教育费附加和地方教育费附加的计算公式为

应纳教育费附加或地方教育费附加=实际缴纳的增值税、消费税税额×征收比率（3%或2%）

四、教育费附加和地方教育费附加的减免规定

1）对于海关进口的产品征收的增值税、消费税，不征收教育费附加。
2）对由于减免增值税、消费税而发生退税的，可同时退还已征收的教育费附加。但对出口产品退还增值税、消费税的，不退还已征的教育费附加。另外，我国还对国家重大水利工程建设基金免征教育费附加。

教育费附加与地方教育费附加在课税要素上的异同点如表6-4所示。

表6-4　教育费附加与地方教育费附加在课税要素上的异同点

要素	教育费附加	地方教育费附加
征收比率	3%	2%
开征范围	实际缴纳增值税、消费税的单位和个人	
计征依据	以实际缴纳的增值税、消费税税额为计征依据	
征收期限	与"二税"同时缴纳	
计算公式	应纳教育费附加=实际缴纳的"二税"税额×3%	应纳地方教育费附加=实际缴纳的"二税"税额×2%

教育费附加和地方教育费附加可以在计算应纳税所得额时在企业所得税前扣除。由于教育费附加和地方教育费附加都不属于税，因此不适用《税收征收管理法》。

【例6-6】根据现行规定，下列关于教育费附加的说法中正确的有（　　）。

A. 海关对进口产品代征消费税的，不代征教育费附加

B. 对于减免增值税、消费税而发生退税的，可以同时退还已征收的教育费附加

C. 出口产品退还增值税、消费税的，同时退还已经征收的教育费附加

D. 某企业总机构在甲地，在乙地缴纳增值税，城市维护建设税在甲地缴纳

E. 流动经营无固定纳税地点的单位和个人，不缴纳教育费附加

【答案】AB

五、教育费附加和地方教育费附加的纳税申报

在中华人民共和国境内缴纳增值税和消费税的单位和个人，应向税务机关办理教育费附加和地方教育附加申报。缴税时的报送资料一般为城市维护建设税、教育费附加、地方教育附加税（费）申报表2份。

1. 纳税期限及其他规定

纳税人申报缴纳增值税、消费税的同时，申报、缴纳教育费附加。教育费附加由各地税务机关负责本辖区范围的征收。纳税人不按规定期限缴纳教育费附加，需处以滞纳金和罚款的，由县、市人民政府规定。

2. 教育费附加和地方教育费附加纳税申报表的填制

【例6-7】2021年8月，山东某高档化妆品生产企业应缴纳的城市维护建设税和教育费附加金额如表6-5所示。企业税务主管要求税务实习生李明办理城市维护建设税和教育费附加的申报和缴纳。李明应该怎样填制纳税申报表呢？

表6-5　城市维护建设税和教育费附加金额

税种名称	实际缴纳的税额/元
增值税	800 000.00
消费税	400 000.00
城市维护建设税	84 000.00
教育费附加	36 000.00

第三节 土地增值税

【答案】 纳税申报表的填制如图 6-2 所示。

城建税、教育费附加、地方教育附加税（费）申报表					
税款所属期限	自2021年8月1日至2021年8月31日	填表日期：	2021年9月11日	金额单位：元（至角分）	
纳税人识别号	370206886565699	纳税人管理码			
纳税人信息	名称	山东××企业		单位□　个人□	
	登记注册类型	有限责任公司	所属行业		
	身份证号码		联系方式		

税费（种）	计税（费）依据				税率（征收率）	本期应纳税（费）额	本期减免税（费）额	本期已缴税额	本期应补（退）税（费）额
	增值税		消费税	营业税	合计				
	一般增值税	免抵税额					减免性质代码	减免额	
	1	2	3	4	5=1+2+3+4	6	7=5×6	8	9	10	11=7-9-10
城建税	800 000		400 000		1 200 000	7%	84 000		0	84 000
教育费附加	800 000		400 000		1 200 000	3%	36 000		0	36 000
地方教育附加	800 000		400 000		1 200 000	2%	24 000		0	24 000
合计					—		—			144 000

以下由纳税人填写：	
纳税人声明	此纳税申报表是根据《中华人民共和国城市维护建设税暂行条例》《国务院征收教育费附加的暂行规定》《财政部关于统一地方教育附加政策有关问题的通知》和国家有关税收规定填报的，是真实的、可靠的、完整的。
纳税人签章	代理人签章 ｜ 代理人身份证号
以下由税务机关人填写：	
受理人	受理日期　　年　月　日　　受理税务机关签章

本表一式两份，一份纳税人留存，一份税务机关留存。
减免性质代码：减免性质代码按照国家税务总局制定下发的最新《减免性质及分类表》中的最细项减免性质代码填报。

图 6-2　纳税申报表的填制

第三节　土地增值税

一、土地增值税的概念

土地增值税是指转让国有土地使用权、地上的建筑物及其附着物并取得收入的单位和个人，以转让所取得的收入包括货币收入、实物收入和其他收入减除法定扣除项目金额后的增值额为计税依据向国家缴纳的一种税。以继承、赠与方式无偿转让房地产的行为不在其征税范围之内。

二、我国土地增值税的特点

1. 以转让房地产的增值额为计税依据

土地增值税的增值额是以征税对象的全部销售收入额扣除与其相关的成本、费用、税金及其他项目金额后的余额，与增值税的增值额有所不同。

2. 征税范围比较广

凡在我国境内转让房地产并取得收入的单位和个人，除税法规定免税的以外，均应依照土地增值税条例规定缴纳土地增值税。

3. 实行超率累进税率

土地增值税的税率以转让房地产增值率的高低为依据来确认，按照累进原则设计，实行分级计税，增值率高的，税率高，多纳税；增值率低的，税率低，少纳税。

4. 实行按次征收

土地增值税在房地产发生转让的环节，实行按次征收，每发生一次转让行为，就应根据每次取得的增值额征一次税。

三、土地增值税纳税义务人、征税范围和税率

1. 土地增值税纳税义务人

土地增值税纳税义务人为转让国有土地使用权及地上建筑物和其他附着物产权并取得收入的单位和个人，包括各类企业（内外资企业）、事业单位、国家机关和社会团体及其他组织，个人也包括个体经营者。

2. 土地增值税征税范围

土地增值税的征税范围：有偿转让国有土地使用权及地上建筑物和其他附着物产权所取得的增值额。

（1）征税范围的一般规定

土地增值税是对转让国有土地使用权及其他地上建筑物和附着物的行为征税，不包括国有土地使用权出让所取得的收入。

国有土地使用权出让，是指国家以土地所有者的身份将土地使用权在一定年限内让与土地使用者，并由土地使用者向国家支付土地使用权出让金的行为，属于土地买卖的一级市

场。土地使用权出让方是国家，国家凭借土地所有权向土地使用者收取土地的租金。出让的目的是实行国有土地有偿使用制度，合理开发、利用、经营土地，因此，土地使用权的出让不属于土地增值税的征税范围。

而国有土地使用权的转让是指土地使用者通过出让等形式取得土地使用权后，将土地使用权再转让的行为，包括出售、交换和赠与，它属于土地买卖的二级市场。土地使用权转让，其地上的建筑物、其他附着物的所有权随之转让。土地使用权的转让，属于土地增值税的征税范围。

土地增值税的征税范围不包括未转让土地使用权、房产产权的行为，是否发生转让行为主要以房地产权属（指土地使用权和房产产权）的变更为标准。凡土地使用权、房产产权未转让的（如房地产的出租），不征收土地增值税。

（2）土地增值税的一般征税范围

1）转让国有土地使用权。国有土地，是指按国家法律规定属于国家所有的土地。出售国有土地使用权是指土地使用者通过出让方式，向政府缴纳了土地出让金，有偿受让土地使用权后，仅对土地进行通水、通电、通路和平整地面等土地开发，不进行房产开发，即所谓"将生地变熟地"，然后直接将空地出售出去。

2）地上的建筑物及其附着物连同国有土地使用权一并转让。地上的建筑物，是指建于土地上的一切建筑物，包括地上地下的各种附属设施。附着物，是指附着于土地上的不能移动或一经移动即遭损坏的物品。纳税人取得国有土地使用权后进行房屋开发建造然后出售的，即房地产开发。这种行为通常称作卖房，按照国家有关房地产法律和法规的规定，卖房的同时，土地使用权也随之发生转让。这种情况既发生了产权的转让又取得了收入，所以应纳入土地增值税的征税范围。

3）存量房地产的买卖。存量房地产是指已经建成并已投入使用的房地产，其房屋所有人将房屋产权和土地使用权一并转让给其他单位和个人。这种行为按照国家有关的房地产法律和法规，应当到有关部门办理房产产权和土地使用权的转移变更手续；原土地使用权属于无偿划拨的，还应到土地管理部门补交土地出让金。

3. 特殊征税范围

（1）以继承、赠与方式转让房地产

1）房地产继承，是指房产原产权所有人、依照法律规定取得土地使用权的土地使用人死亡以后，由其继承人依法继承死者房产产权和土地使用权的民事法律行为。这种行为虽然发生了房地产的权属变更，但作为房产产权、土地使用权的所有人（即继承人）并没有因为权属的转让而取得任何收入。因此，房地产继承不属于土地增值税的征税范围。

2）房地产赠与，是指房地产所有人、土地使用权所有人将自己所拥有的房地产无偿交给他人的民事法律行为。以下两种赠与行为不属于征税范围：

① 房产所有人、土地使用权所有人将房屋产权、土地使用权赠与直系亲属或承担直接赡养义务人。

② 房产所有人、土地使用权所有人通过中国境内非营利性的社会团体、国家机关将房屋产权、土地使用权赠与教育、民政和其他社会福利、公益事业的行为。其中，社会团体是指中国青少年发展基金会、希望工程基金会、宋庆龄基金会、国家减灾委员会、中国红十字会、中国残疾人联合会、全国老年基金会、老区建设促进会以及经民政部门批准成立的其他

非营利性的公益性组织。

（2）房地产出租

出租人虽然取得了收入，但没有发生房产产权、土地使用权的转让，因此不属于土地增值税的征税范围。

（3）房地产抵押

房地产抵押，是指房地产的产权所有人、依法取得土地使用权的土地使用人作为债务人或第三方向债权人提供不动产作为清偿债务的担保而不转移权属的法律行为。这种情况由于房产的产权、土地使用权在抵押期间产权并没有发生权属的变更。

（4）房地产交换

房地产交换是指一方以房地产与另一方的房地产进行交换的行为。由于这种行为既发生了房产产权、土地使用权的转移，交换双方又取得了实物形态的收入，按《土地增值税暂行条例》的规定，属于土地增值税的征税范围。但是对于个人之间互换自有居住用房地产的，经当地税务机关核实，可以免征土地增值税。

（5）合作建房

对于一方出地，一方出资金，双方合作建房，建成后比例分房自用的，暂免征收土地增值税；建成后转让的，应征收土地增值税。

（6）房地产的代建房行为

房地产的代建房行为，是指房地产开发公司代客户进行房地产的开发，开发完后向客户收取代建收入的行为。对于房地产开发公司而言，虽然取得了收入，但是并没有发生房地产的权属转移，其收入属于劳务收入，故不属于土地增值税的征税范围。

（7）房地产的重新评估

房地产的重新评估，是指国有企业在清产核资时对房地产进行重新评估而使其升值的情况。这种情况下，房地产虽然有增值，但其既没有发生房地产权属的转移，房产产权、土地使用权人也未取得收入，所以不属于土地增值税的征税范围。

四、土地增值税税率

土地增值税实行四级超率累进税率，如表6-6所示。

表6-6 土地增值税税率表

级数	增值额与扣除项目金额的比率	税率（%）	速算扣除系数（%）
1	不超过50%的部分	30	0
2	超过50%~100%的部分	40	5
3	超过100%~200%部分	50	15
4	超过200%的部分	60	35

五、土地增值税的计税依据和应纳税额的计算

1. 应税收入的确定

根据《土地增值税暂行条例》及其实施细则的规定，纳税人转让房地产取得的应税收

入，应包括转让房地产的全部价款及有关的经济收益。从收入的形式来看，包括货币收入、实物收入和其他收入。

2. 扣除项目的确定

计算土地增值税应纳税额，并不是直接对转让房地产所取得的收入进行征税，而是对收入额减除国家规定的扣除项目金额后的余额计算缴纳土地增值税（这个余额就是纳税人在转让房地产中获取的增值额）。因此，要计算增值额，首先要确定扣除项目金额。税法准予纳税人从转让收入额中减除的扣除项目主要包括以下几种。

（1）取得土地使用权所支付的金额

取得土地使用权所支付的金额包括两方面的内容。

1）纳税人为取得土地使用权所支付的地价款。如果是以协议、招标、拍卖等出让方式取得土地使用权的，地价款为纳税人所支付的土地出让金；如果是以行政划拨方式取得土地使用权的，地价款为按照国家有关规定补交的土地出让金；如果是以转让方式取得土地使用权的，地价款为向原土地使用权人实际支付的地价款。

2）纳税人在取得土地使用权时，按照国家统一规定缴纳的有关费用，是指纳税人在取得土地使用权过程中为办理有关手续，按国家统一规定缴纳的有关登记、过户手续费。

（2）房地产开发成本

房地产开发成本是指纳税人在房地产开发项目中实际发生的成本，包括土地的征用及拆迁补偿费、前期工程费、建筑安装工程费、基础设施费、公共配套设施费、开发间接费用等。

1）土地征用及拆迁补偿费，包括土地征用费、耕地占用税、劳动力安置费及有关地上地下附着物拆迁补偿的净支出、安置动迁用房支出等。

2）前期工程费，包括规划、设计、项目可行性研究和水文、地质、勘察、测绘、"三通一平"① 等支出。

3）建筑安装工程费，是指以出包方式支付给承包单位的建筑安装工程费，以自营方式发生的建筑安装工程费。"营改增"后，土地增值税纳税人接受建筑安装服务取得的增值税发票，在"备注"栏须注明建筑服务发生地县（市、区）名称及项目名称，否则不得计入土地增值税扣除项目金额。

4）基础设施费，是指以开发小区内道路、供水、供电、供气、排污、排洪、通信、照明、环卫、绿化等工程发生的支出。

5）公共配套设施费，包括不能有偿转让的开发小区内公共配套设施发生的支出。

6）开发间接费用，是指直接组织、管理开发项目发生的费用，包括工资、职工福利费、折旧费、修理费、办公费、水电费、劳动保护费、周转房摊销等。

3. 房地产开发费用

房地产开发费用是指与房地产开发项目有关的销售费用、管理费用和财务费用。根据《企业会计准则》的规定，这三项费用作为期间费用，直接计入当期损益，不按成本核算对象进行分摊。故作为土地增值税扣除项目的房地产开发费用，不按纳税人房地产开发项目实际发生的费用进行扣除，而是按《土地增值税暂行条例实施细则》的标准进行扣除。

---

① "三通一平"是一种工程开发建设。"三通"指的是通电、通路、通水。"一平"主要指的是土地平整。

1）纳税人能够按转让房地产项目计算分摊利息支出，并能提供金融机构的贷款证明的，其允许扣除的房地产开发费用为利息+（取得土地使用权所支付的金额+房地产开发成本）×5%以内（利息最高不能超过按商业银行同类同期贷款利率计算的金额）。

2）纳税人不能按转让房地产项目计算分摊利息支出或不能提供金融机构贷款证明的，其允许扣除的房地产开发费用为（取得土地使用权所支付的金额+房地产开发成本）×10%以内。

全部使用自有资金，没有利息支出的，按照以上方法扣除。上述具体适用的比例按省级人民政府此前规定的比例执行。

3）房地产开发企业既向金融机构借款，又有其他借款的，其房地产开发费用计算扣除时不能同时适用上述1）、2）项所述两种方法。

4）土地增值税清算时，已经计入房地产开发成本的利息支出，应调整至财务费用中计算扣除。

此外，财政部、国家税务总局还对扣除项目金额中利息支出的计算问题作了专门规定：一是利息的上浮幅度按国家的有关规定执行，超过上浮幅度的部分不允许扣除；二是对超过贷款期限的利息部分和加罚的利息不允许扣除。

4. 与转让房地产有关的税金

与转让房地产有关的税金是指在转让房地产时缴纳的城市维护建设税、印花税。因转让房地产缴纳的教育费附加，也可视同税金予以扣除。

需要明确的是，房地产开发企业按照《施工、房地产开发企业财务制度》有关规定，其在转让时缴纳的印花税因列入管理费用中，故在此不允许单独再扣除。其他纳税人缴纳的印花税（按产权转移数据所载金额的0.5‰贴花）允许在此扣除。

5. 其他扣除项目

对从事房地产开发的纳税人可按《土地增值税暂行条例实施细则》第七条（一）、（二）项规定计算的金额之和，加计20%扣除。应特别指出的是，此条优惠只适用于从事房地产开发的纳税人，除此之外的其他纳税人不适用。此项规定目的是为了抑制炒买炒卖房地产的投机行为，保护正常开发投资者的积极性。由此，其他扣除项目的计算公式为

其他扣除项目=（取得土地使用权支付的金额+房地产开发成本）×20%

6. 旧房及建筑物的评估价格

纳税人转让旧房的，应按房屋及建筑物的评估价格、取得土地使用权所支付的地价款或出让金、按国家统一规定缴纳的有关费用和转让环节缴纳的税金作为扣除项目金额计征土地增值税。对取得土地使用权时未支付地价款或不能提供已支付的地价款凭据的，在计征土地增值税时不允许扣除。

旧房及建筑物的评估价格是指在转让已使用的房屋及建筑物时，由政府批准设立的房地产评估机构评定的重置成本价乘以成新度折扣率后的价格。纳税人转让旧房及建筑物，凡不能取得评估价格，但能提供购房发票的，经当地税务部门确认，根据《土地增值税暂行条例》第六条第（一）、（二）项规定扣除项目的金额（即取得土地使用权所支付的金额、新建房及配套设施的成本、费用，或者旧房及建筑物的评估价格），可按发票所载金额并从购买年度起至转让年度止每年加计5%计算扣除。计算扣除项目时"每年"按购房发票所载日期至售房发票开具之日至，每满12个月计1年；超过1年，未满12个月但超过6个月的，

可以视同为1年。

对纳税人购房时缴纳的契税,凡能够提供契税完税凭证的,准予作为"与转让房地产有关的税金"予以扣除,但不作为加计5%的基数。

对于转让旧房及建筑物,既没有评估价格,又不能提供购房发票的,地方税务机关可以根据《税收征收管理法》第三十五条的规定,实行核定征收。

六、土地增值税应纳税额的计算

1. 增值额的确定

土地增值税纳税人转让房地产所取得的收入减除规定的扣除项目金额后的余额,便是增值额。准确核算增值额,需要有准确的房地产转让收入额和扣除项目金额。在实际房地产交易活动中,有些纳税人由于不能准确提供房地产转让价格或扣除项目金额,增值额不准确,直接影响应纳税额的计算和缴纳。因此,《土地增值税暂行条例》第九条规定,纳税人有以下情形之一的,按照房地产评估价格计算征收。[①]

1)隐瞒、虚报房地产成交价格。这是指纳税人不报或者有意低报转让土地使用权、地上建筑物以及附着物价款的行为。隐瞒、虚报房地产成交价格,应由评估机构参照同类房地产的市场交易价格进行评估。税务机关根据评估价格确定转让房地产的收入。

2)提供扣除项目金额不实。此时,应由评估机构按照房屋重置成本价乘以成新度折扣率计算的房屋成本价和取得土地使用权时的基准地价进行评估。税务机关根据评估价格确定项目扣除金额。

3)转让房地产的成交价格低于房地产评估价格,又无正当理由。此时,由税务机关参照房地产评估价格确定转让房地产的收入。

2. 应纳税额的计算

土地增值税按照纳税人转让房地产所取得的增值额和规定的税率计算征收。土地增值税的计算公式为

$$应纳土地增值税 = \sum(每级距的增值额 \times 适用税率)$$

但在实际工作中,分步计算比较烦琐,一般是采用速算扣除法计算,即计算土地增值税税额,可按增值额乘以适用的税率减去扣除项目金额乘以速算扣除系数的简便方法计算,其计算公式为

$$应纳土地增值税 = 增值额 \times 适用税率 - 扣除项目金额 \times 速算扣除数$$

计算时注意分步骤计算:

第一步,确定应税收入。

第二步,确定扣除项目。

第三步,计算土地增值额。

第四步,计算增值额占扣除项目金额的百分比,确定适用税率和速算扣除系数。

第五步,计算应纳土地增值税税额。

---

① 房地产评估价格是指由政府批准设立的房地产评估机构根据相同地段、同类房地产进行综合评定的价格。

第六章 其他税种计算与缴纳

> ☞ **知识链接**
>
> 纳税人成片受让土地使用权后,分期分批开发、转让房地产的,对允许扣除项目的金额可按转让土地使用权的面积占总面积的比例计算分摊。若按此办法难以计算或明显不合理,也可按建筑面积或税务机关确认的其他方式计算分摊。
>
> 按转让土地使用权的面积占总面积的比例,计算分摊扣除项目金额的计算公式为
>
> 扣除项目金额=扣除项目的总金额×(转让土地使用权的面积或建筑面积÷受让土地使用权的总面积)

【例6-8】 某市一家房地产开发公司在2018年开发房地产项目取得不含增值税收入6.4亿元。该项目成本费用情况如下:

受让土地费用:土地出让金2 800万元,过户费等费用5万元。

房地产开发成本:土地拆迁补偿费用200万元,水文地质勘探费用80万元,建筑安装工程费用19 050万元,基础设施费3 000万元,公共设施配套费用2 200万元,开发间接费用200万元,合计24 730万元。

房地产开发费用:分摊480万元,销售费用200万元,财务费用600万元(利息支出不能按转让房地产项目计算分摊)。规定的开发费用扣除比例为10%。

请计算该业务应纳的土地增值税金额。

【解析】

第一步,计算增值额。扣除项目金额:

土地支付金额=2 800+5=2 805(万元)。

房地产开发成本=24 730(万元)。

房地产开发费用=(2 805+24 730)×10%=2 753.5(万元)。

税费:增值税=64 000×17%=10 880(万元)。

城市维护建设税、教育费附加和地方教育附加=10 880×(7%+3%+2%)=1 305.6(万元)。

加计扣除项目=(2 805+24 730)×20%=5 507(万元)。

扣除项目合计=2 805+24 730+2 753.5+1 305.6+10 880+5 507=47 981.1(万元)。

第二步,计算增值率。

增值额=64 000-47 981.1=16 018.9(万元)。

增值率=16 018.9÷47 981.1×100%=33.4%。

第三步,依据增值率确定适用税率和速算扣除数。增值额超过扣除项目金额的50%,适用税率为30%。

第四步,依据适用税率计算应纳税额。

应纳土地增值税税额=16 018.9×30%=4 805.67(万元)。

会计账务处理如下:

① 计提土地增值税时:

借:税金及附加　　　　　　　　　　　　　　　　　　　　　4 805.67

　　贷:应交税费——应交土地增值税　　　　　　　　　　　　　　4 805.67

② 实际缴纳时:

借:应交税费——应交城市维护建设税　　　　　　　　　　　　4 805.67

　　贷:银行存款　　　　　　　　　　　　　　　　　　　　　　　4 805.67

七、土地增值税征收管理和纳税申报

1. 土地增值税的纳税期限

土地增值税的纳税人应在转让房地产合同签订后的 7 天内，到房地产所在地主管税务机关办理纳税申报，并向税务机关提交房屋及建筑物产权、土地使用权证书，土地转让、房产买卖合同，房地产评估报告及其他与转让房地产有关的资料。纳税人因经常发生房地产转让而难以在每次转让后申报的，经税务机关审核同意后，可以定期进行纳税申报，具体期限由税务机关根据情况确定。

对纳税人在项目全部竣工结算前转让房地产取得收入，由于涉及成本确定或其他原因而无法计算土地增值税的，可以预征土地增值税，待该项目全部竣工、办理结算后再进行清算，多退少补，具体办法由各省、自治区、直辖市地方税务局根据当地情况制定。

2. 土地增值税的纳税地点

土地增值税的纳税人应向房地产所在地主管税务机关办理纳税申报，并在税务机关核定的期限内缴纳土地增值税。房地产坐落在两个或两个以上地区的，应按房地产所在地分别申报纳税。在实际工作中，纳税地点的确定又可以分为以下两种情况：①纳税人是法人的。当转让的房地产坐落地与其机构所在地或经营地一致时，则在办理税务登记的原管辖税务机关申报纳税即可；如果转让的房地产坐落地与其机构所在地或经营所在地不一致，则应在房地产坐落地所管辖的税务机关申报纳税。②纳税人是自然人的。当转让的房地产坐落地与其居住所在地一致时，则在住所所在地税务机关申报纳税；当转让的房地产坐落地与其居住所在地不一致时，在办理过户手续所在地的税务机关申报纳税。

3. 房地产开发企业土地增值税清算

自 2007 年 2 月 1 日起，各省税务机关可按规定对房地产开发企业土地增值税进行清算。各省税务机关可依据表 6-7 所示规定并结合当地实际情况制定具体清算管理办法。

（1）房地产开发企业土地增值税清算的具体规定

1）清算单位。

①土地增值税以国家有关部门审批的房地产开发项目为单位进行清算，对于分期开发的项目，以分期项目为单位清算。

②开发项目中同时包含普通住宅和非普通住宅的，应分别核算增值额。

2）清算条件。

纳税人应进行土地增值税的清算的三种情况：①房地产开发项目全部竣工、完成销售的；②整体转让未竣工决算房地产开发项目的；③直接转让土地使用权的。

主管税务机关可要求纳税人进行土地增值税清算的四种情况：①已竣工验收的房地产开发项目，已转让的房地产建筑面积占整个项目可售建筑面积的比例在85%以上，或该比例虽未超过85%，但剩余的可售建筑面积已经出租或自用的。②取得销售（预售）许可证满三年仍未销售完毕的。③纳税人申请注销税务登记但未办理土地增值税清算手续的。④省税务机关规定的其他情况。

3）土地增值税清算应报送的资料：①房地产开发企业清算土地增值税书面申请、土地增值税纳税申报表。②项目竣工决算报表、取得土地使用权所支付的地价款凭证、国有土地使用权出让合同、银行贷款利息结算通知单、项目工程合同结算单、商品房购销合同统计表等与转让房地产的收入、成本和费用有关的证明资料。③主管税务机关要求报送的其他与土地增值税清算有关的证明资料等。④纳税人委托税务中介机构审核鉴证的清算项目，还应报送中介机构出具的"土地增值税清算鉴证报告"。

（2）土地增值税的核定征收

房地产开发企业有下列情形之一的，税务机关可以参照与其开发规模和收入水平相近的当地企业的土地增值税税负情况，按不低于预征率的征收率核定征收土地增值税（核定征收率原则上不得低于5%）。

1）依照法律、行政法规的规定应当设置但未设置账簿的。

2）擅自销毁账簿或者拒不提供纳税资料的。

3）虽设置账簿，但账目混乱或者成本资料、收入凭证、费用凭证残缺不全，难以确定转让收入或扣除项目金额的。

4）符合土地增值税清算条件，未按照规定的期限办理清算手续，经税务机关责令限期清算，逾期仍不清算的。

5）申报的计税依据明显偏低，又无正当理由的。

（3）清算后再转让房地产的处理

在土地增值税清算时未转让的房地产，清算后销售或有偿转让的，纳税人应按规定进行土地增值税的纳税申报，扣除项目金额按清算时的单位建筑面积成本费用乘以销售或转让面积计算，计算公式为

单位建筑面积成本费用=清算时的扣除项目总金额÷清算的总建筑面积费

（4）土地增值税清算后应补缴的土地增值税加收滞纳金问题

纳税人按规定预缴土地增值税后，清算补缴的土地增值税，在主管税务机关规定的期限内补缴的，不加收滞纳金。

第四节　房　产　税

一、房产税的概念

现行房产税是根据《中华人民共和国房产税暂行条例》（国发〔1986〕90号）规定，于1986年开征的一道税种。

房产税属于直接税，直接面向产权所有人征税，纳税人与负税人一致，当前房产税税款收入全部归属地方财政收入，房产税征收施行细则由省、自治区、直辖市人民政府制定，抄送财政部备案。

二、房产税的纳税义务人和征税范围

房产税纳税义务人与征税范围如表6-7所示。

第四节 房产税

表 6-7 房产税纳税义务人与征税范围

要素		规定
纳税人	基本规定	房产税的纳税义务人是指征税范围内的房屋产权所有人，具体包括经营管理单位、集体单位和个人、房产承典人、房产代管人或使用人
	具体规定	① 房产税由产权所有人缴纳 ② 产权属于全民所有的，由经营管理的单位缴纳 ③ 产权出典的，由承典人缴纳 ④ 产权所有人、承典人不在房产所在地的，或者产权未确定及租典纠纷未解决的，由房产代管人或者使用人缴纳 ⑤ 无租使用其他单位房产的应税单位和个人，以使用人为纳税人依照房产余值代缴纳房产税
征税范围		(1) 征税对象范围：房产税以房产为征税对象。房产是指有屋面和围护结构，能够遮风避雨，可供人们在其中生产、学习、工作、娱乐、居住或储藏物资的场所 【提示】房产不等于建筑物，如加油站罩棚、露天游泳池不属于房产 (2) 开征区域范围：房产税只面向位于城市、县城、建制镇和工矿区征收，不包括农村 【提示】城市、县城、建制镇和工矿区以外的农村房产未纳入房产税的征税范围

【例 6-9】下列各项中，不符合房产税相关规定的是（　　）。
A. 将房屋产权出典的，承典人为纳税人
B. 将房屋产权出典的，产权所有人为纳税人
C. 房屋产权未确定的，房产代管人或使用人为纳税人
D. 产权所有人不在房产所在地的，房产代管人或使用人为纳税人
【答案】B。将房屋产权出典的，以承典人为纳税人。

【例 6-10】以下需要缴纳房产税的是（　　）。
A. 加油站罩棚　　B. 地下人防建筑　　C. 露天泳池　　D. 露天室外足球场
【答案】B。根据《财政部、国家税务总局关于具备房屋功能的地下建筑征收房产税的通知》（财税〔2005〕181 号文件），凡在房产税征收范围内的具备房屋功能的地下建筑，包括与地上房屋相连的地下建筑以及完全建在地面以下的建筑、地下人防设施等，均应当依照有关规定征收房产税。加油站罩棚、露天游泳池、露天室外足球场等不适用于房产的定义，不属于房产税纳税范围。

三、房产税的税率、计税依据

1. 房产税税率与计税依据

我国现行房产税采用的是比例税率，有两档规定税率，另有一档优惠税率。表 6-8 为归纳的房产税税率表。

表 6-8 房产税税率表

税率	税率适用情况
1.2%的规定税率	自有房产用于生产经营
12%的规定税率	出租非居住的房产
4%的规定税率	个人出租住房（不分出租后用途）

房产税有两种计税形式：即从价计征和从租计征。表 6-9 是对房产税计税方法的总结。

表 6-9 房产税计税方法的总结

计税方法	计税依据	税率
从价计征	1) 适用于企业生产经营自用的房产，按房产原值一次减除 10%~30%的扣除后的余值 2) 房产原值以会计账簿记录为基础，但无论会计上如何核算，房产原值均应包含地价，包括为取得土地使用权支付的价款、开发土地发生的成本费用等 3) 独立的地下建筑物在进行 10%~30%的扣除前先对房产的原值进行确定：① 地下建筑物为工业用途的，以房屋原价的 50%~60%作为应税房产原值。② 地下建筑物为商业及其他用途的，以房屋原价的 70%~80%作为应税房产原值 10%~30%的具体扣除比例，由各省、自治区、直辖市人民政府确定	年税率 1.2%
从租计征	1) 以租金收入为计税依据（包括实物收入和货币收入，不包括增值税）。 2) 以劳务或其他形式为报酬抵付房租收入的，按当地同类房产租金水平确定。 3) 出租的地下建筑，按出租地上房屋建筑的有关规定计税	12%（或 4%）

【例 6-11】根据房产税的有关规定，以下说法正确的是（ ）。

A. 对于更换房屋附属设备和配套设施中易损坏，需要经常更换的零配件，更新后不再计入房产原值，原配件的原值可以扣除

B. 对于与地上房屋相连的地下建筑，应将地下部分单独按照地下建筑的有关规定征收房产税

C. 工业用途地下建筑，以房产原价的 70%~80%作为应税房产原值

D. 对于更换房屋附属设备和配套设施中不易损坏，不经常更换的部分，在将其价值计入房产原值时，可扣减原来相应设备和设施的价值

【答案】D。对于更换房屋附属设备和配套设施中易损坏，需要经常更换的零配件，更新后不再计入原值。

【例 6-12】某公司 2018 年购进一处房产，2019 年 3 月 1 日用于投资联营（收取固定收入，不承担联营风险），投资期 3 年，当年取得固定收入 200 万元。该房产原值 4 000 万元，当地政府规定的减除幅度为 30%，该公司 2015 年应缴纳的房产税为（ ）万元。

A. 21.2　　B. 35.2　　C. 29.7　　D. 44.4

【答案】B。房产税=200×12%+4 000×（1-30%）×4÷12×1.2%=35.2（万元）

2. 特殊行为

以下几种情况需要在实际征收中根据具体情形来确定房产税的计征方式。

1) 对投资联营的房产，在计征房产税时应予以区别对待。对于以房产投资联营，投资者参与投资利润分红、共担风险的，按房产余值作为计税依据计征房产税；对以房产投资，收取固定收入，不承担联营风险的，实际是以联营名义取得房产租金，应由出租方按租金收

入计缴房产税。

2）融资租赁房屋的情况，在计征房产税时应以房产余值计算征收。

3）对房屋附属设备和配套设施计征房产税按以下规定执行：

① 凡以房屋为载体，不可随意移动的附属设备和配套设施，无论在会计核算中是否单独记账与核算，都应计入房产原值，计征房产税。

② 对于更换房屋附属设备和配套设施的，在将其价值计入房产原值时，可扣减原来相应设备和设施的价值；对附属设备和配套设施中易损坏、需要经常更换的零配件，更新后不再计入房产原值。

4）对居民住宅区内业主共有的经营性房产，由实际经营的代管人或使用人缴纳房产税。

四、房产税应纳税额计算

根据房产税计税依据的不同，房产税应纳税额计算分为两种：一是从价计征的计算，二是从租计征的计算。

1. 从价计征

从价计征是按房产的原值减除一定比例后的余值计征。

（1）地上建筑、地下连体建筑的计算公式为

应纳房产税＝应税房产原值×（1－扣除比例）×1.2%

（2）独立地下建筑的计算公式为

应纳税额＝应税房产原值×原价折算率×（1－扣除比例）×1.2%

【例6-13】甲企业拥有一幢办公楼，原值1 000万元。2019年4月，乙企业购买了与该办公楼相连的地下停车场和另一独立的地下生产车间，停车场原值100万元，地下生产车间原价200万元。乙企业所在省财政和地方税务部门确定的地下建筑物的房产原价折算比例为50%，房屋原值减除比例为30%，则乙企业2017年应缴纳的房产税是多少？

【解析】办公楼应纳房产税为1 000×（1－30%）×1.2%＝8.4（万元）。

地下停车场是非独立地下建筑，应纳房产税为100×（1－30%）×1.2%×9÷12＝0.63（万元）。

独立地下生产车间允许扣除50%折算率，应纳房产税为200×（1－30%）×（1－50%）×1.2%×9÷12＝0.63（万元）。

则乙企业2017年共应纳房产税为9.66万元（8.4+0.63+0.63）。

乙企业的会计账务处理如下：

①按规定计算应交的房产税时：

借：管理费用　　　　　　　　　　　　　　　　　　　　　　　　　96 600
　　贷：应交税费——应交房产税　　　　　　　　　　　　　　　　　96 600

②缴纳时：

借：应交税费——应交房产税　　　　　　　　　　　　　　　　　　96 600
　　贷：银行存款　　　　　　　　　　　　　　　　　　　　　　　　96 600

2. 从租计征

从租计征是按房产的租金收入计征。其计算公式为

$$应纳房产税 = 不含增值税租金收入 \times 12\%（或4\%）$$

【例6-14】甲企业拥有一幢办公楼，原值1 000万元，2018年7月1日将该办公楼出租，约定含税年租金22.2万元。已知甲企业所在省政府规定房产原值减除比例为30%，则甲企业2017年应为该幢办公楼缴纳多少房产税？

【解析】2017年1~6月办公楼从价计征房产税，应纳税额为1 000×（1-30%）×1.2%×6÷12=4.2（万元）。

7月后从租计征，应纳税额为22.2÷（1+11%）×12%×6÷12=1.2（万元）。

提示：出租的房产计算房产税时要注意剔除增值税。

甲企业账务处理如下：

① 按规定计算应交的房产税时：

借：税金及附加　　　　　　　　　　　　　　　　12 000
　　贷：应交税费——应交房产税　　　　　　　　　　12 000

② 缴纳时：

借：应交税费——应交房产税　　　　　　　　　　12 000
　　贷：银行存款　　　　　　　　　　　　　　　　12 000

【例6-15】张三拥有两套住房，一套价值100万元，自己居住；另一套价值50万元，租给他人经商使用，每年租金8万元。请计算张三今年应纳房产税税额。

【解析】

1）张三自己居住的一套住房免税。

2）租给他人使用的经商用房应纳税额=8×12%=0.96（万元）。

五、房产税的征收管理

1. 纳税义务发生时间

1）纳税人将原有房产用于生产经营，从生产经营当月起缴纳房产税。

2）纳税人自行新建房屋用于生产经营，从建成的次月起缴纳房产税。

3）纳税人委托施工企业建设的房屋，从办理验收手续的次月起缴纳房产税。

4）纳税人购置新建商品房，自房屋交付使用的次月起缴纳房产税。

5）纳税人购置存量房，自办理房屋权属转移、变更登记手续，房地产权属登记机关签发房屋权属证书的次月起，缴纳房产税。

6）纳税人出租、出借房产，自交付出租、出借房产的次月起，缴纳房产税。

7）房地产开发企业自用、出租、出借本企业建造的商品房，自房屋使用或交付的次月起，缴纳房产税。

8）自2009年1月1日起，纳税人因房产的实物或权利状态发生变化而依法终止房产税纳税义务的，其应纳税款的计算应截至房产的实物或权利状态发生变化的当月末。

2. 纳税期限

房产税实行按年计算、分期缴纳的征收方法，具体纳税期限由省、自治区、直辖市人民政府确定。

第四节 房产税

3. 纳税地点

房产税在房产所在地缴纳。房产不在同一地方的纳税人，应按房产的坐落地点分别向房产所在地的税务机关纳税。

4. 房产税纳税申报表的填制

房产税纳税申报表如图 6-3 所示，房产税减免税明细申报表如图 6-4 所示。

税款所属期：自　年　月　日至　年　月　日　　　　　　填表日期：　年　月　日
纳税人识别号：　　　　　　　　　　　　　　　　　　　纳税人管理码：
金额单位：元至角分；　　　　　　　　　　　　　　　　　面积单位：平方米

纳税人信息	名称				纳税人分类		单位□ 个人□		
	登记注册类型	*			所属行业		*		
	身份证照类型	身份证□ 护照□ 军官证□ 其他□			联系人		联系方式		
一、从价计征房产税									
	房产编号	房产原值	其中：出租房产原值	计税比例	税率	所属期起	所属期止	本期应纳税额	本期减免税额	本期已缴税额	本期应补（退）税额
1	*										
2	*										
3	*										
4	*										
5	*										
6	*										
7	*										
8	*										
9	*										
10	*										
合计	*	*	*	*	*	*	*				
二、从租计征房产税									
	本期申报租金收入	税率		本期应纳税额	本期减免税额		本期已缴税额	本期应补（退）税额
1								
2								
3								
合计		*						

以下由纳税人填写：

纳税人声明	此纳税申报表是根据《中华人民共和国房产税暂行条例》和国家有关税收规定填报的，是真实的、可靠的、完整的。		
纳税人签章		代理人签章	代理人身份证号

以下由税务机关填写：

受理人		受理日期	年月日	受理税务机关签章

表注：登记注册类型 *：根据税务登记证或组织机构代码中登记的注册类型填写。
所属行业 *：根据《国民经济行业分类》（GB/T 4754-2011）填写。
房产编号 *：纳税人不必填写。由税务机关的管理系统赋予编号，以识别。

图 6-3　房产税纳税申报表

税款所属期：自　年　月　日至　年　月　日　　　　　　　填表日期：　年　月　日
金额单位：元（至角分）；　　　　　　　　　　　　　　　　面积单位：平方米
纳税人识别号：
纳税人名称：

一、从价计征房产税减免信息								
	房产编号	所属期起	所属期止	减免税 房产原值	计税 比例	税率	减免性质 代码	减免项目 名称	本期减免 税额
1									
2									
3									
	合计	*	*		*	*	*	*	
二、从租计征房产税减免信息								
	房产编号	本期减免税租金收入			税率	减免性质 代码	减免项目 名称	本期减免 税额
1								
2								
3								
	合计				*	*	*	

以下由纳税人填写：	
纳税人声明	此纳税申报表是根据《中华人民共和国房产税暂行条例》和国家有关税收规定填报的，是真实的、可靠的、完整的。
纳税人签章	代理人签章　　　　　　　代理人身份证号

以下由税务机关填写：	
受理人	受理日期　　　年月日　　　受理税务机关签章

图 6-4　房产税减免税明细申报表

第五节　城镇土地使用税

一、城镇土地使用税的纳税义务人

城镇土地使用税的纳税义务人为在城市、县城、建制镇、工矿区范围内使用土地的单位和个人为城镇土地使用税的纳税义务人。具体规定如下：

1) 拥有土地使用权的单位和个人，为纳税义务人。
2) 拥有土地使用权的单位和个人不在土地所在地的，其土地的实际使用人和代管人为纳税义务人。
3) 土地使用权未确定或权属纠纷未解决的，其实际使用人为纳税义务人。
4) 土地使用权共有的，共有各方都是纳税义务人，由共有各方分别纳税。

二、城镇土地使用税的征税范围

城镇土地使用税的征税范围,包括在城市、县城、建制镇和工矿区内的国家所有和集体所有的土地。对于建立在城市、县城、建制镇和工矿区以外的工矿企业则不需要缴纳城镇土地使用税。

三、城镇土地使用税的计税依据

城镇土地使用税以纳税人实际占用的土地面积为计税依据,按照规定税额计算征收。纳税义务人实际占用土地面积,按以下方法确定。

1) 凡有由省、自治区、直辖市人民政府确定的单位组织测定土地面积的,以测定的面积为准。

2) 尚未组织测量,但纳税人持有政府部门核发的土地使用证书的,以证书确认的土地面积为准。

3) 尚未核发出土地使用证书的,由纳税人申报土地面积,据以纳税,等核发土地使用证后再作调整。

4) 对在城镇土地使用税征税范围内单独建造的地下建筑用地,按规定征收城镇土地使用税。其中,已取得地下土地使用权证的,按土地使用权证确认的土地面积计算应征税款;未取得地下土地使用权证或地下土地使用权证上未标明土地面积的,按地下建筑垂直投影面积计算应征税款。对地下建筑用地暂按应征税款的50%征收城镇土地使用税。

四、城镇土地使用税的税率及应纳税额的计算

1. 税率

城镇土地使用税采用定额税率,一般规定每平方米的年税额:

1) 大城市 1.5~30 元。
2) 中等城市 1.2~24 元。
3) 小城市 0.9~18 元。
4) 县城、建制镇、工矿区 0.6~12 元。
5) 省、自治区、直辖市人民政府,应当在税法规定的税额幅度内,根据市政建设状况、经济繁荣程度等条件,确定所辖地区的适用税额幅度。
6) 市、县人民政府应当根据实际情况,将本地区土地划分为若干等级,在省、自治区、直辖市人民政府确定的税额幅度内,制定相应的适用税额标准,报省、自治区、直辖市人民政府批准执行。

2. 城镇土地使用税税额的计算

城镇土地使用税根据实际使用土地的面积,按税法规定的单位税额交纳。其计算公式为

应纳城镇土地使用税 = 应税土地的实际占用面积 × 适用单位税额

单独建造的地下建筑物的税额的计算公式为

应纳城镇土地使用税 = 证书确认应税土地面积或地下建筑物垂直投影面积 × 适用税额 × 50%

【例6-16】 甲企业位于某经济落后地区,2018年12月取得一宗土地的使用权(未取得

土地使用证书），2018年1月已按1 500平方米申报缴纳了全年的城镇土地使用税。2018年4月，该企业取得了政府部门核发的土地使用证书，上面注明的土地面积为2 000平方米。已知该地区适用每平方米0.9~18元的固定税额，当地政府规定的固定税额为每平方米0.9元，并另按照国家规定的最高比例降低税额标准。

请问，该企业2019年应该补缴多少城镇土地使用税？

【解析】尚未核发土地使用证书的，应由纳税人申报土地面积，据以纳税，等到核发土地使用证以后再作调整。

经济欠发达地区，城镇土地使用税的适用税额标准可适当降低，但降低额不得超过上述规定最低税额标准的30%。当地年固定税额=0.9×（1-30%）=0.63（元/平方米）。

该企业应补缴城镇土地使用税=（2 000-1 500）×0.63=315（元）。

企业的会计账务处理如下：

① 按规定计算应交的城镇土地使用税时：

借：管理费用　　　　　　　　　　　　　　　　　　315

　　贷：应交税费——应交城镇土地使用税　　　　　　　315

② 缴纳时：

借：应交税费——应交城镇土地使用税　　　　　　315

　　贷：银行存款　　　　　　　　　　　　　　　　　　315

五、城镇土地使用税的征收管理

1. 城镇土地使用税纳税义务发生时间

1）纳税人购置新建商品房，自房屋交付使用次月起，缴纳城镇土地使用税。

2）纳税人购置存量房，自办理房屋权属转移、变更登记手续，房地产权属登记机关签发房屋权属证书之次月起，缴纳城镇土地使用税。

3）纳税人出租、出借房产，自交付出租、出借房产次月起，缴纳城镇土地使用税。

4）以出让或者转让方式有偿取得土地使用权的，应由受让方从合同约定交付土地时间的次月起缴纳城镇土地使用税；合同未约定交付土地时间的，由受让方从合同签订的次月起缴纳城镇土地使用税。

5）纳税人新征用的耕地，自批准征用之日起满1年时，开始缴纳城镇土地使用税。

6）纳税人新征用的非耕地，自批准征用次月起，缴纳城镇土地使用税。

2. 城镇土地使用税的纳税地点

城镇土地使用税的纳税地点为土地所在地，由土地所在地的地税机关负责征收。纳税人使用的土地不属于同一省（自治区、直辖市）管辖范围的，应由纳税人分别向土地所在地的地税机关缴纳土地使用税。在同一省（自治区、直辖市）管辖范围内，纳税人跨地区使用的土地，其纳税地点由各省、自治区、直辖市地方税务局确定。

3. 城镇土地使用税的纳税期限

城镇土地使用税按年计算，分期缴纳。具体纳税期限由各省、自治区和直辖市人民政府根据当地的实际情况确定。目前各地一般规定为每个季度缴纳一次或者半年缴纳一次，每次征期15天或者1个月。

第六节 契 税

一、契税的概念

契税是以在中华人民共和国境内转移土地、房屋权属为征税对象，向产权承受人征收的一种财产税。

二、契税的纳税义务人与征税范围

1. 纳税义务人

在中国境内转移土地和房屋权属时，承受的单位和个人为契税的纳税义务人。其中，土地和房屋权属是指土地使用权和房屋所有权。单位是指企业单位、事业单位、国家机关、军事单位和社会团体以及其他组织。个人指个体工商户和其他个人，包括中国公民和外籍人员。

【例6-17】房地产开发企业甲公司将一套自建房产卖给乙公司的董事长张某，房屋已办理过户至张某名下。此时，谁是契税的纳税义务人？

【答案】在这一房屋权属转移过程中，张某作为房屋所有权转移的承受方，是契税的纳税义务人。

2. 征税范围

契税本质是对财产转移过程征收的一种行为税，征税对象为发生土地使用权和房屋所有权权属转移的土地和房屋。具体征税范围包括：国有土地使用权出让；土地使用权转让，包括出售、赠与和交换等；房屋转让，包括出售、赠与、投资、交换等。

（1）国有土地使用权出让

国有土地使用权出让是指土地使用者向国家交付土地使用权出让费用，国家以土地所有者的身份将土地使用权在一定年限内让渡给土地使用者的行为。土地使用权的受让方为契税的纳税义务人。

受让者以向国家缴纳的土地出让金为依据缴纳契税，不得因减免土地出让金而减免契税。

（2）土地使用权转让

土地使用权转让是指土地使用者以出售、交换、赠与或其他方式将土地使用权转移给其他单位和个人的行为。其本质是土地使用权在单位和个人之间的转移。

需要注意的是，土地使用权转让是指国有土地使用权转让，不包括农村集体土地承包经营权的转移。

（3）房屋转让

1）房屋买卖。房屋买卖是指购买方向出售方支付货币并取得房屋所有权的交易行为。购买方为契税的纳税义务人。对已缴纳契税的购房单位和个人，在未办理房屋权属变更登记前退房的，退还已纳契税；在办理房屋权属变更登记后退房的，不予退还已缴纳的契税。

需要注意的是，以下几种特殊情况也视同房屋买卖。

①房产抵债。经相关部门批准，以房产抵债，视同房屋买卖，由产权承受方（即债权人）按房屋现值缴纳契税。

【例6-18】长江公司无力偿还黄河公司的货款，决定以其一栋办公楼折价抵偿。经双方同意，有关部门批准后，黄河公司取得办公楼的产权，并办理产权过户手续。此时，谁是契税纳税人？

【答案】黄河公司作为房屋产权承受方，是契税纳税人，应按照房屋现值，即房产折价款缴纳契税。

②实物交换房产。用实物交换房产，视同房屋买卖，取得房屋的一方作为契税的纳税人，按照房屋现值缴纳契税。

【例6-19】甲、乙公司具有关联关系。甲公司以其一座自有仓库作为对价，换取乙公司一批货物。仓库现值为200万元，货物的公允价值为250万元。该交换行为经过相关部门批准，并办理产权过户手续。此时，谁是契税纳税人？

【答案】乙公司作为房产的产权承受方，是契税的纳税义务人，应当按照房屋现值200万元，根据当地契税税率缴纳契税。

③以房产投资入股或作股权转让。以房产投资入股或作股权转让，本质属于房屋产权转移。根据国家房地产管理相关规定，办理房屋产权交易和产权变更登记手续，视同房屋买卖，由产权承受方按照投资房产的价值或房产的买价缴纳契税。但是，以自有房产作股投入本人独资经营的企业，免缴契税。

④买方拆料或翻建新房。无论基于何种目的购买房屋，只要房屋产权发生变更，均需缴纳契税。

2）房屋赠与。房屋赠与是指房屋产权所有人（包括自然人和法人）无偿将房屋转让给他人（包括其他自然人和法人）的行为。房屋赠与的前提，必须是赠与人和受赠人双方自愿，且赠与的房屋无产权纠纷。

房屋作为不动产，具有较大价值，因此法律要求赠与房屋应立有书面合同或契约，并到房地产管理机关或农村基层政权机关办理登记过户手续。只有如此，赠与行为才能生效。以获奖方式取得房屋的，其实质是接受赠与房产，应按照规定缴纳契税。

以继承方式取得房屋的，其实质是接受赠与房产，法定继承不必缴纳契税，其他情况下，承受土地、房屋产权的一方应按照规定缴纳契税。

【例6-20】张某名下拥有两套房产。张某离世后，根据其遗嘱，一套房产A给予儿子；另一套房产B作为感谢，赠与其病重期间照料他的护工王某，二人无亲属关系。两套房产的产权变更是否涉及契税？

【解析】张某的儿子作为继承人，根据遗嘱继承其父房产，属于法定继承，因此房产A的产权变更不涉及契税；按照《中华人民共和国继承法》，王某作为非法定继承人，根据遗嘱承受张某生前的房产B，属于赠与行为，应当征收契税。

3）房屋交换。房屋产权交换时，交换双方应当订立交换契约，办理房屋产权变更登记手续和契税手续。房屋产权相互交换，双方交换价值相等时，免缴契税，但是要办理免征契税手续；双方交换房屋价值不相等时，由支付差价的一方按照房屋价格差缴纳契税。实际上，仍然体现相对承受产权一方缴纳契税的原则。

第六节 契 税

☞ **知识链接**

契税与土地增值税征税范围的比较如表6-10所示。

表6-10 契税与土地增值税征税范围的比较

具体情况	是否为契税征税范围	是否为土地增值税征税范围
国有土地使用权出让	是	否
土地使用权转让	是	是
房屋买卖	是	是
房屋赠与（含获奖、继承方式）	法定继承不在契税征收范围之内，除此之外均是	赠与直系亲属、承担直接赡养义务人，以及公益性赠与、继承不在土地增值税征税范围之内，其他情况均是
房屋交换	是（等价交换免税）	是（个人交换居住用房，经核实可免税）

【例6-21】下列行为中，应缴纳契税的有（   ）。

A．个人将自有房产无偿赠与非法定继承人

B．个人以自有房产等价交换自住房产

C．个人以自有房产投入本人独资经营的企业

D．个人以自有房产抵偿银行的未偿还贷款

【答案】AD。选项B，等价交换住房免征契税；选项C，以自有房产投入本人独资经营的企业，房屋产权没有变化，免纳契税。

三、契税的计税依据、税率与应纳税额的计算

（一）契税的计税依据

1. 按成交价格计算

成交价格是指交易双方商定后形成的土地、房屋产权转移合同确定的价格，包括承受方应交付的货币、实物、无形资产或其他经济利益。"营改增"后，计征契税的成交价格不含增值税。买卖装修的房屋，装修费用包括在成交价格中。

2. 按评估价格计算

土地、房屋权属的成交价格明显低于市场价格且无正当理由的，或者所交换土地使用权、房屋的价格的差额明显不合理且无正当理由的，由征收机关参照市场价格核定。

市场价格是指土地、房屋权属发生转移时的公允市场价值，具有时效性。

3. 按交换的土地、房屋差价计算

土地使用权、房屋产权之间的交换，计税依据为所交换的土地使用权、房屋的价格差额。

【例6-22】王先生将自己一套价值120万元的住房与孙先生交换，孙先生住房价值100万元，双方约定，由孙先生向王先生支付20万元差价，则该房产交换行为中，谁应当作为契税的纳税人？计税依据为多少？

【解析】孙先生作为支付差价的一方，作为契税的纳税人，应以20万元差价为计税依据缴纳契税；王先生不必缴纳契税。

第六章　其他税种计算与缴纳

4. 按土地收益计算

按土地收益计算的情况通常只适用于转让划拨得到的土地。先以划拨方式取得土地使用权，后经批准改为出让方式取得该土地使用权的，应依法缴纳契税，其计税依据为应补缴的土地出让金和其他出让费用。

> ☞ **知识链接**
>
> 具体情形下的契税计税依据如表 6-11 所示。
>
> **表 6-11　具体情形下的契税计税依据**
>
> | 征税对象 | | 计税依据 |
> | --- | --- | --- |
> | 国有土地使用权出让 | 以协议方式出让 | 成交价格，包括土地出让金、土地补偿费、安置补偿费、地上附着物和青苗补偿费、拆迁补偿费、市政建设配套费等 |
> | | 以竞价方式出让 | 成交价格，包括土地出让金、市政建设配套费以及各种补偿费用 |
> | | 先以划拨方式取得，后经批准改为出让方式 | 应补缴的土地出让金和其他出让费用 |
> | | 通过"招、拍、挂"程序承受国有土地使用权 | 土地成交总价款，其中土地前期开发成本不得扣除 |
> | 土地使用权转让 | | 成交价格 |
> | 房屋买卖 | | 成交价格；买卖装修的房屋，装修费用应包括在内 |
> | 土地使用权赠与、房屋赠与 | | 征收机关参照市场价格核定；法定继承不必缴纳契税 |
> | 土地使用权交换、房屋交换 | | 等价交换免征契税；不等价交换，由支付差价的一方按照交换价格差额缴纳契税 |
> | 房屋附属设施征收契税的情况 | | ① 对于承受与房屋相关的附属设施（包括停车位、汽车库、自行车库、顶层阁楼以及储藏室）所有权或土地使用权的行为，按照契税法律、法规的规定征收契税；对于不涉及土地使用权和房屋所有权转移变动的，不征收契税。
② 采取分期付款方式购买房屋附属设施土地使用权、房屋所有权的，应按合同规定的总价款计征契税。
③ 承受的房屋附属设施权属如为单独计价的，按照当地确定的适用税率征收契税；如与房屋统一计价，适用与房屋相同的契税税率 |
>
> 注：对已缴纳契税的购房单位和个人，在未办理房屋权属变更登记前退房的，退还已纳契税；在办理房屋权属变更登记后退房的，不予退还已纳契税。

（二）契税的税率

由于我国经济发展不均衡，各地经济差别较大，契税作为地方税种，实行 3%～5% 的比例税率。各省、自治区、直辖市人民政府可以在幅度范围内，按照本地区实际情况决定本地区的税率，并报全国人民代表大会常务委员会和国务院备案。

（三）契税应纳税额的计算

契税应纳税额的计算公式为

$$契税应纳税额 = 计税依据 \times 税率$$

契税的应纳税额应以人民币计算。转移土地、房屋权属以外汇结算的，应按照纳税义务发生之日中国人民银行公布的人民币市场汇率中间价折合成人民币计算。

第六节 契 税

【**例6-23**】A公司将一套闲置的办公楼作价5 000万元，转让给其子公司B公司。税务机关认定，成交价格明显低于市价且无正当理由。税务机关参照市价核定办公楼价值8 000万元。另外，经过相关部门批准，A公司将一座市场价格为6 000万元的仓库与C公司的一座市场价格为5 500万元的职工公寓楼交换，C公司另向A公司提供公允价值为500万元的货物补足房屋差价。A、B、C三公司位于同一省份，当地政府规定的契税税率为5%，计算三公司分别应当缴纳的契税税额。

【**解析**】A公司将办公楼转让给B公司，由于成交价格明显低于市价且无正当理由，应当以核定价格作为计税依据。B公司作为产权承受方，应当缴纳契税400万元（8 000×5%）；A公司和C公司房产交换中，C公司作为支付差价的一方，承担契税的纳税义务，应当缴纳契税25万元（500×5%）。

因此，A公司不必缴纳契税，B公司应缴纳契税400万元，C公司应缴纳契税25万元。

B公司的会计账务处理如下：

借：固定资产　　　　　　　　　　　　　　　　　4 000 000
　　贷：应交税费——应缴契税　　　　　　　　　　4 000 000

【**例6-24**】甲企业2022年1月因无力偿还乙企业已到期的债务3 000万元，经双方协商甲企业同意以自有房产偿还债务，该房产的原值为5 000万元，净值为2 000万元，评估现值为9 000万元，乙企业支付差价款6 000万元，双方办理了产权过户手续，则乙企业计缴契税的计税依据是（　　）万元。

A. 2 000　　　　　B. 5 000　　　　　C. 6 000　　　　　D. 9 000

【**解析**】以房产抵偿债务，按照房屋的折价款作为计税依据缴纳契税，本题中的折价款为9 000万元，故选D。

四、契税的征收管理

1. 纳税义务发生时间

契税在发生纳税义务时一次性征收。

契税的纳税义务发生时间是纳税人签订土地、房屋权属转移合同的当天或者纳税人取得其他具有土地、房屋权属转移合同性质凭证的当天。

纳税人因改变土地、房屋用途应当补缴已经减征、免征契税的，其纳税义务发生时间为改变有关土地、房屋用途的当天。

纳税人符合减征或者免征契税规定的，应当在签订土地、房屋权属转移合同后10日内，向土地、房屋所在地的契税征收管理机关办理减征或者免征契税手续。

2. 纳税期限

纳税人应当自纳税义务发生之日起10日内，向土地、房屋所在地的契税征收机关办理纳税申报，并在契税征收机关核定的期限内缴纳税款。

3. 纳税地点

契税的纳税地点是契税的土地、房屋所在地。契税的征收机关为土地、房屋所在地的财政机关或者地方税务机关。具体征收机关由省、自治区、直辖市人民政府确定。

4. 契税的纳税申报

纳税人办理纳税事宜后，征收机关应向纳税人开具契税完税凭证。纳税人持契税完税凭

第六章 其他税种计算与缴纳

证和其他规定的文件资料，依法向房地产管理部门办理有关土地、房屋的权属变更登记手续。房地产管理部门应向契税征收机关提供有关资料，并协助契税征收机关依法征收契税。纳税人未出具契税完税凭证的，土地管理部门、房地产管理部门不予办理有关土地、房屋的权属变更登记手续。

为加强税收管理，掌握税源变化情况，国家税务总局决定，各级契税征收机关直接征收契税。契税纳税申报表如图6-5所示。

契税纳税申报表

填表日期：　年　月　日　　　　　　　　　　　　　　金额单位：元（至角分）
面积单位：平方米
纳税人识别号：

承受方信息	名称			□单位　□个人	
	登记注册类型			所属行业	
	身份证件类型	身份证□　护照□　其他□		身份证件号码	
	联系人			联系方式	
转让方信息	名称			□单位　□个人	
	纳税人识别号		登记注册类型		所属行业
	身份证件类型		身份证件号码		联系方式
土地房屋权属转移信息	合同签订日期		土地房屋坐落地址	权属转移对象	设立下拉列框*
	权属转移方式	设立下拉列框	用途	设立下拉列框	家庭唯一普通住房	□90平方米以上 □90平方米及以下
	权属转移面积		成交价格		成交单价	
税款征收信息	评估价格		计税价格		税率	
	计征税额		减免性质代码	减免税额		应纳税额

以下由纳税人填写：			
纳税人声明	此纳税申报表是根据《中华人民共和国契税暂行条例》和国家有关税收规定填报的，是真实的、可靠的、完整的。		
纳税人签章		代理人签章	代理人身份证号
以下由税务机关填写：			
受理人		受理日期　年　月　日	受理税务机关签章

图6-5　契税纳税申报表

权属转移对象、方式、用途逻辑关系对照表如表 6-12 所示。

表 6-12　权属转移对象、方式、用途逻辑关系对照表

权属转移对象			权属转移方式		用途
一级（大类）	二级（小类）	三级（细目）			
土地	无	无	土地使用权出让		1. 居住用地；2. 商业用地；3. 工业用地；4. 综合用地；5. 其他用地
			土地使用权转让	土地使用权买卖	1. 居住用地；2. 商业用地；3. 工业用地；4. 综合用地；5. 其他用地
				土地使用权赠与	1. 居住用地；2. 商业用地；3. 工业用地；4. 综合用地；5. 其他用地
				土地使用权交换	1. 居住用地；2. 商业用地；3. 工业用地；4. 综合用地；5. 其他用地
				土地使用权作价入股	1. 居住用地；2. 商业用地；3. 工业用地；4. 综合用地；5. 其他用地
房屋	增量房	商品住房	1. 房屋买卖；2. 房屋赠与；3. 房屋交换；4. 房屋作价入股；5. 其他		1. 居住
		保障性住房	1. 房屋买卖；2. 房屋赠与；3. 房屋交换；4. 房屋作价入股；5. 其他		1. 居住
		其他住房	1. 房屋买卖；2. 房屋赠与；3. 房屋交换；4. 房屋作价入股；5. 其他		1. 居住
		非住房	1. 房屋买卖；2. 房屋赠与；3. 房屋交换；4. 房屋作价入股；5. 其他		2. 商业；3. 办公；4. 商住；5. 所属建筑；6. 工业；7. 其他
	存量房	商品住房	1. 房屋买卖；2. 房屋赠与；3. 房屋交换；4. 房屋作价入股；5. 其他		1. 居住
		保障性住房	1. 房屋买卖；2. 房屋赠与；3. 房屋交换；4. 房屋作价入股；5. 其他		1. 居住
		其他住房	1. 房屋买卖；2. 房屋赠与；3. 房屋交换；4. 房屋作价入股；5. 其他		1. 居住
		非住房	1. 房屋买卖；2. 房屋赠与；3. 房屋交换；4. 房屋作价入股；5. 其他		2. 商业；3. 办公；4. 商住；5. 所属建筑；6. 工业；7. 其他

第六章 其他税种计算与缴纳

第七节 车船税

一、车船税的概念

车船税是以在中华人民共和国境内的车辆、船舶为征税对象,向车船的所有人或者管理人按照《中华人民共和国车船税法》(以下简称《车船税法》)征收的一种税。

二、车船税的纳税义务人、征税范围与税率

1. 车船税的纳税义务人

车船税的纳税义务人,是在中华人民共和国境内,车辆、船舶的所有人或管理人。

2. 车船税的征税范围

车船税的征税范围是依法应当在车船管理部门登记的机动车辆和船舶以及依法不需要在车船登记管理部门登记的在单位内部场所行驶或者作业的机动车辆和船舶。其中,车辆为机动车辆,船舶为机动船舶和非机动驳船。

3. 车船税的税率

车船税采用定额税率,即对征税范围内的车船规定单位固定税额。车辆的具体适用税额由省、自治区、直辖市人民政府依照《车船税法》所附车船税税目税额表(表6-13)规定的税额幅度和国务院的规定确定。船舶的具体适用税额由国务院在《车船税法》所附车船税税目税额表规定的税额幅度内确定。

表6-13 车船税税目税额表

税目		计税单位	年基准税额(元)	备注
乘用车[按发动机汽缸容量(排气量)分档]	1.0升(含)以下的	每辆	60~360	核定载客人数9人(含)以下
	1.0升以上至1.6升(含)的		300~540	
	1.6升以上至2.0升(含)的		360~660	
	2.0升以上至2.5升(含)的		660~1 200	
	2.5升以上至3.0升(含)的		1 200~2 400	
	3.0升以上至4.0升(含)的		2 400~3 600	
	4.0升以上的		3 600~5 400	

续表

税目		计税单位	年基准税额（元）	备注
商用车	客车	每辆	480～1 440	核定载客人数9人（含）以上，包括电车
	货车	整备质量每吨	16～120	包括半挂牵引车、三轮汽车和低速载货汽车等
挂车		整备质量每吨	按货车税额的50%	
其他车辆	专用作业车	整备质量每吨	16～120	不包括拖拉机
	轮式专用机械车			
摩托车		每辆	36～180	
船舶	机动船舶	净吨位每吨	3～6	拖船、非机动船舶按机动船舶税额的50%计算
	游艇	艇身长度每米	600～2 000	

注：①据《车船税法》整理。
②各税目涉及的排气量、核定载客人数、整备质量、净吨位、艇身长度，以车船登记管理部门核发的车船登记证书或者行驶证相应项目所载数据为准。

依法不需要办理登记的车船和依法应当登记而未办理登记或者不能提供车船登记证书、行驶证的车船，以车船出厂合格证明或者进口凭证标注的技术参数、数据为准；不能提供车船出厂合格证明或者进口凭证的，由主管税务机关参照国家相关标准核定，没有国家相关标准的参照同类车船核定。

【例6-25】下列关于车船税计税单位确认的表述中，正确的是（　　）。
A. 摩托车按"排气量"作为计税单位
B. 游艇按"净吨位每吨"作为计税单位
C. 专业作业车按"整备质量每吨"作为计税单位
D. 商用货车按"每辆"作为计税单位

【解析】C。选项A，摩托车按"每辆"作为计税单位；选项B，游艇按"艇身长度每米"作为计税单位；选项D，商用货车按"整备质量每吨"作为计税单位。

三、应纳税额的计算

1. 购置新车船

购置的新车船，购置当年的应纳税额自纳税义务发生的当月起按月计算。相关计算公式为

$$应纳税额 = \frac{年应纳税额}{12} \times 应纳税月份数$$

$$应纳税月份数 = 12 - 取得车船月份 + 1$$

【例6-26】四川省张先生2019年2月5日购买奥迪A6L轿车一辆，排气量为1 789立方厘米。四川省规定该排量乘用车每辆适用的车船税年税额为360元。则：

第六章 其他税种计算与缴纳

应纳税月份数＝12－2＋1＝11（个）

应纳税额＝$\frac{360}{12}×11=330$（元）

2. 被盗抢、报废、灭失的车船

在一个纳税年度内，已完税的车船被盗抢、报废、灭失的，纳税人可以凭有关管理机关出具的证明和完税凭证，向纳税所在地的主管税务机关申请退还自被盗抢、报废、灭失月份起至该纳税年度终了期间的税款。

已办理退税的被盗抢车船失而复得的，纳税人应当从公安机关出具相关证明的当月起计算缴纳车船税。

3. 转让已完税的车船

已缴纳车船税的车船在同一纳税年度内办理转让过户的，不另纳税，也不退税。

四、车船税的征收管理

1. 纳税义务发生时间

车船税纳税义务发生时间为取得车船所有权或者管理权的当月，应当以购买车船的发票或者其他证明文件所载日期的当月为准。

2. 纳税地点

车船税的纳税地点为车船的登记地或者车船税扣缴义务人所在地。依法不需要办理登记的车船，车船税的纳税地点为车船的所有人或者管理人所在地。

3. 纳税申报

车船税按年申报，分月计算，一次性缴纳。纳税年度为公历1月1日至12月31日。

4. 征收机关

车船税由地方税务机关负责征收。税务机关可以在车船登记管理部门、车船检验机构的办公场所集中办理车船税征收事宜。

5. 代收代缴

从事机动车第三者责任强制保险业务的保险机构为机动车车船税的扣缴义务人，应当在收取保险费时依法代收车船税，并出具代收税款凭证。

6. 车船税纳税申报表的填制

第八节　印　花　税

一、印花税的概念

印花税是以经济活动和经济交往中书立、领受应税凭证的行为为征税对象而征收的一种税。印花税因其采用在应税凭证上粘贴印花税票的方法缴纳税款而得名。

我国现行印花税的基本法律规范是2021年6月10日全国人民代表大会常务委员会发布并于2022年7月1日实施的《中华人民共和国印花税法》（以下简称《印花税法》）。

二、印花税的纳税义务人

印花税的纳税义务人是在中国境内书立应税凭证进行证券交易的单位和个人。上述单位和个人,按照书立、使用、领受应税凭证的不同,可以分别确定为立合同人、立据人、立账簿人、领受人、使用人和各类电子应税凭证的签订人。

1. 立合同人

立合同人是指合同的当事人。当事人是指对凭证有直接权利与义务关系的单位和个人,但不包括合同的担保人、证人、鉴定人。当事人的代理人有代理纳税的义务,他与纳税人负有同等的税收法律义务和责任。

2. 立据人

产权转移书据的纳税人是立据人,是指土地、房屋权属转移过程中买卖双方的当事人。所立书据以合同方式签订的,应由持有书据的各方分别按全额贴花。

3. 立账簿人

营业账簿的纳税人是立账簿人。立账簿人是指设立并使用营业账簿的单位和个人。例如,企业单位因生产、经营需要,设立了营业账簿。该企业就是纳税人。

4. 领受人

权利、许可证照的纳税人是领受人。领受人是指领取或接受并持有该项凭证的单位和个人。例如,某人因其发明创造,经申请依法取得国家相关机关颁发的专利证书,该人即为纳税人。

5. 使用人

在国外书立、领受但在国内使用的应税凭证,其纳税人是使用人。

6. 各类电子应税凭证的签订人

各类电子应税凭证的签订人即以电子形式签订的各类应税凭证的当事人。

需要注意的是,对于应税凭证,凡由两方或者两方以上当事人共同书立的,其当事人各方都是印花税的纳税人,应各就其所持凭证的计税金额履行纳税义务。

【例6-27】下列属于印花税纳税人的有(   )。
A. 借款合同的担保人
B. 发放商标注册证的国家商标局
C. 在国外书立,在国内使用技术合同的单位
D. 签订加工承揽合同的两家中外合资企业

【答案】CD。选项A,印花税立合同人指合同的当事人,不包括合同的担保人、证人、鉴定人;选项B,发放单位不属于印花税纳税人。

三、印花税的税目与税率

1. 印花税的税目

印花税的税目,是指《印花税法》明确规定的应当纳税的项目,它具体划定了印花税的征税范围。一般地说,列入税目的就要征税,未列入税目的就不征税。印花税共有16个税目。

(1) 买卖合同

买卖合同包括供应、预购、采购、购销结合及协作、调剂、补偿、易货等合同。

各类出版单位与发行单位之间订立的图书、报纸、期刊和音像制品的应税凭证，如订购单、订数单等，应由双方按买卖合同纳税。

对于企业集团内具有平等法律地位的主体之间自愿订立、明确双方购销关系、据以供货和结算、具有合同性质的凭证，应按规定征收印花税。

在代理业务中，代理单位与委托单位之间签订的委托-代理合同，凡仅明确代理事项、权限和责任的，不属于应税凭证，不贴印花。

(2) 承揽合同

加工承揽合同包括加工、定做、修缮、修理、印刷广告、测绘、测试等合同。

(3) 建设工程合同

建设工程、勘察、设计合同需缴纳印花税。

(4) 租赁合同

租赁合同包括租赁房屋、船舶、飞机、机动车辆、机械、器具、设备等合同，还包括企业、个人出租门店、柜台等签订的合同。

企业与主管部门签订的租赁承包经营合同不属于租赁合同，不应贴花。

(5) 运输合同

货物运输合同包括民用航空、铁路运输、海上运输、公路运输和联运合同，以及作为合同适用的单据。

(6) 仓储合同

仓储合同包括仓储及相关保管合同等。

(7) 保管合同

包括保管合同及相关合同。

(8) 借款合同

银行类金融组织与借款人（不包括银行同业拆借）所签订的合同。

借款方以财产作为抵押，与贷款方签订的抵押借款合同，属于资金信贷业务，借贷双方应按"借款合同"计税贴花。

> ☞ 知识链接
>
> ### 借款合同包括企业间的借贷合同吗？
>
> 借款合同，是银行与其他金融组织与借款人（不包括银行同业拆借）签订的合同。签订企业间借贷合同，是否需要计算缴纳印花税？
>
> 《印花税实施细则》是在我国新合同法实施之前制定的，但从1999年10月1日起，我国开始施行修订后的新的合同法，其中对借款合同的定义和规定有了新的、明确的规定。但《印花税实施细则》并没有随之修订，只是规定有关合同的法律依据可参考《中华人民共和国合同法》，这样一来，企业间借贷合同也随着合同法的明确而划入了借款合同的范围。

(9) 财产保险合同

财产保险合同包括财产、责任、保证、信用等保险合同，以及作为合同使用的单据。除对农林作物、牧业畜类保险合同暂不贴花外,其他几类财产保险合同均应按照规定计税贴花。

(10) 技术合同

技术合同包括技术开发、转让、咨询、服务等合同,以及作为合同使用的单据。

技术转让合同,包括专利申请权转让和非专利技术转让合同。

技术咨询合同,是当事人就有关项目的分析、论证、预测和调查订立的技术合同。

(11) 产权转移书据

产权转移书据包括财产所有权和版权、商标专用权、专利权、专有技术使用权等权利转移书据和土地使用权出让合同、土地使用权转让合同、商品房销售合同等权利转移合同。

产权转移书据,是指单位和个人产权的买卖、继承、赠与、交换、分割等所立的书据。

企业因改制签订的产权转移书据免予贴花。商品房销售合同按照产权转移书据征收印花税。

(12) 融资租赁合同

(13) 营业账簿

营业账簿是指单位或个人记载生产、经营活动的财务会计核算账簿。营业账簿按其反映的内容不同,可分为记载资金的账簿和其他账簿。

按实收资本、资本公积合计金额征税。

(14) 证券交易

按证券交易余额征收证券交易印花税,只对卖出方征收。

2. 印花税的税率

印花税的税率遵循税负从轻、共同负担的原则,所以税率比较低。凭证的当事人,即对凭证有直接权利与义务关系的单位和个人均应就其所持凭证依法纳税。

印花税的税率有两种形式,即比例税率和定额税率。

(1) 比例税率

在印花税的 16 个税目中,各类合同以及具有合同性质的凭证(含以电子形式签订的各类应税凭证)、产权转移书据、营业账簿中记载资金的账簿,适用比例税率。

印花税的比例税率分为 5 个档次,分别是 0.05‰、0.3‰、0.5‰、0.25‰、1‰。其中,适用 0.05‰税率的税目为"借款合同""融资租赁合同";适用 0.3‰税率的税目为"买卖合同""建筑工程合同""技术合同""运输合同";适用 0.5‰税率的为"土地使用权出让书据""土地使用权、房屋等建筑物和构筑物所有权转让书据""股权转让书据";适用 0.25‰的为"营业账簿"税目中记载实收资本、资本公积的账簿;适用 1‰税率的税目为"租赁合同""保管合同""仓储合同""财产保险合同"以及证券交易。

(2) 定额税率

在印花税的 16 个税目中,"权利、许可证照"和"营业账簿"税目中的其他账簿适用定额税率,均为按件贴花,税额为 5 元。

印花税税目、税率如表 6-14 所示。

第六章 其他税种计算与缴纳

表 6-14 印花税税目、税率

税目	范围	税率	纳税人
买卖合同	包括供应、预购、采购、购销结合及协作、调剂、补偿、易货等合同	按购销金额的 0.3‰贴花	立合同人
承揽合同	包括加工、定做、修缮、修理、印刷广告、测绘、测试等合同	按加工或承揽收入的 0.3‰贴花	立合同人
建设工程合同	包括勘察、设计合同	按收取费用的 0.3‰贴花	立合同人
租赁合同	包括租赁房屋、船舶、飞机、机动车辆、机械、器具、设备等经营租赁合同	按租赁金额的 1‰贴花。税额不足 1 元的，按 1 元贴花	立合同人
融资租赁合同	包括各类融资租赁合同	按租金的 0.5‰贴花	立合同人
运输合同	包括民用航空运输、铁路运输、海上运输、内河运输、公路运输和联运合同	按运输费用的 0.3‰贴花	立合同人
保管合同	保管合同	按保管费用的 1‰贴花	立合同人
仓储合同	仓储合同	按仓储费用的 1‰贴花	立合同人
借款合同	银行及其他金融组织与借款人（不包括银行同业拆借）签订的借款合同	按借款金额的 0.05‰贴花	立合同人
财产保险合同	包括财产、责任、保证、信用等保险合同	按收取保险费的 1‰贴花	立合同人
技术合同	包括技术开发、转让、咨询、服务等合同	按所记载金额的 0.3‰贴花	立合同人
产权转移书据	包括财产所有权和版权、商标专用权、专利权、专有技术使用权等转移书据，土地使用权出让合同，土地使用权转让合同，商品房销售合同	按所记载金额的 0.5‰贴花	立据人
营业账簿	生产、经营用账册	记载资金的账簿，按实收资本和资本公积合计金额的 0.25‰贴花	立账簿人
证券交易	证券交易金额	成交金额的 1‰	领受人

【例 6-28】某高新技术企业与广告公司签订广告制作合同 1 份，分别记载加工费 3 万元，广告公司提供的原材料 7 万元。试计算高新技术企业应当缴纳的印花税。

【解析】应纳税额=30 000×0.5‰+70 000×0.3‰=36（元）。广告公司为受托方，受托方提供原材料，原材料金额按"购销合同"计税。

【例 6-29】某公司 2022 年设立时注册资本 1 000 万元，资本公积 200 万元。公司 2017 年新启动设置账簿 20 本，其中包括实收资本、资本公积账簿各 1 本，实收资本和资本公积的金额与设立时相比无变动。试计算该公司应当缴纳的印花税。

【解析】记载资金的账本，按实收资本和资本公积的合计 0.5‰计税贴花；本年度注册资本、资本公积未增加的，不缴纳印花税，其他账簿均应按 5 元/件贴花。该年度营业账簿应缴纳的印花税=（20-1-1）×5=90 元。

公司的会计账务处理如下：

借：税金及附加 90

贷：银行存款　　　　　　　　　　　　　　　　　　　　　　　　90

四、印花税的计税依据

1. 从价计税情况下的计税依据

从价计征印花税的知识点总结如表 6-15 所示。

表 6-15　从价计征印花税的知识点总结

合同或凭证	计税依据	税率
买卖合同	买卖金额	万分之三
承揽合同	①受托方提供原材料的加工、定做合同，凡在合同中分别记载加工费金额与原材料金额的，应分别按"加工承揽合同""购销合同"税目计税　未分别记载的，应就全部金额依照"加工承揽合同"税目计税贴花 ②委托方提供主要材料或原料，受托方只提供辅助材料的加工合同，无论加工费和辅助材料金额是否分别记载，均以辅助材料与加工费的合计数，依照"加工承揽合同"税目计税贴花。对委托方提供的主要材料或原料金额不计税贴花	万分之三
建设工程合同	收取的费用	万分之三
租赁合同	租赁金额。经计算，税额不足 1 元的，按 1 元贴花	千分之一
运输合同	取得的运输费金额（即运费收入），不包括所运货物的金额、装卸费和保险费	万分之三
仓储合同	收取的仓储费用	千分之一
保管合同	收取的保管费用	千分之一
借款合同	借款金额，	万分之零点五
财产保险合同	支付（收取）的保险费，不包括所保财产的金额	千分之一
技术合同	合同所载的价款、报酬或使用费	万分之三
产权转移书据	所载金额	万分之五或万分之三
营业账簿	记载资金的账簿的计税依据为"实收资本"与"资本公积"两项的合计金额	万分之二点五
证券交易	按证券交易金额	千分之一

【例 6-30】甲企业与中科院签订技术开发合同，合同注明研究开发经费 20 万元，技术开发报酬 30 万元，则该合同印花税的计税依据为多少万元？

【解析】为了鼓励技术研究开发，对技术开发合同，只就合同所载的报酬金额计税贴花，研究开发经费不作为计税依据，故该合同印花税计税依据为 30 万元。

2. 从量计税情况下计税依据的确定

其他营业账簿及权利、许可证照，实行从量计税，其计税依据为应税凭证件数。

3. 计税依据的特殊规定

1）上述凭证以"金额""收入""费用"作为依据的，应当全额计税，不得进行任何扣除。

2）同一凭证载有两个或两个以上经济事项而适用不同税目税率的，如果分别记载金额，应分别计算应纳税额，相加后按合计税额贴花；如果未分别记载金额，按税率高的计税贴花。

3）按金额比例贴花的应税凭证，未标明金额的，应按照凭证所载数量及国家牌价计算金额；没有国家牌价的，按市场价格计算金额，然后按规定税率计算应纳税额。

4）应税凭证所载金额为外国货币的，应按照凭证书立当日国家外汇管理局公布的外汇牌价折合成人民币，然后计算应纳税额。

5）应纳税额不足1角的，免纳印花税；1角以上的，其税额尾数不满5分的不计，满5分的按1角计算。

6）有些合同在签订时无法确定计税金额，如技术转让合同中的转让收入，是按销售收入的一定比例收取或是按实现利润分成的；财产租赁合同，只是规定了月（天）租金标准而无租赁期限的。对于这类合同，可在签订时先按定额5元贴花，以后结算时再按实际金额计税，补贴印花。

7）应税合同在签订时，其纳税义务就已产生，应计算应纳税额并贴花。所以，不论合同是否兑现或是否按期兑现，均应贴花。

对已履行并贴花的合同，所载金额与合同履行后实际结算金额不一致的，只要双方未修改合同金额，一般不再办理完税手续。

8）对于有经营收入的事业单位，凡属由国家财政拨付事业经费、实行差额预算管理的单位，其记载经营业务的账簿按其他账簿定额贴花，不记载经营业务的账簿不贴花；凡属经费来源实行自收自支的单位，其营业账簿应对记载资金的账簿和其他账簿分别计算应纳税额。

跨地区经营的分支机构使用的营业账簿，应由各分支机构于其所在地计算贴花。

9）在商品购销活动中，采用以货换货方式进行商品交易签订的合同，是反映既购又销双重经济行为的合同。对此，应按合同所载的购、销金额计税贴花。合同未列明金额的，应按合同所载购、销数量依照国家牌价或者市场价格计算应纳税额。

10）施工单位将自己承包的建设项目分包或者转包给其他施工单位所签订的分包合同或者转包合同，应按新的分包合同或转包合同所载金额计算应纳税额。

11）对于国内各种形式的货物联运，凡在起运地统一结算全程运费的，应以全程运费作为计税依据，由起运地运费结算双方缴纳印花税；凡分程结算的，应以分程的运费作为计税依据，分别由办理运费结算的各方缴纳印花税。

【例6-31】某建筑安装工程公司与某大厦筹建处签订了一份总承包金额为8 000万元的工程承包合同后，又将其中的3 000万元工程分包给了某市一建筑公司，并签订了正式分包合同，该建筑安装工程公司应缴纳的印花税额为多少万元？

【解析】该建筑安装工程公司签订8 000万元的工程承包合同，合同双方都应按0.3‰计算缴纳印花税；签订工程分包合同又带来了新的纳税义务，签订分包合同的双方仍应按0.3‰的税率计算缴纳印花税。该建筑安装工程公司应纳印花税税额 = 8 000×0.3‰ + 3 000×0.3‰ = 3.3（万元）。

该公司的会计账务处理如下：
借：税金及附加　　　　　　　　　　　　　　　　　　　33 000
　　贷：银行存款　　　　　　　　　　　　　　　　　　　　33 000

五、印花税应纳税额的计算

纳税人的应纳税额，根据应税凭证的性质，分别按比例税率或者定额税率计算。其计算公式为

$$应纳税额 = 应税凭证计税金额/应税凭证件数 \times 适用税率$$

【例6-32】某企业于2021年成立，领取工商营业执照、税务登记证、房产证、土地使用证、商标注册证各一件，资金账簿记载实收资本1 350万元，新启用其他营业账簿8本，当年发生经济业务如下：

1) 4月初将一间门面房租给某商户，签订财产租赁合同，租期一年，合同记载年租金12万元，本年内取得租金收入9万元。

2) 出租闲置设备，签订租赁合同，月租金500元，但未确定具体租赁期限。

3) 8月，与某公司签订货物运输合同，记载运费9万元、装卸费1万元、仓储保管费8万元。

4) 10月，以一栋房产作抵押，取得银行抵押贷款40万元，并签订抵押贷款合同，年底由于资金周转困难，按合同约定将价值50万元的房产产权转移给银行，并依法签订产权转移书据。

要求：根据上述资料，计算回答下列问题。
1) 该企业领用的证照与设置的营业账簿应缴纳的印花税。
2) 该企业签订租赁合同应缴纳的印花税。
3) 该企业以房产抵押贷款业务应缴纳的印花税。
4) 该企业签订货物运输合同应缴纳的印花税。

【解析】
1) 税务登记证不是印花税的征税对象。

当年该企业领用的证照与设立的营业账簿应缴纳印花税 = (4+8)×5+1350×10 000×0.5‰ = 6 810（元）。

2) 租赁合同按照合同中注明的租赁金额计税贴花，如果财产租赁合同，只规定了月（天）租金标准而无租赁期限，在签订时先按5元贴花，以后结算时再按实际金额计税，补贴印花。

当年该企业签订租赁合同应缴纳的印花税 = 12×10 000×1‰+5 = 125（元）。

3) 抵押贷款合同按照借款合同贴花；抵押房产产权转移时签订的书据按照产权转移书据贴花。

当年该企业以房产抵押贷款业务应缴纳的印花税 = 40×10 000×0.05‰+50×10 000×0.5‰ = 270（元）。

4) 装卸费不贴花。当年该企业签订货物运输合同应缴纳的印花税 = 9×10 000×0.5‰+8×10 000×3‰ = 285（元）。

六、印花税的征收管理

1. 纳税方法

（1）自行贴花办法

一般来说，自行贴花适用于应税凭证较少或者贴花次数较少的纳税人。纳税人书立、签订或者使用印花税法列举的应税凭证的同时，纳税义务就已产生，纳税人应当根据应纳税凭证的性质和适用的税目税率自行计算应纳税额，自行购买印花税票，自行一次贴足印花税票并加以注销或画销，其纳税义务才算全部履行完毕。

（2）汇贴或汇缴办法

一般来说，汇贴或汇缴适用于应纳税额较大或者贴花次数频繁的纳税人。一份凭证应纳税额超过 500 元的，应向当地税务机关申请填写缴款书或者完税凭证，将其中一联粘贴在凭证上或者由税务机关在凭证上加注完税标记代替贴花。这就是通常所说的"汇贴办法"。

同一种类应纳税凭证需要频繁贴花的，纳税人可以根据实际情况自行决定是否采用按期汇总缴纳印花税的方式，汇总缴纳的期限为 1 个月。采用按期汇总缴纳方式的纳税人应事先告知主管税务机关。缴纳方式一经选定，1 年内不得改变。主管税务机关对于要求以按期汇总缴纳方式缴纳印花税的纳税人，应加强日常监督、检查。

实行印花税按期汇总缴纳的单位，对征税凭证和免税凭证汇总时，凡分别汇总的，按本期征税凭证的汇总金额计算缴纳印花税；凡确属不能分别汇总的，应按本期全部凭证的实际汇总金额计算缴纳印花税。

凡汇总缴纳印花税的凭证，应在加注税务机关指定的汇缴戳记、编号并装订成册后，将已贴印花或者缴款书的一联粘附册后，然后盖章注销、保存备查。

（3）委托代征办法

该办法主要是通过税务机关的委托，经由发放或者办理应纳税凭证的单位代为征收印花税税款。税务机关应与代征单位签订代征委托书。税务机关委托工商行政管理机关代售印花税票，按代售金额 5% 的比例支付代售手续费。

2. 纳税环节

印花税应当在书立或领受时贴花，具体是指在合同签订、账簿启用和证照领受时贴花。如果合同是在国外签订的，并且不便在国外贴花，应在将合同带入境时办理贴花纳税手续。

3. 纳税地点

印花税一般实行就地纳税。对于全国性商品物资订货会（包括展销会、交易会等）上所签订合同应纳的印花税，由纳税人在其所在地及时办理贴花完税手续；对地方主办、不涉及省际关系的订货会或展销会上所签订合同的印花税，其纳税地点由各省、自治区、直辖市人民政府自行确定。

4. 印花税纳税申报表的填制

印花税纳税申报表的填制如图 6-6 所示。

第八节　印花税

印花税纳税申报表

税款所属期限：自　年　月　日至　年　月　日　　　　　填表日期：　年　月　日
金额单位：元（至角分）
纳税人识别号：

纳税人信息	名称			□单位　　□个人				
	登记注册类型			所属行业				
	身份证件号码			联系方式				

应税凭证名称	计税金额或件数	核定征收		适用税率	本期应纳税额	本期已缴税额	本期减免税额		本期应补（退）税额
		核定依据	核定比例				减免性质代码	减免额	
	1	2	4	5	6=1×5+2×4×5	7	8	9	10=6-7-9
买卖合同				0.05‰					
承揽合同				0.3‰					
建设工程合同				0.5‰					
租赁合同				1‰					
运输合同				0.3‰					
仓储合同				1‰					
借款合同				0.05‰					
财产保险合同				1‰					
技术合同				0.3‰					
产权转移书据				0.5‰或0.3‰					
营业账簿（记载资金的账簿）		—		0.25‰					
合计		—	—	—					

以下由纳税人填写：			
纳税人声明	此纳税申报表是根据《印花税法》和国家有关税收规定填报的，是真实的、可靠的、完整的。		
纳税人签章		代理人签章	代理人身份证号
以下由税务机关填写：			
受理人		受理日期　年月日	受理税务机关签章

图 6-6　印花税纳税申报表的填制

【例6-33】赵小姐以高价出租了一处商业旺铺,双方签订了一年的租赁合同,并按租金收入缴纳了印花税及其他相关税费。三个月后,承租方生意不理想,难以继续承受高价租金,便与赵小姐协商要求调低10%。适逢赵小姐资金周转紧张,一时难以找到更好的承租方,于是她便答应了对方的要求,从第四个月起减掉了10%的租金。赵小姐是否能够要求税务机关退还其多缴纳的印花税?

【解析】印花税票是不能办得退税的。凡多贴印花税票者,不得申请退税或者抵用。如果在合同履行过程中金额有所增加,则其增加部分应当补贴印花税票。

第九节 环境保护税

一、环境保护税的概念

关于环境保护税的概念,有广义和狭义之分。广义的环境保护税不单指专门用于环境保护的税种,还包括其他与环境保护相关的税种和其他税种中有利于促进环境保护的部分,它是一系列的税种体系。狭义的环境保护税是指对向环境排放污染的单位和个人征收的一种税,它主要为了实现保护环境的第二个目的,即控制污染。我国现阶段的环境保护税是一种狭义的环境保护税。

二、环境保护税纳税义务人、征税对象和税额

1. 纳税义务人

在中华人民共和国领域和中华人民共和国管辖的其他海域,直接向环境排放应税污染物的企业事业单位和其他生产经营者为环境保护税的纳税人。

2. 征税对象

环境保护税的征税对象是应税污染物,包括大气污染物、水污染物、固体废弃物和噪声四类。

1)大气污染物包括颗粒物、硫氧化物、碳氧化物、氮氧化物、碳氢化合物等。具体见《应税污染物和当量值表》。

2)水污染物包括第一类水污染物,第二类水污染物,pH、色度、大肠菌群数、余氯量污染,禽畜养殖业、小型企业和第三产业污染。具体见《应税污染物和当量值表》。

3)固体废弃物包括煤矸石、尾矿、危险废物、冶炼渣、粉煤灰、炉渣、其他固体废物(含半固态、液态废物)。

4)噪声为工业噪声。

3. 税额

环境保护税税额如表6-16所示。

第九节 环境保护税

表 6-16 环境保护税税额

税目		计税单位	税额
大气污染物		每污染当量	1.2~12 元
水污染物		每污染当量	1.4~14 元
固体废物	煤矸石	每吨	5 元
	尾矿	每吨	15 元
	危险废物	每吨	1 000 元
	冶炼渣、粉煤灰、炉渣、其他固体废物（含半固态、液态废物）	每吨	25 元
噪声	工业噪声	超标 1~3 分贝	每月 350 元
		超标 4~6 分贝	每月 700 元
		超标 7~9 分贝	每月 1 400 元
		超标 10~12 分贝	每月 2 800 元
		超标 13~15 分贝	每月 5 600 元
		超标 16 分贝以上	每月 11 200 元

三、环境保护税计税依据和应纳税额的计算

（一）计税依据

应税污染物的计税依据，按照以下方法确定。

1）应税大气污染物按照污染物排放量折合的污染当量数确定。计算公式为

$$\text{应纳大气污染物的污染当量数} = \text{排放量} \div \text{污染当量值}$$

应税大气污染物的具体污染当量值，依照《应税污染物和当量值表》执行。每一排放口或者没有排放口的应税大气污染物，按照污染当量数从大到小排序，对前三项污染物征收环境保护税。

2）应税水污染物按照污染物排放量折合的污染当量数确定。计算公式为

$$\text{应纳大气污染物的污染当量数} = \text{排放量} \div \text{污染当量值}$$

应税水污染物的具体污染当量值，依照《应税污染物和当量值表》执行。每一排放口的应税水污染物，按照《应税污染物和当量值表》，区分第一类水污染物和其他类水污染物，按照污染当量数从大到小排序，对第一类水污染物按照前五项征收环境保护税，对其他类水污染物按照前三项征收环境保护税。

3）应税固体废物按照固体废物的排放量确定。

4）应税噪声按照超过国家规定标准的分贝数确定。

① 一个单位边界上有多处噪声超标，根据最高一处超标升级计算应纳税额；当沿边界长度超过 100 米有两处以上噪声超标，按照两个单位计算应纳税额。

② 一个单位有不同地点作业场所的，应当分别计算应纳税额，合并计征。

③ 昼、夜均超标的环境噪声，昼、夜分别计算应纳税额，累计计征。
④ 声源一个月内超标不足 15 天的，减半计算应纳税额。
⑤ 夜间频繁突发和夜间偶然突发厂界超标噪声，按等效声级和峰值噪声两种指标中超标分贝值高的一项计算应纳税额。

知识拓展

应税大气污染物、水污染物、固体废物的排放量和噪声的分贝数，按照下列方法和顺序计算。

1）纳税人安装使用符合国家规定和监测规范的污染物自动监测设备的，按照污染物自动监测数据计算。

2）纳税人未安装使用污染物自动监测设备的，按照监测机构出具的符合国家有关规定和监测规范的监测数据计算。

3）因排放污染物种类多等原因不具备监测条件的，按照国务院环境保护主管部门规定的排污系数、物料衡算方法计算。

4）不能按照前三项规定的方法计算的，按照省、自治区、直辖市人民政府环境保护主管部门规定的抽样测算的方法核定计算。

（二）应纳税额

环境保护税应纳税额按照下列方法计算。
1）应税大气污染物的应纳税额＝污染当量数×具体适用税额。
2）应税水污染物的应纳税额＝污染当量数×具体适用税额。
3）应税固体废物的应纳税额＝固体废物排放量×具体适用税额。
4）应税噪声的应纳税额为超过国家规定标准的分贝数对应的具体适用税额。

四、环境保护税的征收管理

1. 征收机关

环境保护税的征管采用"税务征收、环保协作"的方式，税务机关负责对税款的征收管理，环境保护主管部门负责对污染物的监测管理。这一征收方式与环境保护税计税依据确定的特殊性有关。

1）环境保护主管部门和税务机关应当建立涉税信息共享平台和工作配合机制。环境保护主管部门应当将排污单位的排污许可、污染物排放数据、环境违法和受行政处罚情况等环境保护相关信息，定期交送税务机关。税务机关应当将纳税人的纳税申报、税款入库、减免税额、欠缴税款以及风险疑点等环境保护税涉税信息，定期交送环境保护主管部门。

2）税务机关应当将纳税人的纳税申报数据资料与环境保护主管部门交送的相关数据资料进行比对。税务机关发现纳税人的纳税申报数据资料异常或者纳税人未按照规定期限办理纳税申报的，可以提请环境保护主管部门进行复核，环境保护主管部门应当自收到税务机关的数据资料之日起 15 日内向税务机关出具复核意见。税务机关应当按照环境保护主管部门复核的数据资料调整纳税人的应纳税额。

3）核定计算污染物排放量的，由税务机关会同环境保护主管部门核定污染物排放种类、数量和应纳税额。

2. 纳税义务发生时间

纳税义务发生时间为纳税人排放应税污染物的当日。

3. 纳税地点

纳税人应当向应税污染物排放地的税务机关申报缴纳环境保护税。

4. 纳税期限

环境保护税按月计算，按季申报缴纳。不能按固定期限计算缴纳的，可以按次申报缴纳。

5. 纳税申报

纳税人按季申报缴纳的，应当自季度终了之日起 15 日内，向税务机关办理纳税申报并缴纳税款。纳税人按次申报缴纳的，应当自纳税义务发生之日起 15 日内，向税务机关办理纳税申报并缴纳税款。

纳税人应当依法如实办理纳税申报，对申报的真实性和完整性承担责任。

纳税人申报缴纳时，应当向税务机关报送所排放应税污染物的种类、数量，大气污染物、水污染物的浓度值，以及税务机关根据实际需要要求纳税人报送的其他纳税资料。

第七章

社保费及非税收入

知识目标

1. 了解社会保险费的定义和征集方式。
2. 掌握社会保险缴费的计算方法。
3. 了解用人单位欠缴社会保险应承担的责任以及补缴方法。
4. 了解政府非税收入的定义与特点。
5. 掌握税务部门征收非税收入的优点。

技能目标

1. 能够为企业做参保登记、变更与注销。
2. 能够为企业提供社保缴纳建议,能为企业补缴社保费。
3. 学会管理企业非税收入的票据。

第一节 社会保险概述

知识导图

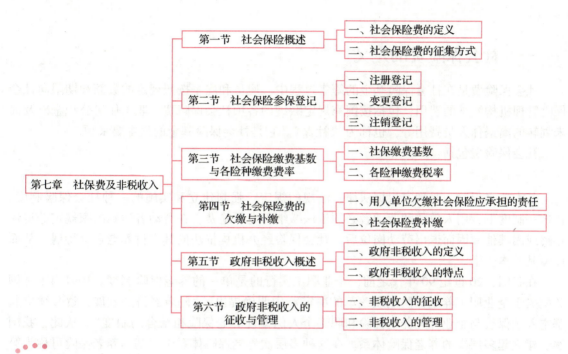

案例导入

2017年，河南某建筑公司职工杨某在单位突发疾病住院接受治疗，后经救治无效死亡，共支付各项医疗费用15万余元。经查，该建筑公司未为张某办理医疗保险手续。

张某病逝后，为医疗费用的赔偿问题，张某的父母向劳动争议仲裁委员会提起仲裁，裁决结果是建筑公司一次性赔偿医疗费12.9万元，建筑公司不服仲裁裁决，向法院提起诉讼。

法院经审理认为，建筑公司没有及时为杨某缴纳社会保险费，导致张某住院期间发生的医疗费用不能通过社会统筹基金和大额医疗费社会救济基金支付，对此，应当由用人单位按照医疗保险支付范围的额度承担赔偿责任。法院判决驳回建筑公司的诉讼请求，即由建筑公司一次性赔偿医疗费近12.9万元给张某的父母亲。

《社会保险费征缴暂行条例》第三条第二款规定："基本医疗保险费的征缴范围：国有企业、城镇集体企业、外商投资企业、城镇私营企业和其他城镇企业及其职工，国家机关及其工作人员，事业单位及其职工，民办非企业单位及其职工，社会团体及其专职人员。"因而不难看出，无论是国家机关、事业单位，还是企业或个体经济组织，均负有缴纳基本医疗保险费的义务。亦即如果用人单位为员工参加了医疗保险，则员工患病、负伤的医保待遇就由社保部门承担；如果用人单位未参加医疗保险，则就要向劳动者直接支付医疗费用。

181

第七章 社保费及非税收入

第一节 社会保险概述

一、社会保险费的定义

社会保险费是在社会保险基金的筹集过程中，雇员和雇主按照规定的数额和期限向社会保险管理机构缴纳的费用，包括按国家规定缴纳的各项社会保障费、职工住房公积金以及尚未划转的离退休人员费用等，也称为"社保"。它是社会保险基金的最主要来源。

社会保险费包括：

（一）基本养老保险费

基本养老保险，是国家根据法律、法规的规定，强制建立和实施的一种社会保险制度。在这一制度下，用人单位和劳动者必须依法缴纳养老保险费，在劳动者达到国家规定的退休年龄或因其他原因而退出劳动岗位后，社会保险经办机构依法向其支付养老金等待遇，从而保障其基本生活。

在我国，20世纪90年代之前，企业职工实行的是单一的养老保险制度。1991年，《国务院关于企业职工养老保险制度改革的决定》中明确提出："随着经济的发展，逐步建立起基本养老保险与企业补充养老保险和职工个人储蓄性养老保险相结合的制度"。从此，我国逐步建立起多层次的养老保险体系。在这种多层次养老保险体系中，基本养老保险可称为第一层次，也是最高层次。

（二）失业保险费

失业保险是指国家通过立法强制实行的，由用人单位、职工个人缴费及国家财政补贴等渠道筹集资金建立失业保险基金，对因失业而暂时中断生活来源的劳动者提供物质帮助以保障其基本生活，并通过专业训练、职业介绍等手段为其再就业创造条件的制度。失业保险费纳费人为国有企业、城镇集体企业、外商投资企业、城镇私营企业和其他城镇企业及其职工、事业单位及其职工。

（三）基本医疗保险费

基本医疗保险是由国家通过立法强制实行，为补偿劳动者因疾病风险造成的经济损失而建立的一项社会保险制度。通过用人单位和个人缴费，建立医疗保险基金，参保人员患病就诊发生医疗费用后，由医疗保险经办机构给予一定的经济补偿，以避免或减轻劳动者因患病、治疗等所带来的经济风险。基本医疗保险费纳费人包括国家机关及其工作人员、事业单位及其职工、民办非企业单位及其职工、社会团体及其专职人员。

（四）工伤保险费

工伤保险是指国家通过立法强制实行的，由社会集中建立基金，对企业职工在遭受工伤事故和职业病伤害时，获得医疗保障和经济补偿，享受职业康复权利，分散工伤风险，促进工伤预防的制度。工伤保险费纳费人为国有企业、城镇集体企业、外商投资企业、城镇私营企业和其他城镇企业。

（五）生育保险费

生育保险指国家通过立法强制实行的，由社会集中建立基金，在怀孕和分娩的妇女劳动者暂时中断劳动时，由国家和社会提供医疗服务、生育津贴和产假的一种社会保险制度，国家或社会对生育的职工给予必要的经济补偿和医疗保健的社会保险制度。我国生育保险待遇主要包括两项：一是生育津贴，二是生育医疗待遇。生育保险费纳费人包括国有企业、城镇集体企业、外商投资企业、城镇私营企业和其他城镇企业。

二、社会保险费的征集方式

（一）比例保险费制

这种方式以被保险人的工资收入为准，规定一定的百分率，从而计收保险费。社会保险的主要目的是补偿被保险人遭遇风险事故期间所丧失的收入，以维持其最低的生活，因此必须参照其平时赖以为生的收入，一方面作为衡量给付的标准，另一方面作为保费计算的根据。

以工作为基准的比例保险费制最大的缺陷是社会保险的负担直接与工资相联系，不管是雇主雇员双方负担社会保险费还是其中一方负担社会保险费，社会保险的负担都表现为劳动力成本的增加，其结果会导致资本排挤劳动，从而引起失业增加。我国现采取比例保险费制征收社会保险费。

（二）均等保险费制

在均等保险费制下不论被保险人或其雇主收入的多少，一律计收同额的保险费。这一制度的优点是计算简便，易于普遍实施；采用此种方法征收保险费的国家，在其给付时，一般也采用均等制，具有收支一律平等的意义。但其缺陷是，低收入者与高收入者缴纳相同的保费，在负担能力方面明显不公平。

第二节　社会保险参保登记

一、注册登记

从事生产经营的缴费单位自领取营业执照之日起 30 日内、非生产经营性单位自成立之日起 30 日内，应当向当地社会保险经办机构申请办理社会保险登记。

缴费单位具有异地分支机构的，分支机构一般应当作为独立的缴费单位，向其所在地的社会保险经办机构单独申请办理社会保险登记。

跨地区的缴费单位，其社会保险登记地由相关地区协商确定。意见不一致时，由上一级社会保险经办机构确定登记地。

缴费单位申请办理社会保险登记时，应当填写社会保险登记表，并出示以下证件和资料。

1）营业执照、批准成立证件或其他核准执业证件。
2）国家质量技术监督部门颁发的组织机构统一代码证书。
3）省、自治区、直辖市社会保险经办机构规定的其他有关证件、资料。

第七章 社保费及非税收入

☞ **知识链接**

用人单位新参保登记表如表 7-1 所示，首次新参保职工社保登记办事指南如表 7-2 所示。

表 7-1 用人单位新参保登记（北京市）

服务对象	用户个人单位
业务分类	社会保险登记
事项名称（必填）	用人单位社会保险登记
事项内容	
事项类型	
办事主体	社会保险经办机构
设定依据（必填）	《中华人民共和国社会保险法》（2010 年 10 月 28 日 中华人民共和国主席令第 35 号） 《社会保险登记管理暂行办法》（1999 年 3 月 19 日 劳动和社会保障部令第 1 号）
申请条件（必填）	本市行政区域内的用人单位，应自批准 30 日内办理社会保险登记
办理材料（必填）	①营业执照或成立证照原件及复印件一份 ②《北京市社会保险费银行缴费协议》一式两份并加盖公章 ③《北京市社会保险单位信息登记表》一式两份并加盖公章 ④与银行签订的缴费协议
申请方式	
办事流程（必填）	签订银行缴费协议：新成立的用人单位，持营业执照到任意一家北京市社会保险 16 家合作银行签订银行缴费协议一式两份并复印一份
	方式一：社会保险网上服务平台（推荐）
	用人单位登录北京市社会保险网上服务平台，进入新参保网上登记，按要求录入相关信息，录入完成后保存提交，打印北京市社会保险单位信息登记表、北京市社会保险费银行缴费协议各一式两份并加盖公章，并持办理材料到社会保险经办机构办理
	方式二：北京市社会保险信息系统企业管理子系统
	用人单位通过企业版软件录入单位基本信息并保存，打印北京市社会保险单位信息登记表、北京市社会保险费银行缴费协议各一式两份并加盖公章，并持办理材料到社会保险经办机构办理
前继业务	
后继业务	
办理地点（必填）	营业执照注册地社会保险经（代）机构
办理时间（必填）	网上申报提交时间为 5 日至 22 日；社会保险经办机构办理时间为 1 日至月末，周六、日休息，法定节假日不顺延
联系电话（必填）	详见"北京市社会保险经办机构联系表"
收费标准	
温馨提示	
证件名称及有效期	
表格/软件下载	
标准规范	公章盖印请端正盖在单位名称处，不能歪斜、模糊 签名字体工整，不能歪斜、模糊

第二节 社会保险参保登记

表 7-2　在京首次新参保职工社保登记办事指南

服务对象	用人单位
业务分类	社会保险登记
事项名称（必填）	在京首次新参保职工社保登记
事项内容	
事项类型	
办事主体	各社会保险经（代）办机构
设定依据（必填）	《中华人民共和国社会保险法》（2010年10月28日 中华人民共和国主席令第35号） 《社会保险费申报缴纳管理规定》（2013年9月26日 人社部令第20条）
申请条件（必填）	用人单位应当自用工之日起三十日内为其职工向社会保险经办机构申请办理社会保险登记
办理材料（必填）	职工第二代居民身份证正反面复印件一份
	北京市五险一金个人信息登记表一式两份，加盖公章
	北京市社会保险参保人员增加表一式两份，加盖公章
申请方式	网上申报，各社会保险经（代）办机构受理审核
办事流程（必填）	申请→补正→受理→审查→决定
	方式一：网上申报（推荐）
	用人单位通过单位用户登录北京市社会保险网上服务平台，进入新参保人员登记申报模块，按要求录入职工信息，保存、提交后打印北京市社会保险个人信息登记表、北京市社会保险参保人员增加表，加盖公章后持办理材料到各社会保险经（代）办机构办理。各社会经（代）办机构审查相关材料并办理完成后，告知单位办理结果
	方法二：企业版软件
	用人单位通过企业版软件录入职工个人基本信息并保存，通过个人变更登记办理增员，保存并打印北京市社会保险参保人员增加表，通过报表打印模块打印北京市社会保险个人信息登记表，通过数据交换生成报盘文件，存入U盘，并持办理材料到社会保险经办机构办理。各社会保险经（代）办机构审查相关材料并办理完成后，告知单位办理结果
前继业务	
后继业务	
办理地点（必填）	各社会保险经（代）机构
办理时间（必填）	网上申报提交时间为5日至22日；社会保险经办机构办理时间为1日至月末，周六、日休息，法定节假日不顺延
联系电话（必填）	详见"北京市社会保险经办机构联系表"
收费标准	不收取费用
温馨提示	
证件名称及有效期	
表格/软件下载	
标准规范	公章盖印请端正盖在单位名称处，不能歪斜、模糊
	签名字体工整，不能歪斜、模糊

二、变更登记

缴费单位的以下社会保险登记事项之一发生变更时，应当依法向原社会保险登记机构申请办理变更社会保险登记：①单位名称；②住所或地址；③法定代表人或负责人；④单位类型；⑤组织机构统一代码；⑥主管部门；⑦隶属关系；⑧开户银行账号；⑨省、自治区、直辖市社会保险经办机构规定的其他事项。

缴费单位应当自工商行政管理机关办理变更登记或有关机关批准或变更之日起30日内，持下列证件和资料到原社会保险登记机构办理变更社会保险登记：①变更社会保险登记申请书；②工商变更登记表和工商执照或有关机关批准或宣布变更证明；③社会保险登记证；④省、自治区、直辖市社会保险经办机构规定的其他资料。

三、注销登记

缴费单位发生解散、破产、撤销、合并以及其他情形，依法终止社会保险缴费义务时，应当及时向原社会保险登记机构申请办理注销社会保险登记。

缴费单位应当自工商行政管理机关办理注销登记之日起30日内，向原社会保险登记机构申请办理注销社会保险登记；按照规定不需要在工商行政管理机关办理注销登记的缴费单位，应当自有关机关批准或者宣布终止之日起30日内，向原社会保险登记机构申请办理注销社会保险登记。

缴费单位被工商行政管理机关吊销营业执照的，应当自营业执照被吊销之日起30日内，向原社会保险登记机构申请办理注销登记。

缴费单位因住所变动或生产、经营地址变动而涉及改变社会保险登记机构的，应当自上述变动发生之日起30日内，向原社会保险登记机构办理注销社会保险登记，并向迁达地社会保险经办机构办理社会保险登记。

缴费单位在办理注销社会保险登记前，应当结清应缴纳的社会保险费、滞纳金、罚款。

缴费单位办理注销社会保险登记时，应当提交注销社会保险登记申请、法律文书或其他有关注销文件，经社会保险经办机构核准，办理注销社会保险登记手续，缴销社会保险登记证件。

第三节　社会保险缴费基数与各险种缴费费率

一、社保缴费基数

社保缴费基数是社会平均工资的60%~300%为缴纳基数，一般以上一年度本人工资收入为缴费基数。

1) 职工工资收入高于当地上年度职工平均工资300%的，以当地上年度职工平均工资的300%为缴费基数。

2) 职工工资收入低于当地上一年职工平均工资60%的，以当地上一年职工平均工资的

第三节　社会保险缴费基数与各险种缴费费率

60%为缴费基数。

3) 职工工资在社会平均工资的60%~300%之间的，按实申报。职工工资收入无法确定时，其缴费基数按当地劳动行政部门公布的当地上一年职工平均工资为缴费工资确定。

每年社保都会在固定的时间（3月或者7月，各地不同）核定基数，根据职工上年度的月平均工资申报新的基数，需要准备工资表这些证明。

二、各险种缴费税率

根据各地政策不同，缴费比例也略有差异。以北京市为例，缴费基数与缴费比例如表7-3所示。

表7-3　北京各类参保人员2018年度社会保险缴费基数上下限及各险种缴费比例一览
（2018年7月—2019年6月）

缴费人员类别	参加险种	缴费工资基数		缴费比例		按最低基数缴纳		
				单位缴费比例	个人缴费比例	单位	个人	合计
城镇户口及外国籍人员（不含港、澳、台）	养老保险	3 387~25 401元		19%	8%	1 229.43元	382.33元	1 611.76元
	失业保险			0.80%	0.20%			
	工伤保险			0.20%	不缴费			
	生育保险	5 080~25 401元		0.80%	不缴费			
	医疗保险			9%+1%	2%+3			
农业户口	养老保险	3 387~25 401元		19%	8%	1 229.43元	375.56元	农村劳动力：1 604.99元
	失业保险	农村劳动力	3 387~25 401元	0.80%	不缴费			
		农村劳动力（24号文）		0.80%	0.20%			
	工伤保险			0.20%	不缴费		382.33元	农村劳动力（24号文）：1 611.76元
	生育保险	5 080~25 401元		0.80%	不缴费			
	医疗保险			9%+1%	2%+3			

我国已于2019年5月1日起下调城镇职工基本养老保险单位缴费比例，各地可降到16%，切实减轻企业社保缴费比例。除了下调城镇职工基本养老保险单位缴费比例，我国还将继续执行阶段性降低失业和工伤保险费率政策，对劳动密集型企业提高稳岗和社保补贴力度，通过这些措施切实减轻企业社保缴费比例。此外，我国确定了新的缴费基数，这一基数包含私营单位的全口径就业人员平均工资。经过此次调整，私营单位的低收入职工到手收入将有望增加。

仍然以北京市为例，2019年7月1日起，北京市养老、失业、工伤保险缴费标准如表7-4所示。

第七章 社保费及非税收入

表7-4 北京市养老、失业、工伤保险缴费标准（2019年7月1日起使用）

北京市2019年养老、失业、工伤保险缴费标准（2019年7月1日起使用）									
险种		基数上下限标准	比例		按基数下限最低缴费金额			按基数上限最低缴费金额		
			单位	个人	单位	个人	合计	单位	个人	合计
养老	职工	3 613~23 565	16%	8%	578.08	289.04	867.12	3 770.4	1 885.2	5 655.6
	机关事业	4 713~23 565			754.08	377.04	1 131.12			
失业	城镇户籍	3 613~23 565	0.80%	0.20%	28.90	7.23	36.13	188.52	47.13	235.65
	农村户籍			不缴		0	28.90		0	188.52
工伤		4 713~23 565	0.2%~1.9%	不缴	依据单位工伤费率计算	0		依据单位工伤费率计算	0	

☞ 知识链接

社会保险费缴费工资申报办事指南如表7-4所示，职工上半年月均工资收入申报表如表7-5所示。

表7-4 社会保险费缴费工资申报办事指南

服务对象	用人单位
业务分类	社会保险申报
事项名称（必填）	社会保险费缴费工资申报
事项内容	
事项类型	
办事主体	各社会保险经（代）办机构
设定依据（必填）	《中华人民共和国社会保险法》（2010年10月28日 中华人民共和国主席令第35号） 《社会保险费申缴缴纳管理规定》（2013年9月26日 人社部令第20条）
申请条件（必填）	用人单位应当按照社会保险经办机构公布的缴纳社会保险费的时间要求，如实以职工上一自然年度实发的工资总额的月平均工资，作为当年社会保险缴费工资申报的依据
办理材料（必填）	不需要提供申请材料
申请方式	网上申报
办事流程（必填）	申请即受理→审查→决定 方式一：北京市社会保险网上服务平台（网上申报） 用人单位通过单位用户登录北京市社会保险网上服务平台，进入"申报业务管理"一栏，点击"职工上年月军工资收入申报"模块，按要求录入本用人单位职工本人上年月平均工资，已办理过"四险"和"医疗"缴费中断的职工可勾选"减员标识"不再申报缴费工资，用人单位须录入本用人单位所有职工的职工工人上年月均工资后才可提交 用人单位提交后可查询缴费工资申报结果，对于申报不成功的职工可查询不成功原因并重新申报 方法二："北京市社会保险信息系统企业管理子系统"申报（企业版） 用人单位通过社会保险经办机构下卸用人单位及职工信息导入本地的"北京市社会保险信息系统企业管理子系统"中 用人单位通过"北京市社会保险信息系统企业管理子系统"录入本用人单位职工的缴费工资 用人单位通过"北京市社会保险信息系统企业管理子系统"导出职工上年度社会保险缴费工资电子报盘信息报送各社会保险经（代）办机构

第三节 社会保险缴费基数与各险种缴费费率

续表

前继业务	
后继业务	
办理地点（必填）	营业执照注册地社会保险经（代）机构
办理时间（必填）	①网上申报缴费工资时间为每年6月5日至7月25日，具体要求请及时查询登记注册地社保经办机构网站的公布内容 ②周六、日休息，法定节假日不顺延
联系电话（必填）	详见"北京市社会保险经办机构联系表"
收费标准	
温馨提示	
证件名称及有效期	
表格/软件下载	
标准规范	公章盖印请端正盖在单位名称处，不能歪斜、模糊
	签名字体工整，不能歪斜、模糊

表7-5　北京市职工上半年月均工资收入申报表

填报单位（公章）：
组织机构代码：□□□□□□□□
社会保险登记证编码：□□□□□□□□□□

序号	*姓名	性别	*公民身份证号码	*缴费人员类别	*参加险种					*申报月均工资收入/档次（元）
					养老	失业	工伤	生育	医疗	
甲	乙	丙	丁	戊	1	2	3	4	5	6
合计										

补充资料：（仅限集中核定时填报）　上年职工年工资与生活费总额＿＿＿（万元）　上年在岗职工工资总额＿＿＿（万元）
在岗职工年平均工资＿＿＿（元）　上年不在岗职工生活费总额＿＿＿（万元）
不在岗职工年平均生活费＿＿＿（元）

单位负责人：　　　　　　　　　　　社保经（代）办机构经办人员（签章）：
单位经办人：　　　　　　　　　　　社保经（代）办机构（盖章）：
填报日期：　　年　月　日　　　　　核定日期：　　年　月　日
备注：表格中带＊号的项目为必录项。

【例 8-1】 某企业有职工 300 名。其中从事生产的人员为 200 名，从事制造的 20 名，总部管理人员为 50 名，销售人员为 30 名。该公司与劳动者原订立了全员劳动合同，未发生人员变动。假定该公司按当地人均薪金基数 2 946 元计算缴纳职工养老保险费，按现行相关政策规定，假定应缴比例为 26%，其中：单位缴费 18%，个人缴费 8%，其计算及相关账务处理如下：

1. 缴费的计算

1) 月度缴费基数：2 946×300＝883 800（元）。

2) 月度应缴金额：883 800×26%＝229 788（元）。

其中，单位缴费共计：883 800×18%＝159 084（元）。

个人缴费共计：883 800×8%＝70 704（元）。

2. 个人账户清单

1) 月度缴费基数：2 946（元）。

2) 月度应缴金额：2 946×26%＝765.96（元）。

其中：单位缴费：2 946×18%＝530.28（元）。

个人缴费：2 946×8%＝235.68（元）。

3. 账务处理

(1) 按规定应负担的职工基本养老保险费

借：生产成本——基本生产成本　　　　　　　　　　　　　　　　106 056
　　制造费用——社会保险费　　　　　　　　　　　　　　　　　10 605.6
　　管理费用——社会保险费　　　　　　　　　　　　　　　　　26 514
　　销售费用——社会保险费　　　　　　　　　　　　　　　　　15 908.4
　　　贷：应付职工薪酬——社会保险费（养老保险）　　　　　　159 084

(2) 代扣职工个人养老保险费

借：应付职工薪酬——工资　　　　　　　　　　　　　　　　　70 704
　　　贷：应付职工薪酬——社会保险费（养老保险）　　　　　　70 704

第四节　社会保险费的欠缴与补缴

一、用人单位欠缴社会保险应承担的责任

《中华人民共和国劳动法》第七十二条规定："用人单位和劳动者必须依法参加社会保险，缴纳社会保险费。"因此，参加社会保险并按规定缴纳社会保险费是国家强制性要求，用人单位不缴纳或不按规定缴纳都属违法需要承担法律责任。

1. 用人单位未办理社保登记或欠缴保险费的，社保机构有权处罚

按照《社会保险法》第八十四条的规定，对不办理社保登记的用人单位，社会保障行政部门有权责令限期改正，逾期不改正的，处应缴社会保险费数额一倍以上三倍以下的罚款；对其直接负责的主管人员和其他直接责任人员处五百元以上三千元以下的罚款。同时，

第四节 社会保险费的欠缴与补缴

第八十六条规定，对未足额缴纳社会保险费的用人单位，由社会保险费征收机构责令限期缴纳或者补足，并自欠缴之日起，按日加收万分之五的滞纳金；逾期仍不缴纳的，处欠缴数额一倍以上三倍以下的罚款。

2. 未缴或欠缴社会保险费的用人单位，可能被采取强制措施

按照《社会保险法》第六十三条的规定，用人单位逾期未缴纳或者补足社会保险费的，社保征收机构可以申请县级以上有关行政部门作出划拨社会保险费的决定，书面通知其开户银行或者其他金融机构划拨社会保险费；同时有权申请人民法院扣押、查封、拍卖其财产，以拍卖所得抵缴社会保险费。

3. 劳动者有权无条件单方解除劳动合同，并请求经济补偿

《劳动合同法》第三十八条、第四十六条、第八十五条赋予劳动者对用人单位未依法为其缴纳社会保险费的，有权随时无条件解除劳动合同；用人单位还应当向劳动者支付经济补偿。逾期不支付的，按应付金额百分之五十以上百分之一百以下的标准向劳动者加付赔偿金。

4. 用人单位不依法缴纳社会保险费导致劳动者无法享受相关社会保险待遇的，劳动者有权请求民事赔偿

最高人民法院《关于审理劳动争议案件适用法律若干问题的解释（三）》第一条规定："劳动者以用人单位未为其办理社会保险手续，且社会保险经办机构不能补办导致其无法享受社会保险待遇为由，要求用人单位赔偿损失而发生争议的，人民法院应予受理。"

【例8-2】陈某是某公司的员工，该公司对员工的工资分配实行结构工资形式，即将工资分解成基础工资、奖金、津贴、补贴等几部分，根据具体考核计算每月工资。由于企业生产经营随着市场情况不断调整变化，陈某的每月工资收入变化也较大。为了确定社会保险费的缴费基数，公司与陈某约定：以基础工资的标准作为缴纳社会保险费的基数。陈某虽然对公司的说法有异议，但为了能够在公司长期工作下去，也就同意了公司的做法。于是，公司就按双方约定的数额为陈某缴纳社会保险费。

三年后，公司在合同终止时通知陈某不再续订劳动合同，陈某对公司不再续用自己感到失望。在办理离职手续时，陈某向公司提出了社会保险费缴费基数与自己工资收入不符的问题，希望公司予以解决。公司表示双方对社会保险费缴费基数已有约定，公司按约定为陈某缴费不存在问题，对陈某的要求予以拒绝。双方于是发生争议。

[双方理由]

陈某认为：自己在公司工作多年，公司没有按自己的实得收入为其缴纳社会保险费，违反了国家的有关规定，要求公司补缴未足额缴纳社会保险费的差额部分。

公司认为：公司因生产经营状况有变化而与员工约定缴费基数，公司严格按约定的缴费基数缴纳社会保险费，因此不同意陈某的要求。

[分析]

本案的争议焦点是当事人是否可以约定社会保险费的缴费基数。

《劳动法》第七十二条规定："用人单位和劳动者必须依法参加社会保险，缴纳社会保险费。"根据该规定，劳动关系双方当事人必须参加社会保险，缴纳社会保险费，这是《劳动法》对劳动关系当事人确定的法定义务。

国家统计局《关于工资总额组成的规定》对工资总额的规定是："工资总额是指各单位

第七章 社保费及非税收入

在一定时期内直接支付给本单位全部职工的劳动报酬总额。工资总额由下列六个部分组成：（一）计时工资；（二）计件工资；（三）奖金；（四）津贴和补贴；（五）加班加点工资；（六）特殊情况下支付的工资。"

在该规定中，确定可以不列入工资总额的范围是："（一）根据国务院发布的有关规定颁发的发明创造奖、自然科学奖、科学技术进步奖和支付的合理化建议和技术改进奖以及支付给运动员、教练员的奖金；（二）有关劳动保险和职工福利方面的各项费用；（三）有关离休、退休、退职人员待遇的各项支出；（四）劳动保护的各项支出；（五）稿费、讲课费及其他专门工作报酬；（六）出差伙食补助费、误餐补助、调动工作的旅费和安家费；（七）对自带工具、牲畜来企业工作职工所支付的工具、牲畜等的补偿费用；（八）实行租赁经营单位的承租人的风险性补偿收入；（九）对购买本企业股票和债券的职工所支付的股息（包括股金分红）和利息；（十）劳动合同制职工解除劳动合同时由企业支付的医疗补助费、生活补助费等；（十一）因录用临时工而在工资以外向提供劳动力单位支付的手续费或管理费；（十二）支付给家庭工人的加工费和按加工订货办法支付给承包单位的发包费用；（十三）支付给参加企业劳动的在校学生的补贴；（十四）计划生育独生子女补贴。"

以上规定对有关工资总额的组成部分和不列入工资总额部分作了详细明确的规定，是具体计算工资总额的法定依据。

《江苏省社会保险费征缴条例》第十条规定，缴费单位应当根据本单位职工工资总额、职工工资收入和费率按月向社会保险经办机构申报应当缴纳的社会保险费数额，经社会保险经办机构核定后，在规定的期限内按月缴纳社会保险费，并依法履行代扣代缴社会保险费的义务。前款规定的职工工资总额是指缴费单位直接支付给本单位全部职工的劳动报酬总额；职工工资收入是指缴费单位直接支付给职工本人的劳动报酬（包括工资、奖金、津贴、补贴和其他工资性收入等）。

当事人以约定缴费基数的方式缴纳社会保险费，违反了按工资总额及职工工资收入核定缴费基数的规定，因此该约定因不符规定而无效；公司缴费基数统计中未列入奖金、津贴、补贴等几部分劳动报酬，而这几部分均不属于可以不列入工资总额统计的范围，因此，这几部分均属于应当计入缴费基数的统计范围，由此产生的社会保险费少缴部分，应当按规定补缴。据此，陈某可以要求公司补缴未足额缴纳社会保险费的差额部分。

二、社会保险费补缴

根据《社会保险法》第五十八条规定，用人单位应当自用工之日起三十日内为其职工向社会保险经办机构申请办理社会保险登记。未办理社会保险登记的，由社会保险经办机构核定其应当缴纳的社会保险费。第六十三条规定，用人单位未按时足额缴纳社会保险费的，由社会保险费征收机构责令其限期缴纳或者补足。

一般情况下，补缴保险的期间根据社会保险费征收机构视企业情况而定。

第四节 社会保险费的欠缴与补缴

☞ **知识链接**

北京市昌平区对社会保险补缴的规定如表7-6所示。

表7-6 北京市昌平区对社会保险补缴的规定

事项名称	社会保险费补缴——单位申报个人补缴
事项类别	常规业务
政策依据	北京市社会保险征缴管理办法（依照《中华人民共和国社会保险法》《实施〈中华人民共和国社会保险法〉若干规定》《社会保险费征缴暂行条例》《北京市基本养老保险规定》《北京市失业保险规定》《北京市实施〈工伤保险条例〉若干规定》《北京市企业职工生育保险规定》《北京市基本医疗保险规定》制定本办法）
办理条件	按照需补缴时间的差异，准备相关补缴材料 补缴时需携带单位公章 补缴人员必须为本单位正常缴费人员
所需材料	1）补缴近三个月的社会保险需填写《北京市补缴基本养老保险费申办单》 2）职工办理当年（除近三个月）除填写申办单还需携带： ①补缴申请（要求用A4纸打印） 内容包括：申请补缴的原因；补缴人数，人员姓名，身份证号码以及补缴起止时间；申请上注明：补缴期间不报销任何医疗费用；加盖单位公章。②营业执照副本复印件。③劳动合同复印件。④补缴期间每月原始工资凭证复印件，复印件加盖财务章或公章 3）单位为职工办理历年补缴需携带： 城镇户口先去养老工伤科进行审批，农业户口在稽核科审批（农业户口只能从2011年7月起补缴），之后提供审批表或意见书及1）、2）条所规定手续
办理时限	即时办理
收费标准	按照社会保险法缴费比例收取保险费
办理部门	昌平区社会保险事业管理中心收缴科
办理地点	北京市昌平区东环路南段社会保险事业管理中心西北楼二层
办理时间	每月26日至次月14日（法定工作日） 夏：上午8：00—12：00 下午13：30—17：30 冬：上午8：00—12：00 下午13：00—17：00
是否网上办理	否
联系电话	69723166
监督电话	69747817
单位经办人员携相关补缴材料及报盘文件于规定办理时间内来昌平区社会保险事业管理中心社保大厅办理。	

第五节 政府非税收入概述

一、政府非税收入的定义

非税收入是指除税收以外，由各级政府、国家机关、事业单位、代行政府职能的社会团体及其他组织依法利用政府权力、政府信誉、国家资源、国有资产或提供特定公共服务、准公共服务取得的财政性资金，是政府财政收入的重要组成部分。按照《政府非税收入管理办法》的规定，政府非税收入分为12种，具体包括行政事业性收费、政府性基金、罚没收入、国有资源（资产）有偿使用收入、国有资本收益、彩票公益金、特许经营收入、中央银行收入、以政府名义接受的捐赠收入、主管部门集中收入、政府收入的利息收入、其他非税收入等。根据其性质和征收目的、依据，归为"费、类税、租、利、罚、捐"六大类。

非税收入有以下几种。

（一）行政事业性收费

行政事业性收费是指国家机关、事业单位、代行政府职能的社会团体及其他组织根据法律、行政法规、地方性法规等有关规定，依照国务院规定程序批准，在向公民、法人提供特定服务的过程中，按照成本补偿和非盈利原则向特定服务对象收取的费用。

（二）政府性基金

政府性基金是指各级政府及其所属部门根据法律、行政法规和中共中央、国务院有关文件规定，为支持某项公共事业发展，向公民、法人和其他组织无偿征收的具有专项用途的财政资金。

（三）国有资源有偿使用收入

国有资源有偿使用收入是指各级政府及其所属部门根据法律、法规、国务院和省、自治区、直辖市人民政府及其财政部门的规定，设立和有偿出让土地、海域、矿产、水、森林、旅游、无线电频率以及城市市政公共设施和公共空间等国有有形或无形资源的开发权、使用权、勘查权、开采权、特许经营权、冠名权、广告权等取得的收入。

（四）国有资产有偿使用收入

国有资产有偿使用收入包括国家机关、实行公务员管理的事业单位、代行政府职能的社会团体以及其他组织的固定资产和无形资产出租、出售、出让、转让等取得的收入，世界文化遗产保护范围内实行特许经营项目的有偿出让收入和世界文化遗产的门票收入，利用政府投资建设的城市道路和公共场地设置停车泊位取得的收入，以及利用其他国有资产取得的收入。

（五）国有资本经营收益

国有资本经营收益是政府非税收入的重要组成部分，包括国有资本分享的企业税后利润，国有股股利、红利、股息，企业国有产权（股权）出售、拍卖、转让收益和依法由国有资本享有的其他收益。

第五节 政府非税收入概述

（六）彩票公益金
彩票公益金是政府为支持社会公益事业发展，通过发行彩票筹集的专项财政资金。

（七）罚没收入
罚没收入是指法律、行政法规授权的执行处罚的部门依法实施处罚取得的罚没款和没收物品的折价收入。

（八）中央银行收入
中央银行收入包括中央银行的利息收入、业务收入、其他收入。利息收入是指以资产形式形成的各类资金按国家规定的利率计收或形成的利息，包括金融机构再贷款利息收入、再贴现利息收入、邮政汇兑资金往来利息收入、专项贷款利息收入、金融债券利息收入和其他利息收入等。业务收入是指人民银行在行使中央银行职能，办理业务过程中所发生的除利息收入以外的相关收入，包括外汇储备经营收益、金银业务收入、手续费收入、证券买卖收益、预算外专项收入、其他业务收入等。其他收入是指与人民银行业务活动没有直接关系的收入，包括对外投资收益、院校经费收入、租赁收入、赔款收入、其他收入等。

（九）特许经营收入
特许经营收入是指国家依法特许企业、组织或个人垄断经营某种产品或服务而获得的收入，属于政府非税收入的组成部分，主要包括烟草专卖收入、酒类产品专卖收入、免税商品专营收入、货币发行收入、印钞造币收入、纪念邮票（纪念币）发行收入、食盐批发专营收入等。

（十）以政府名义接受的捐赠收入
以政府名义接受的捐赠收入是指以各级政府、国家机关、实行公务员管理的事业单位、代行政府职能的社会团体以及其他组织名义接受的非定向捐赠货币收入，不包括定向捐赠货币收入、实物捐赠收入以及以不实行公务员管理的事业单位、不代行政府职能的社会团体、企业、个人或者 其他民间组织名义接受的捐赠收入。

（十一）主管部门集中收入
主管部门集中收入主要指国家机关、实行公务员管理的事业单位、代行政府职能的社会团体及其他组织集中所属事业单位收入，这部分收入必须经同级财政部门批准。

（十二）政府财政资金产生的利息收入
政府财政资金产生的利息收入是指税收和非税收入产生的利息收入，按照中国人民银行规定计息，统一纳入政府非税收入管理范围。

二、政府非税收入的特点

非税收入具有灵活性、不稳定性、非普遍性、多样性、资金使用上的特定性等特点。

1) 灵活性。灵活性表现为形式多样性和时间、标准的灵活。政府非税收入既可以按照受益原则采取收费形式收取，又可以以特定项目筹集资金而采取各种基金形式收取等。政府非税收入是为政府某一特定活动的需要，而在特定条件下出现的过渡性措施。各地可以根据不同时期本地的实际情况制定不同的征收标准。

2) 不稳定性。由于政府非税收入是对特定的行为和其他特定管理对象征收，一旦该行

第七章 社保费及非税收入

为或该对象消失或剧减，某项政府非税收入也会随之消失或剧减。

3）非普遍性。政府非税收入总是和社会管理职能结合在一起，有特定的管理对象和收取对象。但不具有普遍性，未发生受管制行为的单位和个人排除在这一管理和征收范围之外。

4）多样性。政府非税收入项目有很多种，而且每年都有变化，为征收和管理带来一定难度。

第六节 政府非税收入的征收与管理

一、非税收入的征收

根据我国当前非税收入征收管理的实际，除对已形成独立运行体系的住房公积金、社会保障基金和福利彩票、体育彩票收入外，所有其他非税收入征收采取直接缴款和集中汇缴两种征收方式：①对于那些征收程序明了、对缴款义务人约束性强且相对稳定的非税收入，实行直接缴款，由缴款义务人直接将款项缴入财政专户，收缴分离。具体办法是：先由单位微机开票，在开票时，通过建立的信息管理系统在微机中设立的收费项目库自动对收费项目和标准实行自动比对，凡是未纳入项目库的收费均为非法收入，执收单位无法通过微机开具收费发票，从而确保各执收单位按规定项目和标准进行收费；然后，缴款义务人通过代理银行网点将应缴款项直接上缴财政；最后，缴款人根据银行缴款单办理相关的业务。这就是通常所说的"单位开票、银行代收、实时入库"的征收方式。②对于零星分散、必须现场征收的收费项目，经同级财政部门批准可采取集中汇缴的征管方式，即执收单位将所收款项定期汇总后缴入财政。

根据《政府非税收入管理办法》（财税〔2016〕33号）的规定，各级财政部门是非税收入的主管部门。财政部负责制定全国非税收入管理制度和政策，按管理权限审批设立非税收入，征缴、管理和监督中央非税收入，指导地方非税收入管理工作。非税收入可以由财政部门直接征收，也可以由财政部门委托的部门和单位征收。未经财政部门批准，不得改变非税收入执收单位。相比税收执收主体的唯一性，非税收入除少数由财政部门直接执收外，其余大部分均由部门执收，使得非税收入的执收缺乏统一性和权威性。

我国在新一轮的深化征税体制改革方案中明确提出：改革国地税征管体制，将省级和省级以下国地税机构合并，具体承担所辖区内各项税收、非税收入征管等职能，即社会保险费改为由税务机关统一征收。根据预算法的规定，完整的政府预算体系包括一般公共预算、政府性基金预算、国有资本经营预算、社会保险基金预算。这四项预算应当保持完整、独立。政府性基金预算、国有资本经营预算、社会保险基金预算应当与一般公共预算相衔接。非税收入将根据不同性质，分别纳入一般公共预算、政府性基金预算和国有资本经营预算管理。非税收入统一到税务部门征管，能够更加准确地预测财政收支，降低企业负担。

第六节 政府非税收入的征收与管理

税务部门征收非税收入有其自身优势。一是税务部门有一支专业的征收队伍，包括税（费）源分析、评估和稽查等专业人员，这些人员都经过多年的培训，有丰富的实战经验，完全能胜任征收非税收入的工作。二是税务部门的征收手段先进，金税工程三期早已上线，税务与工商、公安、海关和社保等部门已经或即将联网，通过大数据、云计算等科技手段，可以大大提高非税收入的征管效率。三是税务部门在征税的过程中对这些单位的基本情况早已了如指掌，比如社会保险费的缴费基数是职工工资总额，税务部门在征收企业所得税和个人所得税时都需要掌握这个数据，这样在征收社会保险费时就十分便利和精准。

税务部门的自身优势有利于提高非税收入的征管效率。此外，目前非税收入由多部门分散征收，这些部门势必要投入一定的人力、物力和财力。一部分非税收入划到税务部门统一征收后，其他部门就可能拿出更多的人力、物力来尽职尽责，从而提高这些部门的工作效率。

二、非税收入的管理

票据是监管非税收入来源的关键环节。非税收入票据是征收非税收入的法定凭证和会计核算的原始凭证，是财政、审计等部门进行监督检查的重要依据。加强票据管理是治理乱收费和监督执收单位是否认真执行"收支两条线管理"规定的关键环节，为此必须构建规范的票据管理体系。将票据管理权限集中在财政部门的非税收入征管机构，由其负责票据的印制、发放、缴验、核销和稽查；针对当前非税收入票据种类繁多的现状，要对票据种类进行归并清理，设计统一的非税收入缴款书。

非税收入票据种类包括非税收入通用票据、非税收入专用票据和非税收入一般缴款书。其适用范围如下：

1) 非税收入通用票据，是指执收单位征收非税收入时开具的通用凭证。

2) 非税收入专用票据，是指特定执收单位征收特定的非税收入时开具的专用凭证，主要包括行政事业性收费票据、政府性基金票据、国有资源（资产）收入票据、罚没票据等。

3) 非税收入一般缴款书，是指实施非税收入收缴管理制度改革的执收单位收缴非税收入时开具的通用凭证。

非税收入票据实行凭证领取、分次限量、核旧领新制度。

执收单位使用非税收入票据，一般按照财务隶属关系向同级财政部门申领。

除财政部另有规定以外，执收单位征收非税收入，应当向缴纳义务人开具财政部或者省级财政部门统一监（印）制的非税收入票据。

对附加在价格上征收或者需要依法纳税的有关非税收入，执收单位应当按规定向缴纳义务人开具税务发票。

不开具前款规定票据的，缴纳义务人有权拒付款项。

非税收入票据使用单位不得转让、出借、代开、买卖、擅自销毁、涂改非税收入票据；不得串用非税收入票据，不得将非税收入票据与其他票据互相替代。

第七章 社保费及非税收入

非税收入票据使用完毕，使用单位应当按顺序清理票据存根、装订成册、妥善保管。

非税收入票据存根的保存期限一般为 5 年。保存期满需要销毁的，报经原核发票据的财政部门查验后销毁。

参 考 文 献

[1] 蔡昌，李梦娟. 中国财税研究：产权·土地·税收［M］. 上海：立信会计出版社，2013.
[2] 蔡昌. 房地产企业全程会计核算与税务处理［M］. 4版. 北京：中国市场出版社，2018.
[3] 蔡昌. 税务风险：防范，化解与控制［M］. 北京：机械工业出版社，2017.
[4] 曹越，谭光荣，曹燕萍. 中国税制［M］. 北京：中国人民大学出版社，2015.
[5] 陈晓红. 税收实务［M］. 2版. 北京：中国人民大学出版社，2015.
[6] 盖地. 税务会计与纳税筹划［M］. 10版. 大连：东北财经大学出版社，2014.
[7] 高红梅，吴爱菊. 税法实务［M］. 北京：经济科学出版社，2015.
[8] 高萍. 中国环境税制研究［M］. 北京：中国税务出版社，2010.
[9] 计敏. 全行业增值税操作实务与案例分析：488个疑难问题精解［M］. 北京：中国市场出版社，2017.
[10] 梁萍，刘满华. 企业税费计算及纳税申报［M］. 北京：北京理工出版社，2012.
[11] 梁伟样. 税费计算与申报［M］. 3版. 北京：高等教育出版社，2016.
[12] 梁文涛. 中国税收：税费计算与申报［M］. 3版. 北京：中国人民大学出版社，2018.
[13] 刘霞. 消费税实务：政策解析与操作指南［M］. 上海：立信会计出版社，2018.
[14] 全国注册税务师执业资格考试教材编写组. 税法1［M］. 北京：中国税务出版社，2018.
[15] 全国注册税务师执业资格考试教材编写组. 税法2［M］. 北京：中国税务出版社，2018.
[16] 饶立新. 中国印花税研究［M］. 北京：中国税务出版社，2009.
[17] 王冬梅. 税收理论与实务［M］. 4版. 北京：清华大学出版社，2018.
[18] 吴健. 企业所得税纳税调整实务与案例［M］. 北京：中国财政经济出版社，2019.
[19] 杨国春. 零基础学会计：税费计算与申报［M］. 北京：北京师范大学出版社，2015.
[20] 杨虹. 中国税制［M］. 4版. 北京：中国人民大学出版社，2016.
[21] 杨捷. 税法［M］. 重庆：重庆大学出版社，2015.
[22] 中国注册会计师协会. 税法［M］. 北京：经济科学出版社，2018.
[23] 中国注册会计师协会. 会计［M］. 北京：经济科学出版社，2018.
[24] 郑勋. 税收理论与实务［M］. 3版. 成都：西南财经大学出版社，2015.